고당 조만식의 사상

윤철홍 지음

불휘총서 간행사

숭실대학교 한국기독교문화연구원은 숭실창학의 기독교적 건학 이념 위에서 1967년 설립된 이래 한국의 기독교 문화에 관한 연구를 수행하고 있습니다. 특히 2014년 연구소에서 연구원으로 승격되면서 숭실창학 120주년 기념사업의 일환으로 진행된 뿌리찾기위원회(2013~2017)의 연구성과(30과제)를 2016년부터 불휘총서 시리즈로 30권으로 기획하여 불휘총서 1권『윌리엄 베어드』부터 2018년 불휘총서 19권『방지일과 중국선교』까지 발간하였습니다.

평양에서 시작한 숭실대학의 정신을 설립자 윌리엄 베어드(배위량), 3대 교장 사무엘 마펫(마포삼열), 4대 교장 매큔(윤산온) 평전으로 담고자 했으며, 평양 숭실에서 교수로 활동하거나 북한 지역에서 활동한 선교사 블레어(방위량), 번하이젤(편하설), 엥겔(왕길지), 클라크(곽안련), 베커(백아덕), 휘트모아(위대모), 킨슬러(권세열), 솔토형제(소일도, 소열도), 해밀톤(함일돈), 맹로법(맥머트리)연구를 통해 북한 기독교 연구에 기초자료를 제공하고자 함이었으며, 숭실의 순교자, 숭실의 음악인, 방지일, 평양 숭실의 교과서(『논리략해』, 『인생문제와 그 해결』)를 연구함으로서 평양 숭실의 실체에 더 가까이 다가서고자 함이었습니다.

2018년 5월 숭실대학교 한국기독교문화연구원이 '근대전환공간의 인문학-문화의 메타모포시스'라는 아젠다로 인문한국플러스(HK+) 주관기관으로 선정되어 연구를 진행하고 있으며 불휘총서 시리즈를 승계하여

기독교가 한국문화에 끼친 영향을 오롯이 5권에 담아내고자 합니다.

평양 숭실의 2대 교장 라이너(나도래) 연구를 내놓으신 박삼열 교수님, 5대 교장 마우리(모의리)에 대해 연구를 담아낸 권연경 교수님, 한국전쟁과 숭실 재건과정에서 활약하신 보켈(옥호열) 선교사를 연구하신 배귀희 교수님, 평양 숭실 기독교 정신의 상징인물 가운데 한 분이신 손정도 동문의 평전을 지으신 김홍수 명예교수님(목원대), 평양인이면서 숭실을 사랑한 조만식 선생을 연구하신 윤철홍 교수님께 감사를 드립니다. 또한 불휘총서 시리즈가 진행하는 데 많은 도움을 주신 숭실대학교 부설 한국기독교박물관의 학예팀의 한명근 팀장님과 행정적으로 도움을 주신 한국기독교문화연구원의 서예영 과장님, 학술정보지원팀의 이준학 선생님에게 감사의 말을 전합니다. 불휘총서와 함께 한 오지석 교수님과 출간이 될 수 있도록 간사를 맡아 수고해 주신 마은지 박사님께도 깊은 감사의 마음을 전합니다.

이번 총서에 담은 성과들 또한 한국의 기독교 문화의 뿌리를 찾아가는 데 길라잡이가 될 것입니다. 앞으로도 남은 6권의 시리즈를 출간하여 불휘총서 시리즈 30권을 완간할 예정입니다. 우리 숭실대학교 한국기독교문화연구원은 기독교가 우리 문화 속에 새겨놓은 흔적의 다양성과 풍부함과 숭실의 정체성을 드러내고 함양하는 연구와 비전을 제시해 나갈 것입니다.

불휘총서가 진행될 수 있도록 기획하고 총괄해주신 곽신환 전임 연구원장님과 이 일이 계속될 수 있도록 아낌없이 지원해 주신 황준성 총장님께 깊은 감사를 드립니다.

2020년 6월

숭실대학교 한국기독교문화연구원장

황 민 호 삼가 적음

저자 서문

고당 조만식선생은 19세기 후반부터 현대에 이르기까지 우리 민족에게 가장 크게 영향을 미친 인물 중의 한사람이다. 미군 정보당국이 1944년에 작성한 보고서에서는 조만식선생을 한국내의 모든 그룹으로부터 존경을 받고 있으며, 공공의식과 국제적 감각을 가진 인물이라고 평가하였다. 그들은 해방 후에도 "한국에서 가장 존경받는 세 사람 중" 한 분이라거나 "모든 한국인을 위해 일하는 유일무이한 한국의 애국자"라고 평가하였다. 이러한 평가에서 확인할 수 있듯이 조만식선생은 해방 정국에서도 민족과 국가를 사랑한 가장 탁월한 인물이었다. 고당 조만식선생은 그 활동무대가 북한, 특히 평양을 중심으로 한 것이었다. 또한 남북분단 후 북한에 거주하다 한국전쟁 중에 사망하여, 사망에 이른 과정에 대한 정보나 자료에 한계가 있었다. 이러한 여러 가지 이유에서 학술적인 연구가 미흡한 상태이다.

조만식선생은 일제강점기에 독립 운동가이자 참교육을 실천한 실천적 교육자이었다. 또한 개신교 장로로서 기독교적 사랑과 봉사를 몸소 실천한 종교인이자, 조선일보의 사장을 지닌 언론인이었다. 더 나아가 평생 국민들과 함께 한 시민운동가인 동시에 조선민주당을 창당하고 당수를 지닌 정치인이라 할 수 있다. 조만식은 현장을 중시한 운동가이며 실천가였다. 따라서 이론보다 실천을 중시하였다. 현장을 중시한 관계로 자신의 사상을 집대성하거나 한 가지 문제를 놓고 깊이 있게 연구한 책을 저술한 적은 없다. 다만 자신의 생각들을 단편적으로 잡지에 기고한 글과 강연 등에서 발표한 내용들이 전해지고 있을 뿐이다. 조만식선생은 철저히 실천하는 지식인이기를 추구했다. 따라서 신앙도 봉사하지 않는, 즉 행함이 없는 믿음은 죽은 것이라고 생각했다. 이러한 실천궁행하는 삶에서 그의 가치가 풍겨났다. 이러한 삶의 향기에서 그의 사상이 우러났다. 민족 사랑이나 기독교사상과 교육사상, 법사상 혹은 정치사상 등 그의 모든 사상은 이러한 실천적인 모습에서 기인한 것이라 여겨진다. 삶의 현장에서 말이나 단순한 구호가 아니라 행동으로 자신의 사상을 실천함으로써 주위 사람들을 감동시킨 것이다.

조만식선생은 "현장의 사람"으로 죽는 날까지 역사의 현장에서 백성들과 함께 했다. 그의 사상은 단편적으로 전해지고 있는 기고문과 연설문, 그리고 현장의 활동에서 보여준 다양한 의미로부터 찾아야 한다. 다행스러운 것은 조만식선생으로부터 직접 배운 제자들과 함께 일한 동지들이나 후배들이 남긴 "회상록"이 있다는 점이다. 비록 이 회상록이 주관적인 감상이나 평가에 불과한 것이라고 하더라도, 조만식에 대한 생생한 모습을 가장 근거리에서 경험했던 사람들의 증언이기 때문에, 그의 사상을 이해하는 데 중요한 자료라고 생각한다. 이러한 조만식의 글과 회상록, 그리고 그가 활동했던 운동들의 의미를 통해 사상을 논구해 보았다.

저자는 조만식선생의 생애에 대해 새로운 사료를 발굴한 것이 없다. 이러한 상태에서 조만식의 생애를 기술하는 것은 기존의 저서를 다시 정리하는 의미밖에 없을 것이다. 따라서 이 연구에서는 조만식의 생애를 연대기식으로 검토하는 것을 생략하고, 기존의 연대기적 연구를 바탕으로 그의 사상을 기독교사상과 교육사상, 경제사상, 법사상, 정치사상 등으로 나누어 고찰하였다. 이러한 사상들을 논구하는 과정에서 조만식이 전개한 활동이나 사건을 자연스럽게 검토하게 된 것이다. 조만식선생의 삶은 부분이 전체이고, 그 전체는 어느 부분과도 모순되지 않는 언행일치를 보여주었다. 여러 가지 사상에서 보여준 조만식선생의 모습은 부분적인 것임에도 언제나 조만식선생의 전체 모습을 그려볼 수 있게 했다. 왜냐하면 그의 삶은 "총합을 계산하는 것이 아니라 한 폭의 그림을 그리는 것"이었기 때문이었다.

이 저서는 조만식선생의 사상을 7개장으로 나누어 서술하였다. 제1장 글머리에서는 연구의 필요성과 연구의 범위 및 내용과 체계를 기술하였다. 제2장에서는 기독교 복음을 받아 들여 "그의 그 됨"을 있게 한 기독교 사상을 살펴보았으며, 제3장에서는 오산학교 교사 및 교장으로 재임하는 등 교육활동에 나타난 교육사상을 고찰해 보고자 한다. 제4장에서는 그가 심혈을 기우려 추진했던 물산장려운동을 중심으로 한 경제사상을, 제5장에서는 미시적인 관점인 법률가로서의 사상을 검토해 보았다. 제6장에서는 조만식의 다양한 활동 속에 나타난 그의 정치사상을 논구한 다음, 제7장에서는 그의 핵심 사상을 종합적으로 요약 정리하였다. 이러한 조만식선생의 사상은 '사랑'과 '정의'로 요약할 수 있다. 평생 동안 국가와 민족에 대한 다함이 없는 사랑을 실천하였고, 열악한 상황을 개선하고자 변혁적 정의를 추구하였다.

저자는 숭실대학교 한국기독교문화연구원으로부터 2016년 "숭실의 뿌리찾기 운동"의 일환으로 연구비를 지원받아 "고당 조만식의 법사상"을 연구하기 시작하였다. 이러한 연구의 결과로 우선 "숭실과 고당 조만식의 법사상"이라는 논문을 2017년에 숭실대학교 「법학논총」에 기고하였으며, 그 후 이 논문을 기반으로 법사상만을 깊이 있게 논구하여 "조만식의 법사상"을 같은 해에 충남대학교 「법학연구」에 게재하였다. 사학자가 아닌 법학자가 할 수 있는 영역의 연구였다. 그러나 연구비를 지원해준 연구원에서는 고당 조만식선생의 사상을 소논문이 아닌 "단행본"으로 출간할 수 있도록 보완해 달라고 요청하였다. 법사상만이 아닌 조만식선생의 삶과 사상 전체를 분석해 달라는 것이었다. 법학자의 영역을 넘는 것이어서 무척 난감하였다. 그러나 숭실대학교의 정체성과 자긍심의 표상이라 할 수 있는 고당 조만식선생의 사상을 이번 기회에 깊이 있게 연구하자는 생각에서 지난 2년 동안 조만식선생이 기고한 글과 강연내용 등 원 사료 등을 집중적으로 분석하였다. 조만식선생의 생애에 대한 일반적인 기술보다는 학술적인 관점에서 그 사상을 중점적으로 논구하였다. 그 결과 전술한 바와 같이 기독교사상, 교육사상, 경제사상, 법사상, 정치사상으로 구분하여 분석 정리하게 된 것이다.

이러한 개별 사상에 대한 연구는 모두 독립된 논문형태를 취하고 있다. 따라서 시간이 없는 독자들은 필요한 부분만을 읽는 것도 가능할 것이다. 이렇게 서술하다보니 하나의 사안에 대해 여러 부분에서 관점을 달리한 분석이 행해져 중복적으로 서술된 점이 있다. 연대기적 서술이 아닌 관계로 발생한 중복서술에 대해 양해를 구한다.

지금까지 고당 조만식선생에 대한 연구나 저서는 생애를 연대기적으로 정리한 것이나 평전 등이 주류를 이루고 있다. 따라서 조만식선생의 구체적인 사상에 대해서는 해당 분야에서 소개한 바와 같이 한 두 편의 논문이 발표되었을 뿐이다. 다시 말해 고당 조만식의 사상을 종합적으로 검토한 것은 전무한 상태이다. 비록 이 저서에 미흡한 점이 있다 하더라도, 조만식선생의 원 사료와 현재까지 발표된 연구 문헌들을 종합적으로 분석 정리한 것은 최초이며, 종합적인 관점의 논구라는 점에서 의미가 전혀 없지는 않을 것이라 생각한다.

이러한 연구의 기회를 제공해 주신 숭실대학교 한국기독교문화연구원에 감사드린다. 또한 많은 자료를 신속히 제공해 준 국회사무처 서기관 정미야 선생께도 진심으로 감사드린다. 이 저서를 통해 우리 민족의 영원한 스승인 고당 조만식선생의 사상을 독자들이 조금이나마 바로 이해하는 계기가 된다면 그 보다 큰 보람이 없을 것이라 생각한다.

2020년 1월

상도동 연구실에서 저자씀

목차

제1장
글머리에

한 국가의 역사 속에서 사상의 체계와 흐름을 이해하기 위해서는 그 시대 활동했던 사상가들의 사상을 살펴보는 방식이 가장 기본적인 것이라 여겨진다. 오늘날 대한민국 국민들의 의식 형성에 직접적으로나 간접적으로 영향을 미친 인물들은 주로 멀지 않은 시기에 활동했던 분들이다. 따라서 우리 민족이 외세에 의해 침몰해 가던 19세기 후반부터 21세기 초반인 현재에 이르기까지 우리 민족에게 가장 크게 영향을 끼친 인물들을 중심으로 역사를 되돌아보는 것이 무엇보다 중요하다고 생각한다. 이러한 시간적 공간에서 우리 민족에게 등불이나 선각자적 역할을 한 인물들을 지적한다면, 다양한 인물이 거론 될 수 있을 것이다. 사상가 중심으로 보면 우선 도산 안창호선생을 들 수 있고, 정치인으로서는 김구선생이나 이승만대통령도 있다. 이러한 세분에 필적할 인물이 바로 고당 조만식선생이라 할 수 있다. 도산 안창호선생은 민족의 선각자로서 애국 계몽운동을 전개한 공로는 지대하였다. 그러나 일제강점기의 초반에 활동하다 사망한 관계로 해방 후 역사까지를 고려하여 전체적인 영향력을 평가할 때에는 아무래도 비중이 떨어질 수밖에 없다. 이에 반해 이승만대통령의 경우 공과가 너무 대비된다. 우선 법률가의 관점에서 보면 해방 이후 우리나라 민주주의 역사를 왜곡시킨 장본인이고, 민족의 정체성의 관점에서 보면 친일파들이 활동할 수 있는 무대를 만들어 주거나 방치한 과오를 결코 경시할 수 없는 것이다. 최근 연구에 따르면 이승만대통령이 '반민족행위자 처벌에 관한 법률'을 무력화하는데 크게 기여했음이 밝혀지고 있다. 이러한 과오가 있는 이승만대통령의 사상에 대한 연구도 필요하지만, 민족의 정체성과 사상사적 입장에서는 그 연구의 역기능적 요소도 고려해야 할 것이다. 따라서 백범 김구선생과 고당 조만식선생이 사상가의 관점에서 보다 높이 평가될 수 있을 것이라 생각한다. 특히 이 두 분은 최근 논의되고 있는 친일문제에서도 상대적으로 자유롭기 때문이기도 하다.

미군 정보당국이 1944년에 작성한 보고서에 따르면[1] 한국의 5대 지도자, 즉 조만식, 윤치호, 이광수, 김성수, 양주삼 중 조만식을 가장 높이 평가하였다. 이 자료에서는 조만식이 한국내의 모든 그룹으로부터 존경을 받고 있으며, 기독교 활동에 적극적이고, 공공의식과 국제적 감각을 가진 인물로서 민족주의자이면서, 친미·반일·보수 성향을 가진 자로 평가하였다. 특히 해방 후에도 "한국에서 가장 존경받는 세 사람 중 하나"[2]라거나 "모든 한국인을 위해 일하는 유일무이한 한국의 애국자"라는 평가에서[3] 확인할 수 있듯이 해방 정국에서도 민족과 국가를 사랑한 가장 탁월한 인물이었다. 김구선생의 경우 '백범일지'라는 저서가 있어 그분의 사상을 연구하는데, 큰 도움이 되고 있다. 또한 현실적으로 많은 연구가 행해졌다. 이에 반해 고당 조만식선생(이하에서는 특별한 경우를 제외하고는 경칭 없이 모두 조만식으로 표기한다)은 그 활동무대가 북

1) 이에 대해서는 정병준, 「우남 이승만 연구」, (역사비평사, 2005), 400면; 경향신문 2008년 8월 8일자.

2) 미군 정보참모부 일일보고서(1945.11.9.); 국토통일원, 「미군정보고서」(제1권:1945.9-1946.1), 1989, 421면.

3) 미군 정보참모부 일일보고서(1945.12.18.); 박명수, 「조만식과 해방후 한국정치」(북코리아, 2015), 186-187면(재인용).

한, 특히 평양을 중심으로 한 것이었다. 또한 남북분단 후 북한에 거주하다 한국전쟁 중에 사망하여, 사망에 이른 과정에 대한 정보나 자료에 한계가 있었다. 이러한 여러 가지 이유에서 학술적인 연구가 미흡한 상태이다.

조만식의 생애에 대해서는 1947년 7월 1일 미소공동위원회 위원이었던 브라운 장군과의 대화 이후부터 사망에 이르는 과정을 제외하고는 비교적 잘 정리되었다.[4] 따라서 여기서는 조만식의 생애와 활동은 그 사상을 이해하는데 필요한 부분에 국한하여 간략하게만 언급하고, 부록에 조만식의 연표를 부기하고자 한다. 조만식은 1883년 2월 1일에 평안남도 강서군 반석면 반일리 안골이라는 곳에서 태어나, 평양을 중심으로 애국 애족 운동을 하다 6.25 동란 중에 북괴군에 의해 사망한 것으로 알려지고 있다. 조만식은 일제강점기에 독립 운동가이자 참교육을 실천한 실천적 교육자이었으며, 개신교 장로로서 기독교적 사랑과 봉사를 몸소 실천한 종교인이자, 조선일보의 사장을 지닌 언론인이었다. 또한 평생 국민들과 함께 한 시민운동가인 동시에 조선민주당을 창당하고 당수를 지닌 정치인이라 할 수 있다. 조만식은 현장을 중시한 운동가이며 실천가였다. 따라서 이론보다 실천을 중시하였다. 현장을 중시한 관계로 자신의 사상을 집대성하거나 한 가지 문제를 놓고 깊이 있게 연구한 책을 저술한 적은 없다. 다만 자신의 생각들을 단편적으로 잡지에 기고한 글과 강연 등에서 발표한 내용들이 전해지고 있을 뿐이다. 예컨대 그는 "우리는 마음의 人이 되어야 합니다. 문자교육보다

---

4) 그의 생애와 활동에 대해서는 한근조, 「위대한 한국인(12): 고당 조만식」(태극출판사, 1977) ; 김요나,「고향을 묻지 맙시다」(엠마오, 1987) ; 송삼용, 「고당 조만식」(생명의말씀사, 2006) ; 장규식, 「민중과 함께한 조선의 간디: 조만식의 민족운동」(역사공간, 2007) ; 고당기념사업회엮음, 「민족의 스승 고당 조만식 전기: "북한 일천만 동포와 생사를 같이 하겠소"」(기파랑, 2010); 송두영, 「민족의 지도자 고당 조만식」(불과구름, 2011); 김경옥, 「지조를 지킨 지도자들: 고당 조만식」(월인, 2011) 등을 참조 할 것.

실천궁행하는 실행이 필요한 것입니다. 현대인은 知는 있다 하나, 行은 부족함이 사실입니다. 호와 부, 선과 악, 의와 불의, 해야 될 것과 해서는 안될 것들을 알면서도 知而不行하는 '똑똑한 바보'나 '뻔뻔한 멍텅구리'가 우리 사회에는 심히 많은 줄로 압니다"라는 말[5]에서 알 수 있듯이 조만식은 철저히 실천하는 지식인이기를 추구했다. 따라서 신앙도 봉사하지 않는, 즉 행함이 없는 믿음은 죽은 것이라고 생각했다. 이러한 실천궁행하는 삶에서 그의 가치가 풍겨난다. 이러한 삶의 향기에서 그의 사상이 우러났다. 민족 사랑이나 기독교사상과 교육사상, 법사상 혹은 정치사상 등 그의 모든 사상은 이러한 실천적인 모습에서 기인한 것이라 여겨진다. 삶의 현장에서 말이나 단순한 구호가 아니라 행동으로 자신의 사상을 실천함으로써 주위 사람들을 감동시킨 것이다.

1914년에 명치대학 법학부를 졸업한 후 미국 유학을 포기하고 귀국하여 오산중학교의 교사로 사회생활을 다시 시작하였다. 그러나 조만식은 3.1운동 후 일제의 간섭과 압력 때문에 1921년 3월에 재 취임한 오산중학교의 교장을 다시 사직하고, 평양으로 돌아와 평양 YMCA 초대 총무에 취임하였다. 그 당시에 숭실대학에서는 그를 정식교수로 초빙하였다. 하지만 일제가 교수취임을 허락하지 않아 강사로 임명되어, 1921년 5월 1일부터 1923년 6월 31일까지 2년여 동안 '법제와 경제'를 가르쳤다.[6] 교육자로서 생활은 이렇게 중단되었지만, 평생 동안 민족의 부흥을 위한 시민운동가로서 다양한 결사체를 결성하여 자신의 사상을 구체화 하고 실천하였다. 즉 물산장려운동과 농촌계몽운동이 그 대표적인 것이다. 한 때는 조선일보사 사장으로 언론기관에 종사하기도

---

5) 조만식, "청년과 사회봉사", 「삼천리」, 1936. 11;고당기념사업회편, 「고당 조만식 회상록」(조광출판인쇄주식회사, 1995), 410면; 김요나(주 4), 251면.

6) 숭실대학교 한국 기독교 박물관, 「숭실교우 회원 명부」(평양숭실대학 역사자료집 VI), 2017, 35면.

하였다. 또한 평양 산정현교회의 장로로서 기독교 신앙생활을 하면서 신앙과 행동을 일치하도록 노력했다. 해방 후에는 평남 건국준비위원회에 참여하였으며, 조선민주당을 창당하여 초대 당수를 역임 하는 등 정치활동을 하기도 했다. 조만식이 걸어간 모든 발자취는 결국 백성과 조국에 대한 사랑으로 점철되었다. 인간, 특히 백성에 대한 사랑은 인권의 신장을 위한 노력이고, 민족의 현재 모습을 개선 내지 변혁시키려는 다양한 노력은 후술하는 바와 같이 '변혁적 정의'(Transforming Justice)로 표현되는 기독교적 정의의 실천이라 할 수 있다. 따라서 이러한 삶속에서 그의 사상을 추론할 수밖에 없을 것이다. 다시 말해 그의 사상을 추론하고자 할 경우, 이러한 실천적 활동과 그 지성에서 찾는 것이 바른 출발점이라 여겨진다.

동서고금을 막론하고 위대한 사상가라면 통상 깊은 사색을 통해 자신의 사상을 집대성한 저서를 남기었다. 그러나 조만식은 전술한 바와 같이 '현장의 사람'으로 죽는 날까지 역사의 현장에서 백성들과 함께 했기 때문에, 소위 그의 사상을 조감할 수 있는 저서가 없다. 따라서 그의 사상을 바로 이해하기 위해서는 단편적으로 전해지고 있는 기고문과 연설문, 그리고 현장의 활동에서 보여준 다양한 의미로부터 그의 사상을 찾아내야만 한다. 다행스러운 것은 조만식으로부터 직접 배운 제자들과 함께 일한 동지들이나 후배들이 남긴 '회상록'이 있다는 점이다. 비록 이 회상록이 주관적인 감상이나 평가에 불과한 것이라고 하더라도, 조만식에 대한 생생한 모습을 가장 근거리에서 경험했던 사람들의 증언이기 때문에, 그의 사상을 이해하는 데는 매우 중요한 자료라고 생각한다. 이러한 조만식의 글과 회상록, 그리고 그가 활동했던 운동들의 의미를 통해 사상을 조감해 보고자 한다.

조만식의 생애에 대해서는 전술한 바와 같이 다양한 연구 업적들이 출간되었다. 그의 생애를 평전식으로 저술한 것이 있는가 하면, 역사가

들이 사건을 중심으로 연대기식으로 저술한 것도 있다. 더 나아가 소설식으로 미화한 것도 없지 않다. 필자는 조만식의 생애에 대해 새로운 사료를 발굴한 것이 없다. 이러한 상태에서 조만식의 생애를 기술하는 것은 기존의 저서를 다시 정리하는 의미밖에 없을 것이다. 따라서 이 연구는 조만식의 생애를 연대기식으로 검토하는 것은 생략하고, 기존의 연대기적 연구를 바탕으로 그의 사상을 기독교사상과 교육사상, 경제사상, 법사상, 정치사상 등으로 나누어 고찰하고자 한다. 이러한 사상들을 논구하는 과정에서 조만식이 전개한 활동이나 사건을 자연스럽게 검토하게 될 것이다. 따라서 별도로 조만식의 생애를 기술하지 않아도 그의 생애를 조감해 볼 수는 있을 것이다. 조만식의 사상을 분류하여 개별적으로 논구하는 과정에서 선행연구들에 대해서도 분석 검토하고자 한다. 조만식의 삶은 부분이 전체이고, 그 전체는 어느 부분과도 모순되지 않는 언행일치를 보여주었다. 여러 가지 사상에서 보여준 조만식의 모습은 부분적인 것임에도 언제나 조만식의 전체 모습을 그려볼 수 있게 했다. 왜냐하면 그의 삶은 "총합을 계산하는 것이 아니라 한 폭의 그림을 그리는 것"[7]이었기 때문이었다.

본서는 7개장으로 구성되어 있다. 제1장 글머리에서는 연구의 필요성과 연구의 범위 및 내용과 체계를 기술하였다.

제2장에서는 기독교 복음을 받아 들여 '그의 그 됨'을 있게 한 기독교 사상을 살펴보고자 한다. 다시 말해 상업에 종사하다 숭실학교에 입학한 후 기독교를 믿고, 평생 기독교 장로로서 생활하면서 보여준 실천적 신앙과 그 사상을 살펴보고자 한다. 그의 삶에서 기독교와의 만남은 '복음에 의해 변화된 자의 전형'을 보여주고 있다. 따라서 이 장에서는 이러한 기독교와 만남은 그의 삶의 축복이며, '그의 그 됨'이 하나

7) Olver W. Holmes, Letter to Lewis Einstein, July 23 1960. The Essential Holmes, ed. Richard Posner (Cambridge: Harvard University Press, 1991).

님의 은혜임을 확인하고자 한다.

제3장에서는 교육사상을 고찰해 보고자 한다. 조만식은 일본에서 귀국한 후 처음 갖게 된 직업이 오산학교 교사였다. 그 후 오산학교 교장과 숭실대학에서 '법제와 경제'의 강사로서 활동과 숭인상업학교의 설립 등 여러 가지 교육 관련 활동을 전개하였다. 이러한 현장에서 몸소 실천한 활동 속에 나타난 교육자로서의 사상을 검토해 보고자 한다. 특히 학교 교육뿐만 평생 교육의 관점에서 보면 그의 삶은 철저한 그리고 참된 교육자였음을 알 수 있기 때문이다.

제4장에서는 그가 심혈을 기울여 추진했던 물산장려운동들을 중심으로 한 경제사상을 살펴보고자 한다. 조만식은 평생 '검은 두루마기'와 '말총모자'로 표현되는 검소한 생활을 했다. 그의 활동은 민족의 경제적인 생활의 변혁을 위한 몸부림이었다고 해도 과언이 아니다. 계몽을 위해 단체를 만들고 다양한 변혁운동을 통해 빈곤한 나라 살림과 백성들이 보다 나은 미래로 나아가길 원했다. 그의 삶은 이러한 경제적 변혁운동과 떼어 놓고는 이해할 수 없을 것이다.

제5장에서는 미시적인 관점인 법률가로서의 사상을 검토해 보고자 한다. 조만식은 대학에서 법학을 공부한 관계로 그의 모든 행동은 실정법적 범주 내에서 실정법규에 따랐다. 물론 3.1운동에 참가하여 징역형을 선고 받은 적이 있으나, 그의 활동은 당시 법률들을 잘 활용한 점이 두드러진다. 특히 단체를 결성하여 운동을 전개한 것에서 이를 확인할 수 있다. 비록 지금까지 어느 누구도 그의 이러한 법률가로서의 사상을 주목하지 않았다. 하지만 이점을 간과하면 그의 규범 내에서의 항일투쟁이나 활동들을 제대로 평가할 수 없기 때문이다. 따라서 이 장에서는 그의 활동들을 법적인 관점에서 미시적으로 분석하고자 한다.

제6장에서는 조만식의 다양한 활동 속에 나타난 그의 정치사상을 논구해 보고자 한다. 조만식의 삶은 어떤 의미에서는 전체가 정치인으

로서 활동이라 할 수 있다. 교육자로서의 활동과 평양 YMCA 총무로서 시민운동, 신간회운동, 조선물산장려운동, 그리고 해방 후 조선 민주당 창당행위 등과 같은 행위는 소위 '넓은 의미에서 정치행위'라 할 수 있기 때문이다. 넓은 의미의 정치행위는 교육이나 시민활동 등도 당연히 포함한다. 하지만 교육사상이나 경제 및 법사상 등을 별도의 장으로 서술하였기 때문에 이 장에서는 좁은 의미의 정치 활동 및 사상만을 검토하고자 한다.

제7장에서는 그의 핵심 사상을 종합적으로 요약 정리한 다음, 이 시대에 우리에게 그 사상이 어떠한 의미를 지닌 것인가에 대해 검토한 후 글을 맺고자 한다.

제2장

조만식의 기독교 사상

1. 서설

제1장에서 조만식의 생애를 간략하게 살펴보았다. 그곳에서 확인할 수 있듯이 조만식은 러일전쟁이 발발하자 피난 간 대동강 중류에 있는 베기섬에서 한문을 함께 배웠던 한정교로부터 전도를 받아 예수를 믿기로 결심하였다. 물론 기독교의 존재와 분위기에 대해서는 이전부터 알고 있었다고 전해지고 있다. 예컨대 조만식이 직접 전한 말에 따르면 전도를 받기 훨씬 전에 기독교의 존재와 분위기를 알고 있었다고 한다.

> "서양인을 처음 보던 감상은, 아이 때의 일이 되며 잘 생각되지 아니하나 기억에 남아있는 몇 가지만 말씀하면 이러합니다. 내가 서양인을 처음으로 보기는 열 한두 살 되었을 때 임진년(1892)인가 계사년(1893)인가라고 생각되며, 보았던 곳은 대동문 안 술막골 한석진 목사 댁이었던 것 같습니다. 한목사의 맏 자제 고 民濟 兒名 갑손이는 나의 글동무였습니다. 이 집에 서양인이 있었기 때문에 나는 늘 놀 겸 구경 겸 자주 가서 서양인을 보았습니다. 그 때는 서양인이 아니고 '洋鬼子'였지

요. 이 양귀자는 馬浦三悅목사였는지 혹 다른 목사였는지 그 때는 물론이요 지금도 모르겠습니다. 다만 시커먼 옷, 커다란 눈, 높은 코, 참말로 모든 것이 무섭다기보다는 놀랍고 이상스러운 눈으로 보였습니다. 그런데다가 그 때 일반 사람들은 말하기를 이 양귀자는 만나는 사람마다 무슨 약을 먹여서 미치게 하는데, 약을 먹이는 방법은, 몰래 얼른 입에다 슬쩍 스치기만 하면 곧 미쳐서 양귀자가 하라는 대로 한다는 것입니다. 그래서 나는 입 모양, 그런 말 때문에 더욱 자주 구경을 가게 되었습니다. 그런데 가는 때마다, 양귀자는 냄새나는 책자를 줍디다. 지금 생각하니 이 책자는 한문으로 번역하여 인쇄한 쪽 복음 즉 마태복음 누가복음 기타 부속서류인 引家歸道 德慧入門 등과 같은 조그마한 전도서류이었는데 洋紙 냄새와 印刷墨 냄새들이 그렇게 변하여 양귀자 냄새로 되었던 것인데, 그 냄새가 역시 사람을 미치게 하는 것인가 하여 좀 맡아보고는 내어버리던 것이 어제와 같은데, 벌써 40여년 전(1890년경) 호랑이 담배 먹던 옛날 묵은 이야기가 되었습니다." [1)]

이 글에 따르면 조만식은 기독교에 입문하기 수년전부터 서양 선교사들을 접하고, 전도를 직접 받은 것은 아니지만 전도용으로 배포한 복음서들을 보았다고 진술하고 있다. 이러한 예비적인 접촉이 있었기 때문에 친구의 전도를 쉽게 받아들이지 않았나 여겨진다.

사실 기독교를 받아드리기 전의 조만식의 생활은 거의 난봉꾼(?)과 같은 것이었다고 한다. 예컨대

"조만식 선생의 소년시대 내지 초기의 청년시대에는 싸움을 잘 하기로 담배 잘 피우기로 술 잘 마시기로 유명했고 화류장에서도 장수노릇을

1) 조만식, "서양인 처음 보던 인상", 「신동아」 1934.6; 「고당 조만식 회상록」(고당기념사업회편, 1995) 385-386면.

하였던 것이다. 이 때문에 싸움판에서나 날파람터에서는 물론 투전판에서도 선생의 그림자만 한 모퉁이에서 나타나면 마치 솔개가 지나간 뒤 병아리들이 조용해지는 듯한 감이 없지 않아 그 당시의 선생의 존재는 일반인에게 공포의 표적이 되었다 한다. …· 이렇게도 남이 싫다는 짓, 좋지 않다는 것은 한 가지도 빼놓지 않고 선봉대장격이 되어 가지고 24세까지 매일 장취(長醉)의 생활과 같이 상업을 계속하였다니 상업이 거덜이 났을 것은 분명한 일이거니와 원래 두뇌가 명석하고 고집이 센 선생은 이러한 사도(邪道)를 집어던지는 데에도 또한 상쾌하였다 한다".[2)]

이러한 방만한 생활을 하던 조만식이 평양으로 돌아와 여러 사람의 권유와 자신의 결단으로 숭실학교에 입학하면서 신학문에 대한 공부와 함께 본격적인 신앙생활을 하게 되었다. 물론 숭실학교에 입학 한 후에도 교사 몰래 담배를 피우는 등 과도기가 있었던 것 같았지만 얼마나 달라졌는지는 그의 고백을 통해 확인할 수 있다. 예컨대

"신앙생활을 재미의 일종으로 말하기는 좀 무엇하지만 그 당시 나는 너무 방탕하였던 관계로 처음으로 학생도 되고 신앙생활도 하게 되매, 즉 방향을 아주 전환하매 참말 새 생활 새 분위기에서 호흡하게 되어 그 재미와 그 맛을 무엇이라고 다 말할 수 없었다. 그래서 매일 매일 지내는 재미야말로 지금은 그러한 기쁨의 만족한 생활을 하지 못하는 것은 유감천만이라 하겠다"고 고백한 것을 보면[3)]

---

2) 조선일보, "조만식선생의 청년 학도 시대", 조선일보 1938.1.6.일자; 고당기념사업회편, 회상록(주 1), 63-64면.

3) 조만식, "청년들에게 드리는 말(나의 젊은 시절)", 「신동아」 1935.4; 고당기념사업회편, 회상록」(주 1), 392면.

숭실학교를 통해 새로운 삶과 신앙생활의 맛을 느끼게 된 것 같았다. 조만식의 삶에서 가장 드라마틱한 코페니쿠스적 대 전환을 맞이한 것이 바로 기독교를 믿게 되어 숭실학교와 만나게 된 것이라 여겨진다.

이상과 같이 기독교를 접하고 기독교신앙을 갖게 된 것은 친구의 전도에 의한 것이었다. 하지만 본격적인 신앙생활과 기독교사상을 구체적으로 접하고 학습을 하게 된 것은 숭실학교에 입학한 후부터로 여겨진다. 다시 말해 조만식은 숭실학교의 신앙교육과 장대현교회의 출석을 통해 신앙이 성장한 것으로 보인다. 조만식이 민족의 지도자로서 성장한 배경에는 이러한 숭실학교와 기독교를 제외하고는 논할 수 없을 정도로 많은 영향을 받았던 것으로 여겨진다. 특히 숭실학교를 통해 신학문을 접하게 된 그는 숭실학교의 기독교 교육을 통해 신앙이 성장하여, 바로 이어지는 동경유학시절에도 모범적이고 통합적인 신앙생활을 영위할 수 있게 되었다. 그는 일본 동경 유학 시절에 장로교와 감리교의 연합교회를 설립하는 데에 기여하였으며, 연합교회의 영수로서 활동하였다. 귀국해서는 오산학교에서 기독교 세계관에 입각한 교육을 펼쳤으며, 평양 YMCA 총무, 산정현교회 장로로 시무하였다. 특히 일제로부터 신사참배를 강요당할 때에는 산정현교회의 주기철 목사와 함께 끝까지 심사참배를 거부하는 데 일익을 담당하였다. 따라서 그의 기독교 사상을 이해하기 위해서는 숭실학교에서의 신앙교육 및 동경에서의 신앙생활과 종교활동, 그리고 귀국 후 오산학교에서의 신앙교육 및 시민운동 과정 중 나타난 사상을 종합적으로 검토해야만 할 것이다. 이 장에서는 그의 삶 전체를 변화시켜, 그의 삶과 사상의 기초를 형성하였던 기독교 신앙과 그와 관련된 기독교 활동을 통해 보여준 그의 기독교 사상을 먼저 검토해 보고자 한다. 특히 기독교 교육과 신앙생활 및 시민활동 과정에서 보여준 그의 삶의 모습과 사상을 구체적으로 논구해 보고자 한다. 이러한 기독교 사상을 이해하지 않고는 그 밖의 다른 사상을 바로 이해할 수 없기 때문이다.

2. 기독교의 영접과 새로운 학문 연마 및 신앙의 성장

(1) 숭실학교와의 만남과 학교생활

1) 숭실학교의 입학

숭실학교는 1897년 처음 세워졌을 때부터 줄곧 창설자인 윌리엄 베어드(William M. Baird)목사가 교장으로 재직하였다.[4] 미국선교사인 베어드목사는 1890년 조선 땅에 들어온 후 처음 4년 동안은 부산에서 선교활동을 하였다.[5] 그 후 대구[6]와 서울을[7] 거쳐 평양으로 활동무대를 옮겼다. 평양으로 옮긴 것은 선교회의 결의에 따라 교육기관을 세우기 위한 것이었다. 베어드목사는 1897년 숭실학교를 세운 후에 기독교 사상에 뿌리를 둔 교육사업을 펼치며 인재양성을 위해 혼신의 힘을 다하였다. 그 후 1905년부터 숭실학교에서는 대학부를 설치하였다. 그러나 몇 년 후 조선총독부 교육령에 따라 대학을 전문학교로 개편해야만 했다. 숭실학교는 1930년부터 숭실전문학교를 분리시켜 독립적으로 운영하였다. 그러나 얼마 지나지 않은 1938년에 신사참배거부운동으로 숭

---

4) 윌리엄 베어드에 관해 자세한 것은 리처드 베어드/ 숭실대학교 뿌리찾기위원회 역주, 「윌리엄 베어드(William M. Baird)」(숭실대학교 출판국, 2016), 19면 이하 참조.

5) 부산에서의 활동에 대해서는 이상규, "윌리엄 베어드의 부산에서의 활동", 「윌리엄 베어드의 선교일기」, (숭실대학교 박물관, 2013), 174면 이하 참조.

6) 1895-1896년에 대구에서 선교활동을 하였다. 이에 대해서는 리처드 베어드/ 숭실대학교 뿌리찾기위원회 역주(주 4), 110-120면 참조.

7) 서울에서는 1896-1897년까지 1년간 체류했다. 이에 대해서는 리처드 윌리엄/ 숭실대학교뿌리찾기위원회 역주(주 4), 120-124면 참조.

실중학과 숭실전문학교는 자진 폐교하게 되었다. 숭실학교는 식민지 암울한 땅의 젊은이들에게 새로운 학문을 통해 구국의 길을 열어 주었다. 당시 숭실학교는 영적인 면과 세상적인 교육을 통해 시대의 등불을 밝혀주는 선구자적 역할을 담당했다.[8)]

조만식은 을사보호조약이 체결되고 나라가 대외적으로 요동하던 1905년에 23세 나이로 숭실학교에 입학하였다. 입학과 관련하여 재미있는 에피소드가 전해지고 있다.[9)] 평양에서 장사하다 거의 파산하게 되어 놀고 있던 차에 누군가로부터 숭실학교에 입학해 신학문을 공부해 보라는 권유를 받은 조만식은 아버지에게 그 같은 뜻을 밝혔다. 밤낮 술타령만 하면서 사업까지 거덜 낸 아들의 뜬금없는 말에 조만식의 아버지는 "그랬으면 사람 구실하게. 나는 암만해도 네 소리가 믿어지지 않는다."고 반신반의하면서도 허락했다고 한다.[10)] 아버지의 승낙을 받아낸 조만식은 술친구들과 화류계 친구들을 모아놓고, 그 동안 방탕한 생활을 청산한다는 명목으로 밤새 고별주를 마시었다. 이튿 날 술 냄새를 풍기며 갈지자걸음으로 숭실학교를 찾았다고 한다. 숭실학교 설립자이자 교장인 베어드목사(한국명 배위량)가 주정뱅이 꼴을 한 조만식이 마땅치 않았는지 "공부는 무엇하려 하나?"라고 묻자, 조만식은 "공부해서 하나님 일을 하겠소."라고 대답을 했다고 한다. 대답이 걸작인지라 이 한마디로 조만식은 "열심히 공부하라."는 격려와 함께 숭실학교의 입학을 허락받았다고 한다. 아마 베어드목사는 조만식의 사람됨을 이미 간파하여 그러한 결정을 내렸는지도 모르겠다.

---

8) 이러한 숭실학교와 숭실대학에 대해서는 숭실대학교 120년사편찬위원회편, 『민족과 함께한 숭실 120년』(숭실대학교 기독교박물관, 2017), 14면 이하 참조.

9) 입학과정에 대해서는 "그들만의 청년학도 시대", 조선일보 1936.1.6.; 홍만춘엮음, 「고당 조만식 자료집」(한국기독교역사연구소, 2008), 146-149면; 고당기념사업회편, 「민족의 영원한 스승 고당 조만식 전기」(기파랑, 2010), 36-39면; 장규식, 「민중과 함께한 조선의 간디」(역사공간, 2007), 26-28면 등 참조.

10) 장규식(주 9), 27-28면.

2) 숭실학교 입학 즈음의 기독교 선교 활동

서울을 중심으로 전래된 천주교와는 달리 개신교는 평양을 비롯한 북한의 북서지역을 중심으로 전래되었다.[11] 특히 1882년 한미수호조약이 체결된 이후에는 서양 문물들이 선교사들을 통해 본격적으로 들어왔다. 당시 조선에서는 기독교 보다 서양 문물에 대한 관심이 강했기 때문에 개화의지는 민부국강(民富國强)의 사회 건설이 중시되었다. 그러다가 1900년 전후에 선교사들이 교육, 의료, 성서번역과 출판 등에 눈을 돌려 선교 정책을 복음 선교와 병행하는 것으로 바꾸자 그에 따라 기독교에 대한 사회 인식도 크게 변모되었다.[12]

당시 대한기독교서회의 전신인〈조션셩교셔회〉(The Korean Track Society)는 1890년에 세워진 이래 갖가지 서적들을 출판하여 교인은 물론, 비신자들에게까지 큰 도움을 주었다. 10년 동안 25만부의 책을 제작, 신교육 열풍에 크게 부채질을 해준 셈이었다. 거기에서 출판된 책으로 영국인 번연(J. Bunyan)의「천로역정」, 미국인 선교사 헐버트(H.B. Hulbert)의「사민필지(士民必知)」, 마펫의「장원양우상론(長遠兩友相論)」등은 전 국민에게까지 읽힌 베스트셀러였다.

3) 당시 숭실학교의 학풍

숭실학교는 '실(實)'을 숭상하는 학교라는 뜻으로, 숭실을 '진리의 숭상, 진실의 숭상'으로 해석하였다. 따라서 영문교명을 'The Venerate Truth School'이라고 하였다. 여기서 진리는 무실한 한국인을 진실한 한국인으로 교육하자는 것이다. 또한 무실이란 "진실하지 못하고 충실하지 못하고 근실하지 못하고 절실하지 못하고 견실하지 못하고 충실

---

11) 기독교의 전래에 대해서는 옥성득,「다시 쓰는 초대 한국교회사」(새물결플러스, 2016) ; 이상규,「다시 쓰는 한국교회사」(개혁주의출판사, 2016) 참조.

12) 이에 대해서도 위의 책들을 참고할 것.

하지 못하고 둔실하지 못하고 성실하지 못하고 완실하지 못하는 것을 의미한다"고 하였다.[13] 이러한 숭실의 교육목표에는 진리탐구와 인격수련을 함께 완성하고자 하는 의지를 담고 있었다. 다시 말해 기독교정신과 민주교육의 근본이념에 입각하여 심오한 학술적 이론과 그 응용방법을 가르쳐 인류의 번영과 국가, 사회 및 교회에 봉사할 지도자급 인재 양성을 교육목표로 삼고 있었다.

조만식이 입학하던 당시 숭실학교는 미국의 북장로회와 북감리회가 공동으로 경영하였다. 그래서 학교이름을 연합교육기관임을 표현하는 의미로 '합성숭실'이라 불렀다. 중등과정이 정착되자, 곧 이어 대학부도 설치되어 합성숭실대학(Union Christian Colleage)으로 발전하였다. 교회연합학교로서 합성숭실의 출현은 규모가 작은 하나의 선교부에서 큰 규모의 교육기관을 경영할 만한 경제력이 없었고, 자격을 갖춘 교사수도 부족하였기 때문이었다. 당시 여러 가지 사정을 고려할 때 적절한 조치라 할 수 있다. 더 나아가 편협한 교파주의를 뛰어넘어 선교교육의 일치단결을 모색했다는 점에서도 특기할 만한 사건이었다. 합성숭실학교에 다니며 배우고 익힌 기독교는 이 같은 초교파주의적 복음주의를 기본으로 한 것이었다. 훗날 조만식은 동경에서 한국 최초로 장로교와 감리교가 연합하여 연합교회를 설립하는데 앞장섰다. 또한 평양 YMCA 총무로 재직하면서 교파를 초월한 기독교인들의 일치된 사회운동을 이끌어냈다. 이러한 활동들은 합성숭실에서 받은 초교파적 통합교육의 영향이라 할 수 있다.[14]

13) 채필근,"숭실대학의 회고와 전망", 숭실대학보 창간호 1955; 숭실대학교 100년사편찬위원회, 「숭실대학교 100년사」(1) 평양 숭실편, (숭실대학교, 1997), 68면 재용.18) 이에 대해서도 위의 책들을 참고할 것.

14) 장규식(주 9), 29-30면.

4) 숭실학교에서의 배움과 신앙의 성장

당시 숭실학교의 베어드교장은 학칙을 엄격하게 준수하면서 철저한 기독교 교육을 실시하였다. 이러한 교육은 선교사업의 목적으로 설립한 학교의 설립취지와 율법주의적인 준법정신이 크게 작용을 하였기 때문이었다. 특히 성경 공부와 주일 예배는 엄격한 규율 아래 철저히 이행해야만 했다. 예배에 참석할 때는 출석부에 도장을 찍어 오도록 하여 모든 학생들이 주일성수를 했는지 여부를 확인하였다. 그 당시 선교사들은 미국의 보수적 신앙의 원칙에 따라 선교 시작부터 한국 교인들에게 성수주일과 금주·금연 그리고 조상에 대한 제사를 금지하는 규칙을 세워 반드시 지키도록 강요하였다.

이러한 기독교 선교를 위해 설립한 숭실학교에 입학한 조만식은 성경을 깊이 있게 읽는 등 본격적으로 성경을 공부하였다. 학문연구에 크게 재미를 붙인 조만식은 기독교에 관한 일반 서적들도 구입하여 읽으면서 뒤늦게 향학열을 불태웠다. 그가 한글을 깨우치면서부터 읽기 시작한 성경 중에서도, 산상수훈의 내용이 들어 있는 마태복음 5-7장을 즐겨 읽었다고 한다.[15] 이 산상수훈은 그가 첫 믿음 생활을 하던 중 큰 은혜를 받았던 장(章)이기도 했다. 지금까지 그가 알고 있던 약육강식(弱肉强食)의 기존 윤리를 송두리째 무너뜨린 내용들을 접하게 되었다. "온유한 자가 땅을 차지한다"는 기독교 윤리는 폭력을 구사하지 않고, 즉 무력으로 저항하지 않고도 승리를 얻을 수 있다는 것을 깨달게 되었다. 조만식은 이 같은 예수의 사상이야말로 기독교가 온 세계에 퍼질 수 있었던 힘의 원천임을 알게 되었다. 조만식의 정신세계에 변화를 가져다 준 또 하나의 사상은 마태복음 5장에 나오는 '빛과 소금'의 사

15) 신앙생활에 대해서는 한근조, 「위대한 한국인 (12): 고당 조만식」(태극출판사, 1977), 52면 이하.

상이었다. 이 산상수훈은 그가 평생 살아가면서 언행일치된 진실한 생활을 하게 된 밑바탕이 되었다고 한다. 그의 생애는 "빛과 소금의 사명을 다하라"는 예수의 가르침에 순종했던 참 신앙인의 삶이었다.

조만식은 근엄한 베어드교장의 지도 아래서 지행과 언행이 일치하는 생활을 배우고 그것을 실천하고자 다짐했다. 조만식은 학교에서 배우는 학문이나 종교를 새로운 지식이나 신앙으로 삼는 것으로는 만족할 수 없었다. 그것을 실제 생활에서 구체적으로 실천하고자 노력했다. 따라서 학교에서 베어드목사로부터 배운 바를 적극적으로 실천하였다. 조만식이 기독교의 사랑을 실천하여 불행한 사람을 돌보아주고 구제하려는 행동에 나선 것은 그 무렵부터 시작된 것이다.[16] 베어드목사는 철저한 복음주의자였다. 이상주의자라고 하기 보다는 현실주의 색채가 짙은 복음주의에 철저한 목사였다.[17] 따라서 숭실의 교풍(校風)은 소위 프라그마티즘의 성향이 강했다. 그는 일찍이 자신의 선교 목적을 다음과 같이 강조한 바 있다. "내가 조선에 와서 전도하는 목적은 장래 천당에 가는 영적인 구원보다도 현재 육적인 구원으로써 전도의 요체를 삼고 있는 것이다".[18]

베어드목사는 마펫목사 등 다른 보수적인 선교사들과는 달리 내세 영혼의 천당 구원보다 현재 실제 생활에서의 기독교적 사랑을 실천하고 경험하는 사회 구원을 중시했다. 베어드목사는 숭실학교의 교육을 통해 조선 "백성을 위하여 눈물의 전도자, 열(熱)의 종교가, 사랑의 사역자, 정(情)의 설교가"를 양성하고자 노력했다.[19] 조만식이 방탕한 생활을 청산하고 사회봉사와 민족구원에 대한 신념으로 민족을 위해 평생 헌신한 인물

---

16) 한근조,(주 15), 53면.
17) 한근조(주 15), 57면.
18) 한근조(주 15), 57면; 김요나,「고향을 묻지 맙시다」(엠마오, 1987), 54면.
19) 조만식, "생산과 소비와 우리의 각오" 「삼천리」 1936.4; 고당기념사업회편, 회상록(주 1), 414면 .

로 성장하게 된 것도 베어드목사의 가르침이 있었기 때문이라고 한다.[20)]

숭실학교 학생 조만식에게는 베어드목사 이외에도 또 다른 훌륭한 선생님들이 계셨다. 예컨대 한학자 박자중선생이 그 중 한 분이었다.[21)] 숭실학교에서 한문을 가르쳤던 박자중선생이 1906년 6월에 사망하자, 1906년 6월 21일자 '그리스도 신문'에서는 박자중선생을 "성품이 온화하고 지추(脂樞)가 청한(淸閑)하며 행위가 단아하고 학문이 깊고 지식이 넓어 일찍이 세상에서도 꽃다운 이름을 얻은 분이었다."고 평가하였다. 인간에게 쓸 수 있는 극찬의 말이라 여겨진다. 그 만큼 인격적으로 뛰어난 자라는 의미일 것이다. 그의 장례식 때 숭실학교 교정에는 수천여 명의 조문객이 모여 애도했다고 하니 그 영향력을 짐작할 수 있다. 어린 시절 한학을 공부했던 조만식은 한학자 박자중선생으로부터 삶과 학문의 기본자세 그리고 기독교 신앙 등에 관하여 큰 가르침을 받았다고 전해지고 있다.[22)]

조만식이 숭실학교에서 어떠한 신앙교육을 받았고 신앙생활을 어떻게 했는지는 구체적으로 알려지지 않고 있다. 그러나 조만식이 입학하던 당시 숭실학교에는 베어드목사와 박자중선생이 교사로 재직하고 있었기 때문에 이들에게서 많은 영향을 받았으리라는 것은 쉽게 추측할 수 있다. 베어드목사는 시카코를 중심으로 당시 유행하던 진보주의적 신앙사조에 대항하기 위해 설립한 맥코믹신학교 출신으로서 마펫목사 등과 함께 보수주의적 신앙을 가지고 있었다. 그러나 그는 이러한 보수적인 신앙관을 유지하면서도 당시 한국이 처한 어려운 현실을 감안하여 교육자로서 한국의 미래를 준비하는 선교 활동을 하고 있었다. 따

---

20) 장규식(주 9), 32면 .

21) 박자중선생에 대해서는 숭실대학교 120년사편찬위원회편, 「민족과 함께한 숭실 120년」(숭실대학교 기독교박물관, 2017), 47면 이하 참조.

22) 송삼용, 「하나님이 보낸 사람 민족의 지도자 고당 조만식」(생명의 말씀사, 2006), 66면.록

라서 조만식은 당시 선교사들이 가졌던 보수적인 신앙과 함께 베어드 목사가 가르치는 '사회 구원'의 신앙을 자연스럽게 접할 수 있었던 것으로 보인다. 예컨대 베어드목사는 "내가 조선에서 전도할 새 조선인은 내세 영혼의 천당구원을 위함보다 현재의 사회적 구원 즉 실제생활에서 구원을 얻으려함이 더욱 절실히 필요하다"고 자주 말하였는데,[23] 조만식 역시 이 말을 인용하였다. 더 나아가 조만식은 "세상에서 먼저 구원을 얻어야 한다"고까지 강조하였다.[24] 조만식이 베어드목사로부터 받은 기독교 교육의 내용을 확인해 주는 것이라 할 수 있다. 당시 학교생활에 대해 조만식은 "공부하고 기도하고 또 전도하고 그러고는 학우들과 즐겁게 웃고 놀고 불규칙하나마 운동하고 이렇게 학우들과 친밀히 사귀었다. 여기는 반목도 질투나 시기도 파벌도 彼我도 다 없는 참 사귐이었으며 참 낙원이었다. 이것이 순진한 초대 학생이었는가 보다. 옛날의 그 일이 퍽 그리워진다"고, 훗날 학창시절을 회고한 바 있다.[25] 이러한 회고에서 확인할 수 있는 바와 같이 조만식은 숭실학교에서 좋은 벗을 사귀며, 기독교 신앙을 통해 거듭나는 삶을 설계할 수 있었다. 다시 말해 기독교와 숭실과의 만남을 통해 조만식은 완전히 새로운 삶을 설계할 수 있는 코페니쿠스적 대전환의 계기를 마련하게 되었다.

조만식은 단조로운 학교생활이었지만, 공부하고 기도하고 전도하며 학우들과 즐겁게 지냈던 숭실학교 시절이야말로 참 낙원 같았다고 회고하였다.[26] 숭실학교에서 새 생활과 새 분위기에 흠뻑 빠진 조만식은

23) 조만식, "생산과 소비와 우리의 각오", 삼천리 1936.4; 고당기념사업회편, 회상록(주 1), 414면.

24) 조만식, "기독교인의 생활", 1935.9 (금강산 장안사 강연 원고): 고당기념사업회편, 회상록(주 1), 400면.

25) 조만식, "청년들에게 드리는 말(나의 젊은 시절)"; 고당기념사업회편, 회상록(주 1), 392면.

26) 조만식, "청년들에게 드리는 말(나의 젊은 시절)"; 고당기념사업회편, 회상록(주 1), 392면.

즐기던 술과 담배를 끊고 모범학생이 되어 학업에 전념하였다. 조만식은 학업에 정진하여 보통 5년 동안 해야 할 공부를 월반해서 3년만인 1908년 스물여섯에 숭실학교를 졸업하였다. 그 후 일본 유학의 부푼 꿈에 사로잡힌 조만식은 이미 한 사람의 젊은 애국자요 독실한 신앙인이 되었다. 기독교를 영접함으로써 일본침략주의에 반항하는 교회의 투쟁적 일원이 되었다. 숭실학교에서 3년간의 배움은 민족을 위하여 일할 수 있는 기본적인 인격을 연마하는 기간이었다.[27] 조만식에게 베어드목사는 사상의 아버지이었다. 숭실의 교정은 그에게 젊은 날의 고뇌와 사색, 그리고 혈기가 살아 숨 쉬던 곳이었다. 조만식이 숭실학교에 다니며 어울렸던 동기생들로서는 임종순, 박상순, 손정도, 김득수 등이 있었다. 이들은 모두 훗날 한국교회사와 민족운동사에 뚜렷한 자취를 남긴 인물들이 되었다.[28]

(2) 일본에서의 유학 생활

조만식은 1908년 26세에 숭실학교를 졸업하자 교사로 취업하라는 권유도 있었으나, 일본으로 유학가기로 결정하였다. 당시 재력 있는 집안의 자제들은 신시대를 맞아 개화의 물결을 타고 출세해 보겠다는 풍조가 번져 일본으로 유학 가는 것이 하나의 유행이었다. 그런데 조만식은 이러한 풍조와는 달리 독실한 기독교 신앙인으로서, 젊은 애국 청년으로서, 기울어져 가는 이 나라를 바로 세우고 이 땅에 참된 하나님 나라를 건설해 보겠다는 일념에서 자신부터 바로 서야겠다는 각오로 유학을 결정한 것이었다.[29] 다시 말해 숭실학교에 입학 할 당시 교장이었

27) 한근조(주 15), 57-58면.
28) 장규식(주 9), 34면 .
29) 김요나(주 18), 58면.

던 베어드목사와 약속을 지키려고나 하는 것처럼 "하나님의 일"을 하기 위해 보다 더 많이 배워야 하겠다고 결심하여 일본 유학길에 올랐다. 조만식은 1908년 4월에 동경에 도착한 후 원래 계획했던 바와 같이 세이쇼쿠(正則) 영어학교에 입학하였다. 대학 입학을 위한 예비 교육으로 영어와 일본어를 공부하기 위해서였다. 2년 동안 이 학교에서 영어와 일본어뿐만 아니라 수학 등 다양한 과목을 배웠다. 1910년 4월에 그는 원래 목표로 했던 명치대학 전문부 법학과에 입학하였다.

조만식이 법학과를 택하게 된 배경에는 자신과 조국의 장래에 대한 포부 때문이었다. 즉 조국의 독립에 따른 국정참여를 의식하여 서양의 선진화된 각국의 법률을 먼저 연구하여, 조국을 개명시키고 부강한 나라를 만들겠다는 생각에서였다. 이러한 각오는 당시 유학생들의 공통적인 경향이었다고 한다. 그 당시에도 법과 지망생들은 오늘날과 마찬가지로 판사나 검사 등 법조인이 되려는 야망을 가진 자들이 많았기 때문에 인기학과에 속했다. 조만식이 법학과에 진학하던 그해 1910년 경술국치로 나라가 망하게 되자, 조만식 역시 잠시 혼란에 빠지게 되었다. 나라가 망하여 원래 목표로 했던 입신출세의 꿈은 무너졌지만, 오히려 자신을 성숙시키는 계기가 되었다. 조만식은 유학하는 동안 부친께서 보내준 학비 때문에 경제적인 어려움 없이 법학공부에 매진할 수 있었다.

1908년 당시 동경에는 한인교회가 없었다. 동경에 한인들에 의한 '동경교회'가 설립된 것은 1908년이다.[30] 1876년 이후부터 한국인들이 본격적으로 일본으로 유학가기 시작하였다. 1908년 교회가 설립될 당시 동경 유학생이 관공립학교를 통틀어 270명에 이르렀다고 한다. 교회설

30) 교회 설립과 장로교회와 감리교화의 통합 등에 대해서는 고당기념사업회편 「민족의 영원한 스승 고당 조만식 전기」(기파랑, 57-59면; 한근조(주 15), 64-67면; 동경교회 72년사, "고당 제의로 장로교-감리교 연합교회 실현", 고당기념사업회편, 회상록(주 1), 67-69면 참조.

립에 앞서 유학생들은 1906년 8월에 '재 일본 동경 조선기독교 청년회(在日本東京 朝鮮基督教 青年會)'를 창립하였다. 조만식은 이 청년회의 창립에 중심적인 역할을 하였다. 청년회관에는 주일마다 학생들이 모여 예배를 드리고 있었다. 동경 기독교청년회 총무를 역임한 백남훈의 증언에 따르면, 1908년 평양으로부터 국한문 옥편을 편찬하기 위해 동경에 와 청년회관에 유숙하고 있던 정익로 장로가 앞으로 유학생이 많아질 것에 대비하여 교회를 세울 것을 권고하였다는 것이다. 그러나 새로 설립하는 교회를 장로교로 할 것인가 감리교로 할 것인가에 대해 논란이 발생하였다. 얼마 되지 않은 기독교를 믿는 유학생들이 교파에 따라 분열되었다. 서로 경원시하는 것을 용납할 수 없다고 생각한 조만식은 장로교와 감리교가 서로 연합하여 하나의 교회를 만들기 위해 노력하였다. 이러한 연합교회를 만든 경험은 이후 모든 일에서 통합적 사고를 지니게 되는 출발점이 되었다. 즉 조만식은 분파적 행동을 배격하고 통합적인 사고로 에큐메니컬한 이념에서 이러한 연합교회를 설립한 것이다. 또한 파벌로 인한 민족 분열을 싫어하는 조만식의 한민족의식이 투철하게 반영되었음을 의미하기도 한다.[31] 교회 창립 후에는 조만식과 김정식, 오순형 등이 영수라는 직책을 맡아 봉사하였다. 이러한 교회의 연합운동뿐만 아니라 유학생들이 조선인으로서 통합적인 의식을 가질 수 있도록 노력하였다. 특히 그는 "고향을 묻지 맙시다"[32]라는 표현에서 알 수 있듯이 지역감정의 타파를 위해 노력하였다. 당시 동경에도 같은 지역 출신들끼리 향우회를 만들어 지역감정을 조장하는 것을 보고 개탄하며, 이를 극복하기 위한 노력을 하게 된 것이다. 그는 1913년 3월 명치대학 법학부를 졸업하였다. 대학을 졸업한 그는 더 넓고 깊은 학문연구를 위해 미국 유학을 계획하다 뜻을 바꾸어 귀국하였다. 국민과

31) 김요나(주 18), 64면.
32) 김요나(주 18), 65면 이하 참조.

함께 현장에서 나라와 민족을 위한 애국 애족운동에 투신하기로 결심한 것이었다.

3. 오산학교 교사와 교장 재직 중의 조만식

조만식은 1913년 명치대학을 졸업한 후, 계획했던 미국 유학의 길을 포기하고 귀국하였다. 당시 국내 정세는 총독부의 무단정치로 우국지사들 중 상당수가 망명길에 오르고, 일부는 105인 사건으로 감옥에 가 있는 때였다. 귀국 후 평양에 정착하기를 원하는 가족들의 요구를 뒤로 하고 오산학교 교사로 부임했다. 조만식은 오산학교에서 "하나님을 위해서 일을 하려면 실력을 쌓아야 한다. 조국을 위해서 일하려면 부지런히 공부해야 한다. 더 큰 뜻을 품고 실력 배양에 주력해야 한다"고 강조하였다.[33] 실력 있는 신앙인과 애국자의 양성에 집중했다. 오산학교에서의 그의 교육 내용의 핵심은 신앙훈련과 민족교육이었다. 이를 위해 정기적으로 기도회를 개최하였고, 일반 수업시간에도 민족의식을 고취시키기 위해 노력했다. 그는 당시 유행하던 양복을 입고 모자를 쓰는 것도 사치라고 여겨 나라가 독립할 때까지 양복을 입지 않겠다고 선언할 정도로 검소한 생활을 지향하였다. 조만식은 오산학교에서 처음 2년은 교사로 근무하였으며, 그 다음부터 7년 동안은 교장으로서 보수를 받지 않고 봉직하였다. 경제적인 어려움이 없었기 때문에 후진양성과 민족교육을 위해 보수를 받지 않고 봉사했던 것이다. 조만식은 소금으로 이를 닦고 일제 치약과 칫솔을 사용하지 않았다. 더 나아가 비누

33) 김요나(주 18), 65면.

도 사용하지 않는 등 철저히 검소하고 절약하는 생활을 하면서도 학생들에게 결코 말로써 강요하지 않았다고 한다. 이 같은 조만식의 검소한 생활과 삶은 오산학교 전체의 새로운 기풍 내지 전통이 되었다.[34] 또한 자신이 먼저 희생하고 실천하는 동안 인격적 감화를 통한 권위가 생겨 그의 인격적인 권위 앞에서 어느 누구도 거스를 수 없을 정도가 되었다. 이에 따라 학생들에 대한 영향력과 인격적인 권위는 거의 절대적이어서 '교장은 저 정도 되어야 한다'는 기준이 될 정도였다고 전해진다.[35]

오산학교에서는 법제와 경제, 지리, 성경 등의 과목을 가르쳤다.[36] 그는 단순히 교과목을 가르치는 것이 아니라 민족애를 고취시키기 위한 다양한 방법을 강구하였다. 특히 많은 시간을 학생들과 함께 하면서 실천궁행의 자세를 보여 주었다. 조만식은 학생들에게 민족애를 고양시키는 방법을 강구하다 어느 날 예배시간에 중대한 결심과 함께 실천에 옮겼다. "오산 70년사"에 따르면 "고당이 오산학교에 올 때는(1913년) 양복을 입고 왔다. 그런데 삼일 예배 때 물산장려를 말하다가 즉석에서 입고 있던 양복과 모자를 찢고 내 나라가 독립하기까지는 절대로 양복을 안 입겠다고 말하고 그 후 줄곧 짧은 무명두루마기를 입고 말총모자를 썼으며 언제나 우리나라 고유 짚신을 신고 다녔다."고 한다.[37] 이것은 신앙생활과는 관계없는 일상생활의 모습이지만, 실천적 삶을 지향하는 그의 모습을 가장 적나라하게 보여주는 것이라 할 수 있다.

오산학교에서 교사로 재직하는 동안 학생들과 함께 기숙사 생활을 하였다. 오산학교 교사시절의 조만식의 생활에 대해 제자인 김기석은

---

34) 김학중, 「조만식」(넥서스, 2010), 65면 이하 참조.

35) 이러한 교장의 권위에 대해서는 고당기념사업회엮음, 「고갈 조만식 전기」(기파랑, 2010), 78면 이하 참조; 한경직, "고당조만식의 신앙과 민족교육" ; 고당기념사업회편, 회상록(주 1), 72면.

36) 한경직, "고당선생의 신앙과 민족교육", ; 고당기념사업회편, 회상록(주 1), 71면.

37) 오산 70년사, 135면.

다음과 같이 회상한다.

"그는 아침 6시에 학생들과 같이 일어나 아침 체조를 같이 하고 학생들 틈에 끼어 구보도 같이 하였다. 그 때 오산학교는 사환이 없고 청소를 위시하여 난로 피우기 장작패기 같은 일은 선생과 학생들이 맡아서 하였다 고당은 여러 번 학생들을 데리고 제석산에 가서 오리나무를 베어 같이 날라 왔다. 겨울에 눈 오는 날 아침이면 고당은 맨 먼저 교정에 나와 선생과 학생들이 다닐 길을 내고 운동장 눈을 쓸었다. 그는 학생들을 가르치고 생활을 지도하고 같이 장작을 패고 눈을 쓴 것뿐이 아니었다. 그는 기도회를 주관하여 기도를 올리고 성경을 읽고 설교를 하였다. 그는 언제나 민족을 위하여 간구하는 기도를 올렸고 설교로 듣는 사람의 마음에 맑은 물결을 일으켰다. 고당이 오산에 온 지 1년이 못 넘어 오산은 놀랍게 변모되었다. 교직원과 졸업생은 다시 단결을 찾았고 학생들 사이에는 검소한 기풍이 번져나가고 학교와 교회에는 새로운 신앙이 불타올랐다".[38]

더 나아가 김기석은 다음과 같이 회상하고 있다.

"... 그는 교장이면서 사감이면서 사환과 교목까지 겸하였다. 그의 문하에서 주기철, 한경직, 함석헌 같은 돈독한 목자들이 나온 것이 결코 우연한 일이 아니었다. 백인제가 독일로 유학을 가고 주기용과 김항복이 교육에 헌신하기로 하고 김홍일이 황포군관학교에 들어가고 홍종인이 신문기자가 되고 이호와 이극제가 이과계통에 진학하고 한 것이 고당의 영향 아님이 없었다. 이 예언자를 겸한 교육자는 언제나 제자들

38) 김기석, "고당조만식의 오산시절"; 고당기념사업회편, 회상록(주 1), 79면.

에게 경건한 신앙과 높은 이상과 민족을 위하여 바치는 헌신의 감정을 불어넣었다. 스승의 고매한 모습과 맑은 목소리는 제자들을 게으른 잠에서 깨어 일으켜 그들의 혈관 속에 새로운 피를 부어넣어 주었다. 고당은 오산에 있으면서 보수를 받은 일이 없었다. 그러면서도 그는 보수를 받는 동지들에게 보수를 받지 않고 지낼 수 있는 넉넉한 형편을 미안하게 생각하기까지 하였다. 1926년 가을 고당은 전후 9년에 걸친 오산생활을 그만두고 평양으로 나왔다".[39)]

또한 제자이었던 김홍일 장군도 다음과 같이 회상하였다.

"고당 선생께서는 그 때 오산중학에서 수신(도의)에 해당하는 성경을 가르치시고, 또 특별예배도 주도하셨는데, 하루아침엔 수신 시간에 들어오셔서 성경을 가르치시며 '예수님이 인자로서 우리 인간에게 주신 교훈은 눈물과 땀과 피'라고 말씀하셨습니다. 선생은 "눈물 즉 동정과 사랑, 피 즉 희생, 이 세 가지는 우리가 본받아서 민족을 사랑하며, 나라를 위해 땀흘려 일을 해야 하며, 최후에 가서 나라를 위해 희생할 수 있는 각오를 가져야 한다."고 늘 비장한 어조로 강조하셨다고 전했다.[40)]

조만식은 신학을 전공하지 않은 평신도로서 기독교의 진리를 학생들에게 가르쳤다. 그의 가르침 중 무엇보다 주목해야 할 것은 예수가 그 제자들에게 했던 것처럼 학생들을 사랑하는 마음으로, 모든 일에 솔선수범하며 소위 '섬김의 리더십'을 보여 주었다는 것이다. 기독교의 대속과 사랑의 진리를 가르치고, 기도회를 주관하고, 특별예배를 인도하는 것은 교목과 같이 의무가 있는 사람들이면 누구나 할 수 있다. 그러나

39) 김기석, "고당조만식의 오산시절"; 고당기념사업회편, 회상록(주 1), 86면.
40) 김홍일, "눈물, 땀, 피의 교훈을 주신 분"; 고당기념사업회편, 회상록(주 1), 75면.

얼마나 진정성을 가지고 학생들을 대 했는가에 따라 그 결과가 달라질 것이다. 조만식은 학생들과 함께 기거하며, 매사 솔선수범하며, 예수의 사랑을 실천하였다. 이 때문에 오산학교 학생들을 신앙으로 무장시킬 수 있었을 것이라 여겨진다. 이것은 한경직 목사의 회상에서도 확인할 수 있다.

> "저녁 식사 후에는 기숙사 각 방에서 복습을 하였는데, 그 때에도 교장선생님께서는 문밖으로 조용히 다니면서 공부하는 형편을 살피셨습니다. 그리고 밤 10시에는 학생들이 일제히 뜰에 나와 '단심강'이란 조그마한 화단을 돌며 교가와 애국의 노래를 불렀습니다.....
> 선생의 교육방침은 철저한 기독교신앙으로써 새로운 사람이 되게 하며, 학문과 지식을 배워서 민족중흥에 투신할 수 있는 애국자를 양성하는데 있었습니다".[41]

특히 조만식은 교장으로서 매일 아침 기도회에서 강연을 하였는데, 그 논지를 한경직 목사는 다음과 같이 3가지로 요약하였다.

> "첫째, 사람을 사랑하고 겨레를 사랑하라. 둘째, 옳은 사람이 되라. 그러려면 예수를 믿어야 한다. 셋째 학문을 잘해서 남에게 뒤지지 말라. 지금 생각해도 감격스런 말이었습니다."

이러한 세 가지 주장에 대해 한경직 목사는 경탄하면서, 오산학교 시절의 교훈이 숭실대학 시절엔 하나님 사랑을 첫째로 하고, 둘째 나라사랑, 셋째 학문과 과학의 탐구에 치중하는 것으로 순서의 차이가 있

---

41) 한경직, "고당조만식의 신앙과 민족교육" ; 고당기념사업회편, 회상록(주 1), 71면.

기는 했지만 조만식 선생의 일관된 교육이념이었다고 진술하였다.[42)]

또한 얼마나 신앙으로 무장되었는가는 당시 오산학교 교사로 재직하였던 춘원 이광수의 고백에서도 알 수 있다. 예컨대 그에 따르면 "오산학교가 장로교회 학교가 되어 버려, 나의 사상이 교회와 충돌들을 자주 일으켰죠. 내가 학생들에게 이단(異端)을 고취시킨다는 명목으로 나 부열에게 제외를 당했습니다."라고 고백할 정도였다.[43)] 조만식의 신앙의 특징 중 가장 핵심적인 것은 "행함이 없는 믿음은 죽은 것이라"는 실천적인 신앙관이었다. 오산학교에서 조만식은 외견상 교사로 출발하여 교장을 역임했다. 하지만 실제로는 교목과 사감으로, 더 나아가 사환의 역할을 하면서 스스로 낮은 자의 위치에서 섬김의 리더십을 보여주었다. 조만식은 기독교의 사랑을 현장의 삶에서 실천한 신앙인이었다.

4. 평양 YMCA 총무 시절과 그 후 활동에서의 신앙 생활

(1) 3.1운동과 숭실대학의 강사시절

3.1운동으로 인해 체포되어 10개월간 감옥 생활을 하다 1920년에 가석방되었다. 그 후 오산학교의 교장으로 다시 초빙되었으나, 일제는 교장취임을 인가해 주지 않았다. 이렇게 되자 숭실대학에서 정식 교수로 초빙하였다. 숭실대학에서 교수로 초빙한 배경에는 1919년 고등보통학

42) 한경직, "고당조만식의 신앙과 민족교육" ; 고당기념사업회편, 회상록(주 1), 84-85면.
43) 오산 70년사, 135면.

교 규칙이 변경되었기 때문이었다. 즉 고등보통학교에서는 외국어를 필수과목으로 하고, 이과를 박물(博物)과 화학 두 과목으로 나누는 동시에 '실업' 과 '법제와 경제'의 중에서 한 과목을 택하도록 되어 있었다. 그런데 개정된 규칙에 따르면 실업과 법제와 경제 두 과목으로 분리하도록 강제하여, '법제와 경제'가 소위 필수과목화 되었기 때문이었다. 특히 이러한 교과과정의 개편은 일본 본토 안의 상급학교로 진학하고자 하는 자들이 원활하게 진학할 수 있도록 하기 위한 조치였다.[44) 이에 따라 '법제와 경제'를 담당할 교수로 명치대학에서 법학을 공부한 조만식을 임명하고자 한 것이었다. 그런데 일제는 끝내 숭실대학 교수로 임명하는 것을 허락하지 않아 조만식은 2년여 동안 시간강사로서 '법제와 경제'를 강의하였다.[45) 그러나 시간강사로 법제와 경제를 강의했다는 기록만 있을 뿐 어떤 내용으로 강의했는지는 알 길이 없다. 또한 그는 평생 동안 법률과 관련한 논문이나 저서를 저술한 적이 없다. 그러나 후술하는 경제사상에서 언급하는 바와 조만식은 숭실대학에서 만난 제자들, 예컨대 배민수, 유재기, 최문식 등과 함께 전개한 농촌문제연구 및 농촌계몽운동을 기독교 선교 활동 및 기독교 정의 실현을 위한 차원으로 승화시키는 역할을 하였다.

(2) 평양 YMCA 활동과 기독교 정신의 구현

영국에서 시작된 YMCA가 한국에 도입된 것은 1903년이다. 황성 기독교 청년회로 시작한 한국의 YMCA 운동은 신문물 도입과 운동경기의 보급 등을 통해 민족사에 지대한 영향을 미쳤다. YMCA는 1914년에 전국연합회를 조직하였다. 평양 YMCA는 6년 후인 1920년 11월부터 준비

44) 숭실대학교, 「숭실대학교 90년사」, 1987, 131면.
45) 숭실대학교, 「숭실대학교 100년사(1)」, 평양 숭실편, 1997, 152면.

하여 그 이듬해 1921년 3월 21일에 남산현 예배당에서 각 교파 교인들과 사회인사 800여명이 모여 출범하였다. 이들은 평양 교계만 아니라 민족운동의 지도자들로서 장로교회와 감리교회의 지도자들이 이처럼 결속된 것은 이채로운 일이라 평가할 정도였다. 초대 임원진은 회장에 김득수, 부회장에 김동원, 총무에 조만식이었다.[46] 조만식은 3.1운동 후 체포되어 감옥생활을 하다 1920년 1월 가석방 된 후 오산학교 교장으로 돌아가지 못하여, 평양에서 기독교청년회(YMCA) 총무로 새로운 사회활동을 시작한 것이다. 당시 창립취지문은 다음과 같이 요약할 수 있다.

> "조선의 제 2도시로 신문화 발전의 영원이요 기독교의 중심지인 우리 평양에 이러한 기관이 지금까지 설립되지 아니함은 실로 기괴한 사실이요 또한 유감천만으로 여기던 바이더니, 다행이 작금 수년에 우리 청년은 크게 각성한 바 있어, 혹은 부허경박하고 무위안일에 답하고, 혹은 사리에만 급급하던 가증 가우(可憎 可憂)할 지경에서 초월하여, 자신의 수양과 사회활동에 전심하려는 크게 경하할 경향이 있음을 본 오인은, 우리 청년은 이제는 차차 세계의 청년으로 더불어 보조를 아울러 인류의 문화와 행복을 위하여 만분의 공헌이 있기를 바라며, 따라서 평양 청년을 위하여는 영원무량의 행복이 되기를 위하여 '평양기독교청년회'를 발기하노니, 오인의 제안을 양해 공명하는 유지 청년 제군은 호응 찬동하기를 절망하노라".[47]

다시 말해 자유와 인도, 정의의 기치를 높이들 것을 주장하고 있다.[48] 이렇게 창립된 평양 YMCA에서 조만식은 주로 상담을 통해 민중

46) 전택부,「한국기독교청년회운동사」(정음사, 1978), 271면; 이만열, "기독교 신앙인으로서 고당 조만식",「고당 조만식 선생 사상의 재조명」, 고당 조만식 선생 서거 47주기 추모 세미나, 숭실대 1997.10.18. 97면.

47) 전택부(주 46), 272면.

들을 돕는 일과 각종 민족운동을 기획하고 실천하는 일, 청년들을 계몽하는 일을 담당하였다. 우선적으로는 호소할 데 없는 민중들의 문제를 상담을 통해 위로하고 해결을 도모하는 일이었다. 오기영의 회상에서 이를 확인해 주고 있다.

"선생이 매일같이 기독청년회에 나와 앉아 있으면 그를 찾아오는 사람은 정말 각 방면 인물이다. 억울한 호소, 딱한 의논, 입학시험에 낙제한 학생의 부형, 낙제의 염려 있는 학생의 부형, 지방에서 처음으로 평양 오는 사람의 방문, 심지어 연전에는 出奔한 계집 때문에 찾아 온 노동자도 있었다. 선생은 반드시를 이들과 악수하고 친절로써 그의 온화한 성품을 발휘한다". [49)]

조만식이 평양 YMCA의 총무로서 수행한 두 번째 사업은 각종 민족운동을 기획하고 실천하는 것이었다. 예컨대 물산장려운동, 민립대학기성회 운동, 신간회 운동, 각종 체육관련 운동 및 그 밖의 복지 사업과 교육계의 활동을 병행하였다. 셋째로는 YMCA의 고유 사업이라 할 수 있는 기독교적 세계관의 입장에서 청년들에게 큰 이상을 갖도록 계몽하는 것이었다. 예컨대 박재창은 이점을 특히 강조하였다.

"그래서 선생은 늘 희망을 주는 말씀을 하시곤 했습니다. '산을 높이 봐라, 보통 낮은 데에서 옆을 볼 때와 높은 산위에 올라가서 옆을 볼 때와 모든 것이 다르게 보인다. 높이 봐라 그리고 더 멀리 원대한 앞을 봐라, 높이 멀리 크게 지금 당장은 암담하고 당장은 일본의 천지가 되는 것처

---

48) 이만열(주 46), 97면.
49) 오기영, "조만식씨의 이꼴 저꼴",; 고당기념사업회편, 회상록(주 1), 179-180면.

럼 보이지만은 크게 봐라 멀리 봐라(高·遠·大)'라는 말씀을 늘 하셨던 것 입니다. 그래서 선생님께서는 '태산을 움직이는 것은 이론이 아니라 신념이다'(성경 히브리서 11장 1절)라고 하셨던 말씀도 기억납니다".[50]

(3) 신사참배와 조만식의 하나님 사랑

1) 신사참배의 강요와 한국교회 훼절

일제에 의해 전 국민들에게, 특히 기독교인들에게도 신사참배가 강요되었다. 이에 따라 1920년대부터 본격적으로 신사참배를 거부하는 움직임이 시작되었다.[51] 1930년에 들어서부터 신사참배의 강요가 노골화되자 1938년에는 숭실전문학교를 비롯한 장로교 계통의 18개 사립학교가 폐교를 결정하였다. 이에 반해 천주교뿐만 아니라 감리교를 비록한 성결교 등이 신사참배를 찬성하였다. 특히 1938년 9월 9-15일 평양 서문밖교회에서 개최된 예수교장로회 제27차 총회에서는 신사참배가 종교의식이 아니라 애국적 국민의식이라고 결정내리고, 신사참배를 선서하기에 이르렀다.[52] 이후 90% 이상의 교회지도자들이 신사를 찾아가 절하며 황국신민으로 살기로 다짐하였다. 이러한 기독교 지도자들의 행태와는 달리 기독교 민족운동을 펼치고 있던 조만식은 심사참배를 끝까지 거부하였다. 또한 그가 장로로 시무하던 산정현교회 주기철목사 역시 초지일관 신사참배를 거부하여 투옥되어 개신교 사상 최초로 순교하게 되었다. 주기철목사는 조만식의 오산학교의 제자로 마산에서 목회하고 있었다. 그러던 그를 조만식이 직접 교섭하여 산정현교회로

50) 박재창, "높이 봐라! 멀리 봐라! 크게 봐라"; 고당기념사업회편, 회상록(주 1). 211면.

51) 김승태, "일본의 신도의 침투와 1910-1920년대의 신사 문제", 「한국기독교와 신사참배 문제」(한국기독교역사연구소, 2003), 246면.

52) 임종국, "일제하 친일군상의 실태"「해방전후사의 인식」(한길사, 1980), 208면.

청빙하였는데, 순교하게 된 것이었다.

2) 산정현교회와 조만식의 신사참배 반대의 의미

신사참배의 반대에 따른 주기철목사의 순교와 조만식장로의 산사참배 반대에 대한 투쟁의 의미에 대해 안도명은 다음과 같이 평가하고 있다. 상당히 길지만 직접 인용해 본다.

"평양 산정현교회는 일본 제국주의가 식민통치 하에서 강요한 신사참배를 반대하면서 승리한 유일무이한 교회다. 이 사실로 평양 산정현교회 하면 교계에서뿐만 아니라 전 민족적으로 순교와 순국을 완수한 대표적 교회로 알려졌다. 이 역사적 사실은 우연한 일이 아니다. 고당 조만식 선생이 그 교회의 장로였고, 선양 주기철목사가 그 교회 당회장이였기 때문에 이루어졌다는 것을 알아야 한다. ..... 이와 같이 이러한 표본이 평양 산정현교회에서 신사참배 반대라는 하나님의 뜻이, 조장로와 주목사가 정치적으로 종교적으로 양립되고 조화됨으로 이루어졌다. 그 당시에 평양 산정현교회라 하면, 역사적으로는 평양 장대현교회에서 분가한 교회였지만, 관서지방에서는 물론이고 전국적으로 민족주의 애국자가 집결되었다고 할 수 있을 정도로 명망을 가진 교회였다. 도산 안창호선생이나 남강 이승훈선생도 이 교회와 특별한 관계를 가지고 있었다. 또 이 교회 장로들도 평양에서는 굴지의 유지들로 평가받는 기라성과 같은 인사들이었다. 이러한 평양 산정현교회가 생긴 것은 그 중심 역할을 고당 선생이 무언중에 했었기에 이루어졌다고 해도 과언이 아니다. 그 때에 전국 모든 교회가 처음에는 신사참배를 반대하다가 탄압이 가해지자 본의든 본의가 아니든 일본 제국주의 앞에 굴복했고, 또 민족 지도자들도 하나씩 변절했다. 이러한 때에 고당 선생은 '백설이 만건곤할 때 독야청청하리라' 하듯이 창씨개명도 하지 않고 민족 지조를 지키며 평양 산정현교회의 장로로 시무하고 있었다. 이때에 고당 선생이 창씨개명을 하지 않았기 때문에, 그를 선두로 평양 산정현교회에서는 다른 장로 네 명(오윤선, 박정익, 유계준, 정재윤)과 청년집사 네명(한원준, 김승기, 김경진, 김성식) 도합 아홉명이 창씨개명을 하지 않았다. 그 당시 창씨개명을 하지 않았다는 것은 결사각오를 하지 않고는 할 수 없는 일이었다. 여기에 우리나라에서 가장 철두철미한 민족주의 학교로 꼽히는 정주 오산학교에서 교육을 받은 목사였고, 또 신사참배를 가장 강력하게 반대하는 주목사가 一死覺悟를 하고 당회장 목사로 부임해 왔다. 조장로와는 오산학교에서의 사제관계의 인연을 가진 사이이다. 만약 그 때에 주목사가 다른 교회에서 평양 산정현 교회에서 하듯, 신사참배를 반대했더라면 그 교회에서 내어 쫓았을 것이고, 또 반대로 평양 산정현 교회는 주목사와 같은 목사가 아니고, 일제 앞에서 친일하며 어물어물하는 목사였다면 , 당신같은 목사는 필요 없으니 우리교회에서 나가시오 하고 좇아냈을 것이다. ..... 신사참배 반대라는, 하나님의 뜻이, 산정현 교회라는 장에서 정치적인 면의 조만식의 장로와 종교적인 면의 주기철목사의 양립과 조화로서 영광의 승리가 성취되었다. 평양 산정현교회와 고당 조만식장로는 우리 민족 역사에 길길이 횃불이 될 것이다".[53]

3) 낙향과 신앙의 자세

이러한 상황을 목도한 조만식은 고향에 내려가 은거하면서 그 유명한 유언과 같은 말을 남기게 되었다.

"애국애족을 하다 보면 내가 언제 죽을지 모른다만, 내가 죽은 뒤에 너

53) 안도명, "산정현교회와 조만식"; , 고당기념사업회편, 회상록(주 1), 175-178면.

희가 비석을 새우려거든 거기에 비문을 쓰지 마라, 그 대신 큰 눈을 두 개 새겨 다오. 그러면 저승에 가서라도 한눈으로는 일본이 망하는 것을 보고, 또 한눈으로는 조국의 자주독립을 지켜보리라".[54)]

조만식의 기독교 사상 역시 직접 정리해 놓은 것이 없기 때문에 이러한 단편적인 회상들과 그 활동을 통해 추론해 볼 수밖에 없다. 산정현교회의 장로로서 모범적인 신앙생활을 한 것으로 평가할 수 있다. 그 이유는 첫째 무엇보다도 절대자인 하나님을 끝내 배반하지 않았다는 것이다. 세상적인 이익이나 외부압력에 의해 절대자인 하나님, 즉 유일신 사상을 저버리고 잡신에 불과한 신사와 일본 왕을 천왕으로 숭배하는 종교지도자들이 주류를 이루는 시대에 신앙의 절개를 지키는 것은 순교를 각오한 것이라 할 수 있다. 실제로 담임목사가 순교하는 것을 지켜보아야만 했다. 조만식의 "죽으면 죽으리라"라는 절대자인 하나님에 대한 믿음은 기독교신앙의 극치라 할 수 있다.

5. '기독교인의 생활' 을 통해 본 조만식의 기독교 생활관

(1) 조만식의 신앙생활관

조만식에 따르면 기독교인의 대신적(對神的) 생활, 즉 신앙생활은 사회변화에 영향을 받을 수밖에 없다고 생각했다. 이러한 신앙생활의 모습

54) 한근조(주 15), 365면.

을 조만식은 세 가지 형태로 구분하였다. 우선 단일신앙(單一信仰)이다. 이것은 단순하고 무조건적으로 기뻐하고 늘 좋은 감상을 가지는 노파들이나 아동들의 신앙이라 정의하였다. 기독교 유일신 사상으로서의 단일신앙이 아니라 맹목적인 신앙으로 이해된다.[55] 둘째는 이지적(理智的) 신앙생활이다. 주로 청년들의 신앙태도로서 성경을 그대로 믿지 않는 것이다. 따라서 그리스도를 신의 아들로 믿지 않는다. 그러나 그리스도가 사람으로는 완전한 인격이라는 확증을 갖는다. 이러한 신앙생활은 항상 불안하다고 한다.[56] 셋째로는 영감적(靈感的) 신앙으로, 사도 바울처럼 하나님으로부터 직접 감동을 받았거나 특히 마음에 어떤 자극을 받은 신앙이라는 것이다. 우리 마음에 참됨과 열성을 가져서 하나님의 참됨과 합치될 때 영감을 얻을 수 있다고 했다.[57] 또한 솔직하고 순결하고, 열정적인 사람이라야 영감을 얻을 수 있다고 한다. 조만식에 따르면 완전한 신앙은 무조건적 신앙과 이지적 신앙 및 영감적 신앙이 종합되어야만 한다고 주장하였다. 냉철한 이성적인 분석과 함께 전지전능하신 하나님의 말씀(성서)을 믿고, 그러한 뜨거운 영감과 영정을 지닌 신앙생활, 즉 성령 충만한 생활이 되어야만 한다는 것이 바른 신앙이라고 생각하였다.[58]

(2) 조만식의 기독교인의 자아 정체성에 관한 견해

조만식은 당시 조선의 청년들이 환경의 지배를 받아 허영적, 인순고식적(因循姑息的)인 생활을 한다고 판단하였다. 이러한 경우 진취분투(進

55) 조만식, "기독교인의 생활" ; 고당기념사업회편, 회상록(주 1), 397면.
56) 조만식, "기독교인의 생활" ; 고당기념사업회편, 회상록(주 1), 397-8면.
57) 조만식, "기독교인의 생활" ; 고당기념사업회편, 회상록(주 1), 398면.
58) 조만식, "기독교인의 생활" ; 고당기념사업회편, 회상록(주 1), 398면.

取奮鬪)하려는 생각은 없고, 사치생활, 향락생활로 흐르고 만다고 생각했다.[59] 따라서 기독청년의 운동은 극기하여 나를 희생하는 생활을 통해 사회의 좋지 못한 것을 개혁하는 등 의미 있는 일을 해야 한다고 생각했다.[60] 큰 뜻을 품어 실행하는 생활을 해야 한다는 것이다. 모세가 큰 뜻을 품었을 때 부귀영화를 버리고 민족을 구원하는 길을 택하였으며, 예수도 큰 소원이 있으매 모든 시험을 이겼다고 한다. 조만식은 기독교인인 우리도 큰 소원을 품으면 모든 것을 이길 수 있다고 믿었다. 기독교인 개개인들은 모두 큰 뜻, 큰 소원을 가질 것을 권면한 것이다.[61] 특히 기독청년들은 최고의 이상을 가지고, 기도와 염원하며 활동하는 가운데서 의기와 위력을 얻을 수 있다고 강조하였다.[62] "너희는 먼저 그의 나라와 의의를 구하라. 그리하면 이 모든 것을 너희에게 더 하시리라"(마 6:33)라는 말씀처럼, 조만식은 "자기 백성을 죄 가운데서 구"하는 것을 최고의 이상으로 제안하였다.[63]

(3) 조만식의 대사회적(對社會的) 신앙관

조만식에 따르면 기독교인이 사회에 대해 가져야 할 자세는 봉사하는 생활이었다. 그에 따르면 당시 청년들이 방황하는 이유는 할 일이 없어서가 아니라 할 일을 깨닫지 못하거나 사적인 욕망을 채우려는 것 때문이라고 하였다.[64] 예수께서 "너희는 세상의 소금이요 빛이라"고 말씀하셨는데, 이를 적극적으로 실천해야 한다고 주장했다. 특히 내 몸

---

59) 조만식, "기독교인의 생활" ; 고당기념사업회편, 회상록(주 1), 398면.
60) 조만식, "기독교인의 생활" ; 고당기념사업회편, 회상록(주 1), 399면.
61) 조만식, "기독교인의 생활" ; 고당기념사업회편, 회상록(주 1), 399면.
62) 조만식, "기독청년의 이상" ; 고당기념사업회편, 회상록(주 1), 422면.
63) 조만식, "기독청년의 이상",; 고당기념사업회편, 회상록(주 1), 422-3면.
64) 조만식, "기독교인의 생활" ; 고당기념사업회편, 회상록(주 1), 399면.

과 재산과 재능과 지식을 먼저 하나님께 바치고, 대중에게 유익을 주겠다는 결심이 필요하다는 것이다. 결국 기독교인의 대사회적 생활은 영감적이고 열정적인 동시에 극기와 봉사의 생활이 되어야 한다는 것이다.[65] 조만식은 숭실학교의 창설자인 베어드 목사의 "내가 조선에서 전도할 새 조선인은 내세 영혼의 천당구원을 위함보다 현재의 사회적 구원, 즉 실제생활에서 구원을 얻으려함이 더욱 절실히 필요하다"고 강조한 말을 되새기며, 기독교인들은 어떤 일을 하든지 항상 복음을 앞세우고 큰 꿈을 품고 사회에 봉사해야 함을 강조하였다.[66] 복음을 바로 알고 그것을 실천하는 것이 참된 기독교인의 자세라는 점, 다시 말해 진리와 사회봉사를 강조하였다. 이러한 관점에서 조만식은 "세상에서 먼저 구원을 얻어야 한다."고 주장하였다.[67]

6. 조만식의 기독교적 정의관

(1) 기독교인 조만식의 세상에 대한 시각

조만식의 삶을 개관해 볼 때 그의 인격은 다양한 요소들에 의해 형성되었다. 그렇지만 핵심적인 것은 기독교 신앙과 숭실학교에서의 수학이라 할 수 있다. 기독교를 받아들이고 나서, 숭실학교에 입학 후의 삶은 이전의 삶과 완전히 다른 코페니쿠스적 전환이 있었기 때문이다. 평

65) 조만식, "기독교인의 생활" ; 고당기념사업회편, 회상록(주 1), 400면.

66) 조만식, "기독교인의 생활"; 고당기념사업회편, 회상록(주 1), 399- 400면; "청년이여 앞길을 바라보라": 고당기념사업회편, 회상록(주 1), 405면.

67) 조만식, "기독교인의 생활"; 고당기념사업회편, 회상록(주 1), 400면.

양의 난봉꾼(?)이라고 평가될 만큼 술 잘 마시고 놀기 좋아하는 사람에서 신실한 신앙인으로서 학문연구에 진력을 다하는 건실한 청년으로, 그리고 민족운동가로 성장은 다른 것으로는 설명할 수 없기 때문이다. 기독교를 접하고 술과 담배를 끊었는데, 그 후 평생 동안 술과 담배를 멀리했다고 한다. 특히 민족운동을 하면서 금주 금연운동을 함께 전개한 것에서도 알 수 있다.

조만식은 전술한 바와 같이 일본 명치대학 법학과를 졸업하고 귀국하여 오산학교에서 교사로 재직하다 교장으로 활동하였다. 3.1운동에 참여 한 후 옥고를 치른 다음에는 평양 YMCA 총무로 활동하면서 1920년대 평양지역의 시민생활의 문제를 해결하기 위해 노력하였다. 이와 함께 조선물산장려운동, 민립대학건설운동, 신간회 활동 등 다양한 사회운동을 전개하였다. 이러한 운동의 공통점은 식민지생활을 청산할 수 있는 역량을 강화시키는 교육과 당시 시대상황에서 피폐된 민족경제와 시민생활의 개선을 위한 물적 토대의 구축을 위한 노력이었다. 즉 현상(status quo)을 변혁시키려는 노력이었다. 우선 열악한 상태에 있는 농민이나 소비자들의 지위를 개선하기 위한 농촌운동이나 조선물산장려운동은 경제 정의의 실현을 위한 것이라 할 수 있다. 1930년대에 조만식은 국민생활의 어려움을 세 가지로 요약했다.[68] 첫째로 전 국민의 생활 곤란으로, 일상적으로 국민들이 경험하는 것이라고 했다. 둘째는 부채생활인데, 이것은 상공업자의 부채 말고도 농민부채만도 4-5억원이 된다고 지적했다. 셋째로는 소유점핍의 현상인데, 토지나 가옥의 자연등귀로 그 면적과 수량이 크게 축소되고 있다는 것이다. 이러한 현상들에 대한 원인을 무한정한 금전대출과 일반 민도의 미급으로

68) 조만식, "생산과 소비와 우리의 각오", 「삼천리」 1936.4 ; 고당기념사업회편, 회상록(주 1), 412면.

보았다. 무제한적인 금전대출에 의해 야기된 생활곤핍과 부채증가에 대해서는 조선인들을 본위로 하는 각종 정책이 필요하다는 것이다. 하지만 일제의 탄압이나 정책도 한 원인이기 때문에 일제에 의한 조선인 보호를 위한 정책은 단순한 희망에 불과하여 결코 기대할 수 없다고 생각했다. 그래서 일반 민도의 미급에 대한 대책으로는 우선 농민들에 대한 지도와 계발이 필요하다고 판단하였다. 이들에게 광명과 생명의 도 이외에는 방법이 없다고 생각한 것이다. 둘째로는 기독교 복음전도를 통해 민도의 미급문제를 해결하자고 했으며, 셋째로는 지도자 양성을 통해 농사개량, 부업장려 조합조직, 문맹퇴치, 문화촉진 등 정신적, 사물적, 과학적 지도가 가능하다고 했다. 넷째로는 제조산업의 진작을 제시하였다.[69] 이러한 운동들을 통해 민중들을 광명과 생명으로 이끄는 것인데, 이 운동이 바로 농촌운동이며 조선물산장려운동이다.[70] 더 나아가 조만식은 구체적으로 기독 청년들에게 외쳤다.

> "제군은 농민들과 대중들의 부르짖는 소리를 듣지 못하는가. 생활난으로 고통받는 동포들을 보지 못하는가, 우리의 할 일이 태산같이 쌓여 있음을 알지 못하는가."[71]

생활난으로 고통 받는 동포들의 삶의 환경을 변혁시키기 위한 노력은 생명을 살리는 것이고, 인간의 존엄과 가치를 보장하는 것이다. 이러한 운동의 근저에 흐르는 정신, 혹은 이러한 운동의 공통점은 현

69) 조만식, "생산과 소비와 우리의 각오", 「삼천리」 1936. 4 ; 고당기념사업회편(주 1), 412-416면.
70) 조만식, "생산과 소비와 우리의 각오", 「삼천리」 1936.4 ; 고당기념사업회편, 회상록(주 1), 413면.
71) 조만식, "기독교인의 생활(2)", 기독신보 1935년 9월 18일자 ; 홍만춘엮음, 「고당 조만식 자료집」(한국기독교역사연구소, 2008), 106면.

상을 개선하고자 하는 노력으로서 기독교적 관점에서 '변혁적 정의(Sedega)'로 이해할 수 있을 것 같다.

(2) 기독교적 정의의 의미[72)]

기독교의 진리를 두 단어로 요약한다면 '정의'와 '사랑'이라 할 수 있다. 또한 법의 이념은 보통 정의, 합목적성, 법적안정성으로 표현되고 있다. 그러나 자연법적인 관점에서는 정의실현을 주된 목적으로 삼고 있다. 따라서 기독교와 법학은 공히 '정의'를 주된 축으로 하고 있다고 할 수 있다. 정의에 관해서는 다양한 이해가 있을 수 있다. 가장 전형적인 것은 아리스토텔레스에 의해 구축된 평균적 정의와 배분적 정의에 의한 이해이다. 아리스토텔레스는 인간의 사회관계를 두 개의 모델로 분류하여 정의론을 구체화하였다.[73)] 그에 따르면 상품과 가격, 손해와 배상, 범죄와 형벌 사이, 즉 급부와 반대급부 사이에 평등관계가 있어야 하는데 이러한 관계를 평균적 정의로 설명하였다. 이러한 거래상의 평등으로 이해되는 평균적 정의는 물건과 물건 사이의 동일한 가치의 원리에 따라 이루어진다. 또한 개인 상호간의 횡적 질서관계를 전제로 해서 이루어진 것이다. 이에 반해 재화나 명예, 공직, 소득세 등을 여러 사람에게 분배하는 경우에는 이와 같은 평등을 기준으로 삼을 수 없다. 개개인은 다른 사람에게 그에 합당한 몫을 분배해 주는 경우에 각자에게 돌아갈 몫은 각각의 공적에 비례해야 한다는 것이 바로 배분적 정의의 출발점이다. 이러한 배분적 정의는 분배하는 자와 분배

---

72) 이에 대해 자세한 것은 윤철홍, "신앙의 눈으로 본 법학과 교육"「신앙의 눈으로 본 학문 교육 봉사」(숭실대학교 출판부, 1999), 127-131면 참조.

73) 이에 대해 자세한 것은 아리스토텔레스 / 정명오역, 「니코마코스윤리학」「세계사상대전집」(31권)(대양서적, 1972), 223면 이하 참조.

받는 자와의 종적관계, 즉 상하의 질서관계를 전제로 한다. 이러한 두 가지의 정의는 '같은 것은 같게 하고(평균적 정의), 다른 것은 다르게 하라(배분적 정의)'는 말로 요약된다. 즉 평등한 것은 평등하게 불평등한 것은 불평등하게 취급하는 것이 정의라는 것이다. 이러한 정의론은 현대에도 거의 그대로 적용되고 있다. 그러나 이러한 정의론이 지닌 미흡함 때문에 정의를 평등이나 비례와 동일한 가치로서 제한적으로 이해하기보다는 적극적인 의미로 해석하려는 시도가 나타났다. 예컨대 이탈리아의 법철학자 del Vecchio는 사회적 정의의 개념을 강조했으며,[74] 독일의 법철학자 H. Coing도 거의 같은 관점에서 배분적 정의와 평균적 정의 이외에도 보호적 정의의 개념을 도입해야 한다고 주장하였다.[75] 이러한 현대적 정의론과 궤를 같이 하지만 그 내용이 전혀 달리 나타난 것이 바로 폴 틸리히목사의 변혁적 정의 혹은 창조적 정의의 개념이다.

폴 틸리히에 따르면 아리스토텔레스의 배분적 정의의 개념을 그대로 관철시켜 나간다면 정의롭지 못한 사회제도가 언제까지나 계속된다. 이러한 정의는 현상(status quo) 유지에 급급할 뿐 진정한 의미의 정의실현은 불가능하다고 비판하였다. 그래서 배분적 정의가 지닌 내재적 한계를 극복하기 위해서, 즉 계속되고 있는 정의롭지 못한 현상을 타파하기 위해서는 '변혁적 정의'(Transformimg Justice) 혹은 '창조적 정의'(creative Justice)가 필요하다는 것이다. 그는 변혁적 정의를 구약의 세데카(Sedeqah)와 신약의 아카페(Agape)라는 두 용어를 통해 설명하였다. 먼저 전자와 관련하여 그는 "구약성서에서 찾아 볼 수 있는 정의의 원리는 의로움의 요소를 가지고 있다. 이것은 다른 사람의 인격의 형식적 승인 이상이며 각자에게 그가 받을 가치가 있는 것을 주는 배분적 정의를 초월하는 것이다. 세데카는 창조적 정의라고 부를 수 있다. 왜냐

74) G. del Vecchio, Die Gerechtigkeit, 2.Aufl., 1950, S.40ff.
75) H. Coing, Grundzüge der Rechtsphilosophie, 2. Aufl., 1969, S.215ff.

하면 그것은 다른 인격에게 어떤 것을 창조한다. 다시 말해서 그의 여건을 변화시킨다. 세데카는 그것이 부여되는 사람을 보다 높은 상태로 끌어 올린다. 그것은 그에게 해당되는 것의 비율을 끌어 올린다"고 한다.[76] 이렇게 세데카는 열악한 상태에 있는 약자들의 지위를 끌어 올려 현상을 변혁시키는 기능을 한다는 것이다. 또한 신약의 아카페는 변혁적 혹은 창조적 정의를 위해 3가지 기능, 즉 듣는 것(listening), 주는 것(giving), 용서하는(forgiving) 기능을 한다는 것이다. 먼저 사랑(Agape)의 듣는 기능은 각 개인의 현실적인 구체적인 상황을 바로 인식하기 위해 필요하다는 것이다.[77] 또는 주는 기능은 최소한 다른 사람을 하나의 인격으로 승인하는 것이요 최대한 자기를 희생하는 가능성까지 내포하는 것이다. 더 나아가 사랑의 용서하는 기능은 사랑의 대상에 해당되지 않는 자, 예컨대 죄에 의해 소외된 자를 용서하고 받아 들여서 자기 긍정과 자아실현의 본래적 요구를 승인하는 것이다. 결국 아가페에 의한 창조적 정의는 배분적 정의의 입장에서는 받아들여질 수 없는 사람이 받아들여질 것을 요구하는 것이다.[78] 정의롭지 못한 현상을 타파하여 변혁을 이루고, 사랑으로 번민하는 이웃의 신음소리 듣고, 자기희생을 통해 나누어 갖고, 용서할 수 없는 자를 용서해 주는 것이 바로 기독교적 정의라는 것이다.

(3) 조만식의 정의관

평생을 민족운동가로 민족을 위해 살아온 조만식은 정의나 법률에 대해 어떠한 정의(定義:Defintion)를 내린 바 없다. 조만식이 정의와 관련

76) P. Tillich, My Search for Absolutes, Simon and Schuster, 1969. P.107; 고범서, "기독교적 정의", 「정의의 철학」(대화출판사, 1977), 207면에서 재용.

77) 고범서(주 76), 207-208면.

78) P. Tillich, Love, Power and Justice, Oxford University Press, 1960, P.86 .

하여 언급한 것은 매우 단편적으로 전해지고 있다. 예컨대

> "직업문제에만 열중하라 함도 아니고 또는 이 직업문제로 인하여 정의나 인도 또는 좋은 사상에 배치되는 행동을 취해서는 더욱 아니될 것은 다언을 불요할 바이다"라고 한 것[79]이나 "고상한 생각, 위대한 포부, 봉사정신, 견강(堅强)한 의지, 정직, 충성, 겸소, 절약, 정의감의 열렬, 책임감의 철저, 옳은 일이면 크나 적으로나 실행할 것, 조그만한 악이라도 하지 말 것"이라는 말[80] 혹은 생활에서 '절제'를 강조한 것 등이다.

이러한 언급에서 그의 '정의관'의 일면을 확인할 수 있을 것 같다. 조만식의 정의는 법적 정의보다 공동체의 유익을 도모할 수 있는 공동선을 지향하는 공동체적 정의로 이해된다. 특히 이러한 관점은 '절제'를 강조한 것에 두드러진다. 1920년대 만연한 무절한 사회풍조를 개혁하기 위해 청년들에게 절제를 강조하였다. 그에 따르면 절제라 하면 금주나 단연 뿐만 아니라 심사, 행동, 의복, 음식 기타 凡節과 관련한 것으로, 청년들의 허영적 외화적(外華的 - 奢侈) 향락적 타락적 심리, 안목, 기분 행동 등 일체를 보기에 너무 통분하여 당연히 절제생활의 길을 밟아 각자의 모든 결함과 과오를 청산하는 것을 의미한다.[81] 특히 그는 1932년 5월에 "자아의 영원한 인격건설을 위하여 타인의 가련한 생명구제를 위하여 사회의 일반 복지증진을 위하여 인류의 공동이상실현을 위하여 진리의 무한한 존귀영광을 위하여" 조선기독교절제운동회를 창설한다[82]고 밝혔다. 결국 여겨서 말하는 기독교적 절제는 자신의 인격

---

79) 조만식, "청년이야 앞길을 바라보라", 「삼천리」 1935.10 ; 고당기념사업회편, 회상록(주 1), 405면.
80) 조만식, "恕·忍·勤", 「조광」, 1935.5 ; 고당기념사업회편, 회상록(주 1), 395면 .
81) 조만식, "청년이야 앞길을 바라보라", 「삼천리」 1935.10 ; 고당기념사업회편, 회상록(주 1), 404면.

형성뿐만 아니라 사회 공동체 구성원으로 타인의 아픔을 위무하고, 일반복지 증진과 인류의 공동 이상 실현을 위한 것이라는 점에서 최근 논의되고 마이클 센델식 정의, 즉 사회공동체의 유익과 유사한 것이라 할 수 있다. 이러한 조만식의 정의관을 법적인 측면에서는 어떻게 이해해야 하는 것인가. 인간의 삶을 도덕적 윤리적인 영역과 법적 영역으로 나눌 때, 조만식이 전개한 거의 모든 운동과 활동은 도덕적 윤리적인 문제뿐만 아니라 법적인 문제를 아울러 포함하고 있는 것들이었다. 특히 기독교적 사랑이나 계몽차원에서 행한 그의 운동들은 위에서 살펴본 소위 기독교적 정의 차원에서 천착하는 것이다. 따라서 이렇게 기독교적 정의 차원에서 그의 삶과 민족운동을 고찰 할 때 그 운동의 본질과 가치를 바르게 이해할 수 있을 것이라 여겨진다. 왜냐하면 조만식은 다양한 운동을 전개 하면서 굳이 법과 도덕의 문제를 구별하지 않았기 때문이다. 또한 평생 실천한 사회변혁 운동의 결과들이 인간, 적게는 백성들의 삶을 변화시키기 위한 것이라 할 때, 이러한 것들은 바로 기독교적 정의와 맥을 같이 한 것이기 때문이다. 인간의 행복추구권과 존엄과 가치의 증진을 위해 사회를 변혁시키기 위한 노력은 변혁적 정의의 가장 바른 모습이라 여겨진다. 같은 관점에서 평양 YMCA 총무로서 활동과 생활개선 운동, 해방 후 통일된 조국의 건설을 위한 신탁통치 반대운동도 이러한 변혁적 정의를 실현키 위한 운동으로 이해된다. 이러한 변혁적 정의의 관점에서 볼 때 조만식의 삶은 '정의실현을 위한 몸부림'이라 할 수 있다.

82) "조선기독교절제운동회취지", 「기독교신보」, 1932년 5월 25일자.

7. 소결

기독교 복음은 사람을 변화시킨다. 복음을 진실로 받아드리면 경천애민의 사상을 갖게 된다. 또한 참 신앙인으로 거듭나는 과정에서 성실하고 근면하게 된다. 이러한 모습을 조만식에서 가장 정형화된 것으로 확인할 수 있다. 예수를 믿기 전까지 평양에서 알아주는 술과 담배를 즐기는 난봉꾼이었다. 그러나 그가 기독교 복음을 알고 난 후부터는 철저한 신앙생활을 통해 금주 금연을 생활화하는 새로운 삶으로 거듭난 것이다. 또한 기독교 복음을 받아드리면 자신의 삶에 대한 진지한 성찰을 통해 소명의식을 가지게 된다. 즉 삶의 목표가 분명해 진다. 이러한 현상 역시 조만식에게서 확인할 수 있다. 애국 애족의 삶을 살게 된 것은 이러한 기독교 복음의 힘이라 할 수 있다. '그가 그 됨'은 '숭실학교'와 '예수의 은혜'로 인한 것이라 여겨진다.

예수를 믿고 변화된 삶을 살았던 조만식은 어떤 신앙고백을 지니고 살아왔는가. 이에 대해서도 다른 사상과 마찬가지로 글이나 말로 직접적이고 구체적으로 표현한 것이 없기 때문에 방증들을 통해 추론할 수 밖에 없다. 예컨대 예수를 믿기로 결심하고 출석한 교회와 숭실학교에서의 신앙교육을 통해 조만식의 신앙이 자라고 구체화되었을 것이다. 따라서 이러한 것들에서 그의 신앙고백 내지 신앙의 색깔을 추론할 수 있을 것이다. 조만식의 언행 속에서 예수 그리스도의 대속의 피를 강조한 것을 보면 보수적인 신앙의 터전 위에 서 있는 것으로 보인다. 특히 조만식이 숭실학교에 입학할 당시 한국 기독교는 주로 미국 보수적인 장로교 선교사들에 의해 신학과 신앙을 전수 받았기 때문에, 그 역시 보수적 신앙을 교육받았던 것으로 여겨진다.

조만식의 신앙 역시 당시 팽배했던 보수주의 신앙에서 크게 벗어난 것은 아니었다. 하지만 당시 숭실학교 교장이었던 베어드목사의 가르침에 따라 영혼 구원뿐만 아니라 민족 구원을 위해 사회변혁을 통한 인간의 존엄과 가치를 제고시키는 실천 신앙을 가미하였다. 그렇기 때문에 기독교인은 무슨 일을 하든지 복음을 앞세우고 큰 소망을 품고 진정한 봉사가 있어야 한다고 생각하였다. 따라서 좋은 신앙을 가지고 진정한 봉사를 해야 한다고 강조하였다.[83] 특히 "일하기 싫으면 먹지도 말라"(데살로니카 후서 3:10)고 주장한 바울과 같은 사고로 항상 근면하고 성실한 삶을 강조하였다. 다시 말해 조만식의 기독교 사상은 소위 '예수천당 불신지옥'으로 표현되는 한국의 보수 신앙을 넘어 사회변혁을 꿈꾸는 기독교적 정의관에 입각하여 민족을 변화시키고자 노력하였다. 즉 조만식은 기독교 신앙이 단순히 개인의 구원에 그치는 것이 아니라 실천을 강조하는 그러한 것이었다. 그의 신앙은 자신의 인격 속에서 육화되어 실천적인 삶으로 나타났다는 것이다. 다시 말해 예수 그리스도의 인격을 자기의 인격으로 체화하여 그대로 실천하려고 노력한 것이다.

조만식은 칼빈주의적 신앙을 받아들인 것으로 여겨진다. 따라서 신앙에서 하나님의 주권과 은혜를 강조하면서도 인간의 책임과 실천을 중시하였다. 이러한 칼빈주의적 신앙생활은 근검절약과 직업을 중요시하는 생활에서도 찾을 수 있다. 모든 젊은이들은 직업을 가져야 한다는 점을 강조한 것 역시 그의 신앙관의 발로였다. 직업을 하나님의 부름(Beruf)에 대한 응답이라는 것이다. 소위 프로테스탄트 윤리는 정직과 신의, 근면과 절제, 절약으로 요약된다. 그의 삶은 바로 이러한 사상을 그대로 대변해 주는 것이었다. 예컨대 말총머리와 검은 두루마기로 표현되는 일상생활과 물산장려운동으로 표현되는 국민운동은 바로 이러한 신앙적인 자세를 실천한 것으로 여겨진다.

---

83) 조만식, "기독교인의 생활(4)", 「기독신보」 1935.102; 홍만춘엮음, 자료집(주71), 108면.

기독교 사상의 핵심은 사랑이다. 이러한 사랑의 실천은 다양한 형태로 나타난다. 이웃과 백성들, 더 나아가 사회에 대한 사랑이 가장 보편적인 사랑의 형태라 할 수 있다. 그런 의미에서 사회에서 정의구현도 중요한 사랑의 덕목이라 할 수 있다. 기독교적 정의는 고아나 과부, 장애자 등 약자와 소외된 자들의 눈물을 닦아 주는 것을 포함한다. 즉 이러한 자들의 현재 상태를 변화시킬 수 있도록 개혁하는 것을 정의의 한 기능이라 할 수 있다. 소위 변혁적 정의이다. 조만식이 전 생애를 통해 전개한 운동은 언제나 현재에 안주하지 않고, 교육과 농촌의 계몽 및 시민운동을 통해 보다 나은 삶으로 개혁을 유도하는 운동이었다. 즉 변혁적 정의를 추구한 삶이며, 복음에 의해 변화된 삶을 구체적으로 실천한 삶이었다. 실천적 신앙인의 표본이라 할 수 있다.

제3장

조만식의 교육사상

1. 서설

앞서 언급한 바와 같이 조만식은 어린 시절 서당에서 한학을 배우고, 청년기에는 기독교 진리의 전파와 새로운 학문을 교육하기 위해 설립한 숭실학교에서 신학문을 배운 다음, 일본으로 건너가 명치대학에서 법학을 공부하였다. 다시 말해 조만식은 한국의 고유한 정서와 학문적 전통을 이해할 수 있는 한학을 먼저 배우고, 그것의 기초 위에 신학문을 배웠다. 동경 유학을 통해, 서구 유럽의 법학을 계수하여 현대 국가체제, 특히 법치국가의 틀을 구축하고, 그에 따른 현대 법학을 교육하고 있었던 학설계수기의 일본 법학을 배웠다. 따라서 프랑스법을 모태로 하여, 독일법학을 학문적인 관점에서 수용하고 있던 일본식 유럽풍의 교육을 경험하였다. 조만식은 단순히 법학만을 공부한 것이 아니라 세계사적인 학문의 흐름을 배우게 된 것이다. 이러한 교육과정과 근면하고 철저한 성격 및 기독교적 세계관이 애국 애족의 정신과 결합하여 그의 민족주의적 교육사상을 형성하지 않았나 생각된다. 특히 평생 기독교 신자로 살아가면서 체화된 기독교적 세계관이 그 사상의 근간을 이루었음을 그의 생애 전체에서 확인할 수 있다. 사학자 김성식은 "만일 고당이 남한과 같은 난세에 처해 있었더라면 어찌했을까"라는 질문을 제기한 다음 스스로 답하기를 "(1) 그에게는 물욕이 없었으니 협잡배와 같이 어울리지는 않았을 것이요, (2) 그는 명예의 노예가 아니었으니 권력을 잡으려고 온갖 부정수단을 다 사용하는 사람과는 더불어 하지는 않았을 것이고, (3) 그 인도주의와 민족애는 비민주적 독재정치는 하지 못했을 것이다"고 표현하였다.[1] 이러한 평가는 직접 교육사상에 대한 것은 아니지만, 조만식의 사상 내지 철학의 근저를 추론할 수 있는 중요한 근거가 될 수 있다. 특히 주요한은 "지조가 고결하니 만치 모든 일에 담담백백하다. 금전도, 명예도 그를 유혹하지 못하며 권력도 그를 누르지 못한다"고 평한 바 있다.[2] 다시 말해 조만식은 물욕과 명예욕 및 권력욕으로부터 자유스러웠기 때문에, 정치가이든 교육자이든, 어떤 일을 하든 결코 정도를 벗어나지 않았다. 특히 교육의 현장이나 사회활동에서도 자신이 배우고 체득한 원칙과 소신을 지조 있게 지키며, 자신의 이상을 구체화한 선각자라 여겨진다. 물욕과 명예욕 및 권력욕이 없었기 때문에 가장 빛나지 않는 교육현장에서 미래를 바라보며 교육활동에 종사하였을 것이라 생각한다.

조만식은 "우리는 교육에서 인격본위의 인격 수양에 노력한 교육의 원로 페스탈로취와 같은 이와 개성 발휘와 인간의 자연성을 주창한 루소, 순수한 교육자 에밀 같은 이를 희구"한다고 말한바 있다.[3] 이 말은 조선일보사사장으로 재직하고 있을 때 한 말이지만, 자신의 교육 목표 내지 지향하는 교육사상가의 상을 드러낸 것이라 할 수 있다. 오산학교

1) 김성식, "민족주의자로 일관한 삶", 「고당 조만식 회상록」(고당기념사업회편, 1995), 274면.
2) 주요한, "평양 명물 조만식", 고당기념사업회편, 회고록 (주 1), 147면.
3) 조만식, "우리의 기대하는 지도자", 「종교시보」, 1933.2.6.; 홍만춘엮음, 「고당 조만식 자료집」(한국기독교역사연구소, 2008), 62면.

에서 교사 내지 교장으로 재직하는 동안 그는 후술하는 바와 같이 학생들과 함께하면서 실력 있는 국가의 동량으로 양육하기 앞서 '인격수양'과 '개성과 인간성', 그리고 '순수함'을 강조하였던 것이다.

이 장에서는 동경 유학을 마친 후 귀국하여 오산학교에서 교사와 교장으로 재임하는 동안의 일화와 회고담을 통해, 그 후 숭인상업학교의 설립 및 민립대학의 설립 운동에 나타난 그의 모습과 사상을 교육적인 관점에서 고찰해 보고자 한다. 또한 직접 학교 교육과는 관련이 없지만 평양 YMCA 총무로 시작한 시민운동 과정에서 실천한 각종의 사업과 각종 매체에 기고한 글과 강연회에서 행한 교육관련 내용을 아울러 검토해 보고자 한다. 어떤 인물의 사상을 논할 때는 직접 저술한 저서나 글 등과 같은 직접적인 증거를 기반으로 해야 한다. 그러나 조만식의 경우 앞서 말한 바와 같이 자신의 사상을 집대성하거나 정리한 저서를 남기지 않았기 때문에, 그의 단편적인 기고문들과 오산중학시절 가르침을 받았던 제자들이 회상한 글들과 함께 조만식의 활동 사항 및 여러 곳에서 행한 강연 원고 등을 통해 그의 교육 사상을 논구해 보고자 한다.

2. 교육 현장과 교육 관련 사업에서의 조만식의 모습

(1) 오산학교에서의 모습

조만식이 교장으로 재직하고 있던 1916년에 오산학교에 입학한 한경직은 조만식으부터 성경과 지리를 배웠는데, 특히 사도행전의 강의가 오랫동안 기억에 남았다고 회상한 바 있다. 그의 회상에 따르면 조만식의

"교육방침은 철저한 신앙인으로써 새로운 사람이 되게 하며 학문과 지식을 배워서 민족중흥에 투신할 수 있는 애국자를 양성하는데 있었습니다. 그리고 그 교육은 교실에서 말 만인 교육이 아니고 그의 실제 생활로써 모범을 보여주는 실천교육이었으며, 또 학생과 모든 생활을 같이 하는 다시 말하면 하루 24시간의 교육이었습니다"고 밝힌 것에서[4] 조만식의 교육철학을 확인할 수 있다. 특히 조만식의 교육방법과 관련하여 그의 제자였던 강영훈은 다음과 같이 회상했다:

> "알기는 쉽고 행하기는 어렵다고 하지만 문명전환기에는 아는 것이 더 어렵다고 말한 손문과 같이 고당선생께서도 올바로 아는 일에 노력하신 분이었다. 인류 전체의 행복을 실현하는 하느님의 길을 알기를 원하시며, 그 길을 막는 모든 장애를 어떻게 제거할 수 있느냐를 알기를 원하시는 분이었다. 올바른 길이라고 한번 알게 되시면 실행하시는 데 신명을 바치시는 분이기도 하였다."[5]

두 사람의 회상을 통해 오산학교 교사시절에 조만식이 몸소 보여주었던 언어와 일상생활에서 교육 사상을 추론할 수 있다. 다시 말해 철저한 기독교 신앙을 기초로 한 학문연마와 지식 축적을 통해 민족중흥을 이룩할 수 있는 동량들을 양성하고자 한 것이다. 기독교 신앙의 핵심은 '사랑'이다. 사랑은 소위 반사체라 한다. 사랑을 많이 받은 사람이 더욱 많은 사랑을 베풀 수 있다는 것이다. 따라서 교육 현장에서는 학생들에 대한 사랑 보다 더 큰 덕목은 없다. 조만식은 이러한 사랑을 몸소 실천한 것이다. 실천궁행의 삶을 통해 교실에서 말로만 하는 교육이 아

---

4) 한경직, "고당 선생의 신앙과 민족 교육", 고당기념사업회편, 회상록 (주 1), 71면.
5) 강영훈, "인간사랑 겨레사랑의 실천", 고당기념사업회편, 회상록 (주 1), 309면.

니라 24시간 행동으로 보여주는 교육자였다. 더 나아가 그의 교육은 기독교적 세계관에 머물러 있는 것이 아니라 세상이 필요로 하는 '학문'과 '지식'의 축적을 학교의 사명으로 간주했다. 물론 이러한 지식과 학문은 개인의 영달을 위한 것이 아니라 민족중흥에 공헌할 수 있는 교육, 민족 공동체를 지향하는 민족주의적 교육인 것이다. 이러한 회고들에서 철저한 기독교적 세계관에 의한 민족중흥에 일으키는데 필요한 지식습득과 함께 백성과 나라를 사랑하는 애국자를 양성하고자 했던 조만식의 교육방법과 교육목표 및 이상을 확인할 수 있는 것이다.

조만식은 위의 증언에서도 알 수 있듯이 오산학교에서 교사로 재직하는 동안 학생들과 함께 기숙사 생활을 하였다. 오산학교 교사시절의 조만식의 생활에 대해 또 다른 제자인 김기석의 다음과 같은 회상에서 조만식의 구체적인 생활을 알 수 있다.

> "그는 아침 6시에 학생들과 같이 일어나 아침 체조를 같이 하고 학생들 틈에 끼어 구보도 같이 하였다. 그 때 오산학교는 사환이 없고 청소를 위시하여 난로 피우기 장작패기 같은 일은 선생과 학생들이 맡아서 하였다 고당은 여러 번 학생들을 데리고 제석산에 가서 오리나무를 베어 같이 날라 왔다. 겨울에 눈 오는 날 아침이면 고당은 맨 먼저 교정에 나와 선생과 학생들이 다닐 길을 내고 운동장 눈을 쓸었다. 그는 학생들을 가르치고 생활을 지도하고 같이 장작을 패고 눈을 쓴 것뿐이 아니었다. 그는 기도회를 주관하여 기도를 올리고 성경을 읽고 설교를 하였다. 그는 언제나 민족을 위하여 간구하는 기도를 올렸고 설교로 듣는 사람의 마음에 맑은 물결을 일으켰다. 고당이 오산에 온 지 1년이 못 넘어 오산은 놀랍게 변모되었다. 교직원과 졸업생은 다시 단결을 찾았고 학생들 사이에는 검소한 기풍이 번져나가고 학교와 교회에는 새로운 신앙이 불타올랐다".[6)]

더 나아가 김기석은 다음과 같이 회상하고 있다.

"... 그는 교장이면서 사감이면서 사환과 교목까지 겸하였다. 그의 문하에서 주기철, 한경직, 함석헌 같은 돈독한 목자들이 나온 것이 결코 우연한 일이 아니었다. 백인제가 독일로 유학을 가고 주기용과 김항복이 교육에 헌신하기로 하고 김홍일이 황포군관학교에 들어가고 홍종인이 신문기자가 되고 이호와 이극제가 이과계통에 진학하고 한 것이 고당의 영향 아님이 없었다. 이 예언자를 겸한 교육자는 언제나 제자들에게 경건한 신앙과 높은 이상과 민족을 위하여 바치는 헌신의 감정을 불어넣었다. 스승의 고매한 모습과 맑은 목소리는 제자들을 게으른 잠에서 깨어 일으켜 그들의 혈관 속에 새로운 피를 부어넣어 주었다. 고당은 오산에 있으면서 보수를 받은 일이 없었다. 그러면서도 그는 보수를 받는 동지들에게 보수를 받지 않고 지낼 수 있는 넉넉한 형편을 미안하게 생각하기까지 하였다. 1926년 가을 고당은 전후 9년에 걸친 오산생활을 그만두고 평양으로 나왔다".[7]

조만식이 학생들에게 가르친 것은 민족중흥을 위해 실력을 기르라고 하는 것과 같이 미래를 대비하는 거시적인 것이 주된 것이었다. 그러나 그의 가르침은 남이 보는 곳에서 하품을 하지 말라, 왜 걸음걸이가 그 모양이냐, 왜 목소리가 힘이 없느냐, 큰일을 할 학생들이 어째 그렇게 기상이 늠름하지 못하느냐 하는 것과 같이 지극히 미시적이고 일상적인 것을 포함하고 있었다.[8] "가르치면서 배운다"는 교육현장의 말처럼 조만식 역시 스스로 교육 현장에서 자신의 가르침과 함께 자신의 존재

6) 김기석, "고당조만식의 오산시절", 고당기념사업회편, 회상록 (주 1), 79면.
7) 김기석, "고당조만식의 오산시절", 고당기념사업회편, 회상록 (주 1), 86면.
8) 장규식, "조선의 간디' 고당 조만식", 홍만춘엮음, 「고당 조만식자료집」(한국기독교역사연구소, 2008), 193면.

를 확인하는 현장의 사람이었다. 또한 손수 학생들의 후생을 담당하면서 소위 '섬김의 리더십(Servant leadership)'을 보여준 참 교육자였다. 특히 근검절약과 솔선수범하는 교풍 속에서, 조만식은 의복에서 일용품에 이르기까지 토산품을 사용하고 몸소 실천하는 실천궁행의 삶을 살아가면서 그것을 민족운동으로 승화시킨 것이다. 말총모자를 쓰고 짧은 검은 두루마기를 입고, 일제 치약이나 비누를 사용하지 않는 등 국내산 소금을 사용하는 모습을 옆에서 보았던 학생들이 어떤 생각을 했을지 누구나 추론할 수 있을 것이다.

(2) 숭인상업학교의 설립과 민립대학 설립운동 중의 모습

3.1운동에 가담한 죄로 투옥되어 10개월 동안 감옥생활을 한 후 1920년 1월 가석방되자 오산학교 교장으로 다시 돌아가기를 원했다. 하지만 일제의 방해로 교육현장에 복귀하지 못했다. 일제의 억압에 따라 교육현장에서 더 이상 봉사할 수 없게 되자 평양 YMCA의 초대 총무로 취임하여 본격적인 사회 개혁운동 및 민족 갱생운동에 참여하였다. 일제가 오산학교 교장 취임을 허락하지 않자, 숭실대학에서는 '법제와 경제' 과목 담당 교수로 조만식을 초빙하였다. 그러나 이것 역시 일제가 허락하지 않아 정식교수로 취임하지 못하고, 2년 여 동안 시간강사로 '법제와 경제'를 강의하였다. 조만식은 1925년 2월 오산학교에 세 번째로 교장에 취임하였으나, 1년도 못되어 사임하게 되었다. 1927년에는 1923년에 설립한 숭인학교의 교장에 취임하였다. 그러나 이곳에서 역시 일제의 간섭으로 일년도 못되어 사임하게 되었다. 일제는 조만식이 교육 현장에서 민족중흥을 위해 민족정신을 고취시키는 교육활동을 할 수 없도록 철저히 배격하였다. 그렇다고 교육 사업에서 완전히 떠날 수는 없었다. 조만식은 민족중흥을 위해 교육이 무엇보다 필요하다는

것을 절감하고 있었기 때문이다.

일제의 방해와 간섭으로 더 이상 오산학교에서 뿐만 아니라 숭인학교에서도 학생들을 지도할 수 없게 되자 간접적으로나마 교육 사업에 관여하고자 하였다. 예컨대 "직접 교편을 못 잡게 하면 학원을 경영하자. 직접 경영자가 되지 못하게 하면 뒤에서 숨어서라도 실질적 경영에 참여하겠다"는 각오에서[9] 그의 교육에 대한 열성과 중요성을 확인할 수 있다. 이러한 각오에 의해 숭인학교를 개편하여 숭인상업학교를 설립할 수 있었다. 1930년 4월부터 숭인상업학교의 실질적인 경영자로서 자신의 교육철학을 구현할 수 있었다. 이 숭인상업학교에서는 일제 강점기에 수많은 인재들을 배출하였다. 이러한 인재들은 그의 교육적 신념이 바르고 정확했다는 것을 증명해 주고 있다.

조만식은 물산장려운동과 함께 당시 일제의 교육정책에도 적극적으로 반대하였다. 또한 전국적으로 일기 시작한 민립대학 설립운동을 사회개혁 차원의 최고 가치로 삼았다.[10] 따라서 이 두 운동에 적극 참여하였다. 한일 합방 후 일제에 의한 한국인의 교육은 한국인의 자주 독립정신을 말살하고 식민화를 목표로 하는 것이었다. 따라서 한국 국민에 대한 교육은 보통교육과 기술교육에 역점을 두었다. 조만식은 이러한 일제의 교육정책에 대항하기 위해서는 민족중흥에 필요한 고등 교육이 필요하다고 판단한 것이다. 특히 3.1운동 후 일제 총독부에서는 한국인의 반발을 무마하기 위해 문화정치 일환으로 1922년 2월에 조선교육령을 개정하였다. 이러한 개정에 따라 조선에도 대학설립이 가능하였기 때문에 조선인의 민립대학을 세우자는 운동이 활발히 전개되었다. 민립대학설립운동은 1차로는 법과, 문과, 경제과, 이과 등 4개과로,

---

9) 홍성준, 「고당 조만식」(평남민보사, 1966), 91면.

10) 민립대학의 설립운동에 대해서는 이명화, "민립대학 설립운동 배경과 성격", 「한국독립운동사연구 (5)」, 1991, 24면 이하; 노영택, "민립대학 설립운동 연구", 「국사관논총(11)」, 국사편찬위원회, 1990 참조.

2차로는 공과대학을, 3차로는 의과와 농과를 설치하고자 한 것이었다. 이를 위해 1천만원을 목표로 모금운동을 전개한 것이었다. 특히 당시 일제는 관립 경성제국대학의 설립을 기획하였다. 민립대학설립운동은 이러한 일제 식민지 교육에 대항하기 위한 하나의 방안이기도 하였다. 조만식은 이상재, 송진우, 김성수 등과 함께 민립대학설립을 위한 기성회를 조직하여, 민립대학설립을 위한 모금을 전개하였다. 특히 조만식은 민립대학기성회 중앙집행위원으로 활동하면서 관서지방 일대를 책임지고 모금활동에 적극적으로 노력하였다.[11] 하지만 대홍수와 같은 자연재난과 일제의 방해로 민립대학의 설립운동은 실패로 돌아갔다. 이렇게 민립대학의 설립 자체는 실패하였다. 하지만 교육을 통한 민족의 역량을 배양하려는 문화적 독립운동으로서 역사적 의미는 결코 무시할 수 없는 중요한 것이었다.

3. 가정교육에 대한 조만식의 견해

(1) 개설

조만식은 13세 때 1895년에 두 살 연상인 박씨와 결혼하여, 1899년에 첫 아들 칠숭이가 태어 났다. 그러나 첫째 부인과는 1902년에 사별하였다. 첫 아들도 정신적 미숙아로 살다가 1907년에 사망하였다. 첫째 부인과 사별했던 1902년에 이의식여사와 재혼하여, 1910년에 장녀, 1914년 장남, 1916년 차녀 1922년 차남이 태어났다. 이의식여사는 1935

11) 조만식의·활동에 대해서는 한근조, 「위대한 한국인(12): 고당 조만식」(태극출판사, 1977), 202-205면 참조.

년 12월 18일에 50세 나이로 별세하였다. 그 후 1937년 1월 8일에 개성 호수돈여학교 음악교사로 재직 중이던 전선애여사와 다시 결혼하였다. 전선애여사와 사이에도 3자녀를 두었다. 조만식은 60세에 막내인 제4남을 낳아 4남 3녀의 아버지가 된 것이었다. 이러한 조만식의 가족사를 보면 일제강점기 독립 운동하던 운동가 집안의 어려움을 어느 정도 확인할 수 있다. 예컨대 아무리 봉건제 유습이 남아 있었던 시대라 하더라도 형식 논리적으로, 피상적으로 살펴보면 조만식은 결코 좋은 남편, 좋은 아버지가 될 수 없는 상황이었다. 왜냐하면 첫 번째 부인과 사는 동안에는 평양에서 알아주는 난봉꾼(?) 수준의 생활을 했다고 전해지고 있기 때문이다. 특히 15세부터 상업에 종사하였던 관계로 술과 담배를 가까이하여 건실한 남편으로서 가정생활을 기대하기 어려울 것이었기 때문이다. 두 번째 부인과 결혼 생활도 초창기는 무분별한 생활 속에, 그리고 20대에는 일본유학으로 떨어져 생활 하였다. 또한 유학을 마치고 귀국해서도 첫 직장인 오산학교의 교사와 교장으로 재직하는 동안에는 학생 기숙사에 함께 기거하여, 가족들과 함께 동거동락을 하지 않았기 때문이다. 더 나아가 부친으로부터 물려받은 재산 때문에 오산학교나 그 밖의 사회활동하면서도 무보수로 봉사하였다. 이에 따라 경제적인 측면에서도 가장으로서 역할인 생활비 등을 벌어온 것이 없었기 때문이다. 세 번째로 결혼 했던 전선애여사의 고백에 의하면 살림이 넉넉하지 못했다고 한다. 해방 후에도 그는 천만 북한동포를 외면할 수 없었기 때문에 60세에 낳은 막내 등 처자식을 아내에게 맡기고 홀로 북한에 남아 순직하게 되었다. 처자식 보다 동포를 더 사랑한 것이다. 상황이 이러함에도 불구하고 전선애여사는 물론 두 번째 부인인 이의식여사와 어떠한 불화나 자녀들의 아버지에 대한 평가가 부정적이지 않는 것은, 당시 시대 상황에서 처자식들이 남편과 부친의 활동을 이해하고, 모두 숙명으로 받아들인 탓일까? 그러한 요소가 전혀 없다고 할 수 없겠지만, 숭실학교에 진학하고, 예수를 영접한 후 조만식이 보여준 코페니쿠스적 변화에 따른 신뢰가 있었기 때문이라 여겨진다. 금주와 단연, 인간에 대한 지극한 사랑과 절제된 생활에서 보여준 실천궁행의 모습을 가족 구성원들이 누구보다 잘 알고 있었기 때문이 아니었을까? 전선애여사의 추모의 글에서 가정에서도 규칙적이고 절제된 생활로 누구에게나 위로와 소망을 주었던 모습을 확인할 수 있다.[12] 소위 전통 있는 가정에서는 전래되고 있는 가훈이 있거나 가족들에게 권면해 준 말들이 전해지곤 한다. 그래서 규칙적이고 절제된 생활을 하던 조만식은 가정교육 혹은 가장의 역할에 대해 어떻게 생각하였는가도 중요하다고 여겨진다. 다시 말해 가정교육 차원에서 자신의 가족들 혹은 다른 가족 구성원들에게 어떠한 말을 해주었을까도 중요한 것이라 여겨진다. 사회공동체에서 가장 기초적인 것이 가족 공동체이고, 가정 공동체가 바로 서야 제대로 된 사회가 이루어질 수 있기 때문에, 조만식은 가정에서 부모의 역할에 대해서도 구체적으로 언급하고 있다.

(2) 가헌(家憲)과 유훈(遺訓)

조만식은 어떤 가문에서 누대로부터 전해오는 계명과 잠언과 같은 가헌 및 유훈은 그 자녀들에게 감화와 훈도에 의해 종지와 습성이 되어 종종 아름다운 덕행과 지조를 가지게 되는 것이라고 평가하였다.[13]

조만식이 일반적으로 들었던 가내에서 금지해야 하는 일로서는 "고리대금, 양조매주업, 채무보증(반드시 어떤 경우를 막론함은 아니다), 축첩하는 일, 문중족인끼리 송사하는 일, 사사로운 일에 원수를 맺는

12) 자세한 것은 전선애, "남편조만식을 회상하며", 고당기념사업회편, 회상록(주 1), 313면 이하 참조.

13) 조만식, "恕·忍·勤", 「조광」, 1937년 5월 32면; 홍만춘엮음, 자료집(주 8), 175면.

일, 남에게 피 아픈 일을 하는 일 등"을 열거하였다.[14] 기독교인 조만식의 입장에서는 고율의 이자로 타인의 어려움을 야기하는 것이나 남에게 상처를 주는 일, 사사로운 일로 원수를 맺는 것, 보증을 서는 것, 음주로 야기되는 폐해를 잘 알고 있었기 때문에 금주를 해야 하는 입장에서는 양조매주업에 대해서도 수용할 수 없었을 것이라 여겨진다.

조만식은 가정에서 부모들이 자녀들에게 권면해야 하는 일에 대해서도 자세히 언급하였다.

> 먼저 '용서하는 일'(서: 恕)이다. "남의 사정을 알아서 접어 생각해 주는 일이니, 일찍이 누구가 공자에게 '교인(交人)함에 어떻게 하오리까'라는 물음에 대하여 공자 말씀하시기를 '충서기의(忠恕已矣)' 곧 '다만 충하고서 서할 따름이라'고 하였다."[15] 공자님의 말씀을 들어 이야기 한 것이지만, 기독교 신자인 조만식의 경우 예수님의 "일곱번을 일흔번까지도 용서하라"라는 가르침을 인용하였을 것으로 여겨지기도 한다. 교우관계에서 친절하게 하며 "서로 용서하기를 하나님이 그리스도안에서 너희를 용서하심 같이 하라"(에베소서 4장 32절)는 가르침을 따르는 것이기도 하다.
>
> 둘째로는 '참고 견디는 일'(인: 忍)이라고 했다. "참기 어려운 일이라도 참아 견디는 일이니, '백인당중유태화(百忍堂中有泰和)'라는 글자도 있거니와 옛날 어떤 가정에서는 9대를 전 가족이 한 집에서 동거하였다는데 그 비결은 오직 인(忍). 참는 일이었다고 한다".[16] 가정 공동체를 유지해 가는데, 불편함을 참는 것이 그 기본이 될 것이라는 점이다.
>
> 세째로는 '부지런한 일(근: 勤)'을 들었다.[17] 이에 대해 조만식은 다음과

14) 조만식, "恕·忍·勤", 「조광」, 1937년 5월 32면; 홍만춘엮음, 자료집(주 8), 175면.
15) 조만식, "恕·忍·勤", 「조광」, 1937년 5월 32면; 홍만춘엮음, 자료집(주 8), 175면.
16) 조만식, "恕·忍·勤", 「조광」, 1937년 5월 32면; 홍만춘엮음, 자료집(주 8), 175면.
17) 조만식, "恕·忍·勤", 「조광」, 1937년 5월 32면; 홍만춘엮음, 자료집(주 8), 175면.

같이 자세히 설명하였다. "서(恕)와 인(忍)은 인정적 감정적 소극성이라고 본다면 이 근(勤)은, 즉 부지런이라고 함은 인생생활에 있어서 모든 일을 영위함에 적극적이라 함이니 '일근천하무사(一勤天下無事)'라고도 할 수 있으며, 또한 '근칙필성(勤則必成)'이라는 말로도 표현할 것이다. 그것은 무슨 일에나 성공의 기초라 할 수 있다. 말하자면 서(恕), 인(忍), 근(勤) 등의 심정과 성격을 가지자는 것이다. 사람을 대함에 반드시 겸손하며 불행한 처지에 있는 사람에게는 반드시 자비심으로 대하여 구조구호(救助救護)를 할 것이다."

근면이 성공의 기초라는 말은 너무나 당연한 것이라 여겨진다.

(3) 부모로서 언행과 심사

조만식은 부모가 자식들에게 전해주어야 할 정신적 유산으로는 "부모된 자신의 몸소 행하고 생각하는 아름다운 언행과 심사"라고 하였다. 특히 자녀들은 부모의 풍모, 언어, 음성, 행보까지도 닮고 모방하기 때문에 아름다운 언행과 심사를 유산으로 전해주어야 한다는 것이다. 자녀들은 부모들이 행하는 모든 일을 보고 듣고 모방하기 때문에 부모된 자들이 먼저 좋은 나무가 되어야 좋은 열매를 맺을 수 있다고 하였다.[18] 이러한 언행과 심사 중 부모로서 금지해야 할 일들을 다음과 같이 예시하였다.

"야비한 욕설, 거짓말과 속이는 말, 사람을 악평 훼방하는 일, 쟁투하는 일, 음흉궤휼의 심사, 간사 포학한 행동, 음탕한 일, 당연히 쓸 돈을

18) 조만식, "恕·忍·勤", 「조광」, 1937년 5월 32면; 홍만춘엮음, 자료집(주 8), 175면.

인색하는 것 등"이다.[19]

반대로 부모가 가져야 하는 생각에 대해서는 다음과 같이 주장하였다. "고상한 생각, 위대한 포부, 봉사정신, 견강한 의지, 정직 충성 검소 절약 정의감의 열렬, 책임감의 철저, 옳은 일이면 크나 적으나 실행할 것, 조그마한 악이라도 하지 말 것 등"이다.[20]

(4) 종교적 신앙

기독교 신앙인이었던 조만식은 종교적 신앙을 다른 무엇보다 가장 중요하고 위대한 정신적 유산이라고 주장했다. 이 신앙은 물질문제와 정신문제를 통해서뿐만 아니라 이것을 초월하여 영적 생명에까지 관계되는 최고 지상의 것이기 때문에 사랑하는 자녀에게 이 최귀최중(最貴最重)한 종교적 신앙을 정신적 유산으로 주어야 한다는 것이다.[21] "온 천하를 얻고도 자기의 생명을 잃으면 무슨 유익이 있으랴"고 말씀하신 예수님의 가르침에 따라 존재론적인 의미를 강조한 것이라 여겨진다.

(5) 소결

가정은 한 사회의 가장 기초적인 공동체이다. 한 사회의 기초가 되는 가정이 바로 서지 못하고 붕괴된다면, 온전한 사회가 지탱될 수 없다는 것을 조만식은 강조한 것이라 여겨진다. 한 가정이 바로 서기 위해서는 부모가 바로 서는 것이 가장 중요한 것이라는 점을 강조한다. 자녀는

19) 조만식, "恕·忍·勤", 「조광」, 1937년 5월 32면; 홍만춘엮음, 자료집(주 8), 176면.
20) 조만식, "恕·忍·勤", 「조광」, 1937년 5월 32면; 홍만춘엮음, 자료집(주 8), 176면.
21) 조만식, "恕·忍·勤", 「조광」, 1937년 5월 32면; 홍만춘엮음, 자료집(주 8), 176면.

부모의 모든 행동이나 언어와 심사까지 모방하니, 자녀는 그 부모의 거울이 될 것이다. 따라서 모든 부모들은 가정에서부터 언행심사에 유의하며, 타인의 허물을 용서하고, 고통이나 어려움을 참고, 열심히 살아가야 한다. 조만식은 이러한 모습이 가장 중요한 교육방법이라 생각한 것이다. 조만식은 비록 민족 사랑과 일들 때문에 집을 자주 비웠지만, 규칙적이고 절제된 언사와 행동, 그리고 다함이 없는 사랑으로 가족을 보호하였을 것으로 여겨진다. 왜냐하면 평생 언행일치, 실천궁행의 삶을 살았기 때문으로, 강연회나 기고문과 다른 언행을 하였을 것이라 여겨지지 않기 때문이다.

4. 조만식의 교육방법론

(1) 오산학교에서의 사랑과 실천적 교육

조만식은 오산학교에서 교사와 교장으로 대략 9년 동안 재직하면서, 교육자가 행할 수 있는 지고지순(至高至純)의 모습을 보여주었다. 누구도 모방할 수 없는 교육자상이라 할 수 있다. 조만식은 학생들에게 애민 애족을 강조하면서, "옳은 사람이 되라, 학문을 잘해서 남에게 뒤지지 말라"고 끊임없이 권면하였다.[22] 그는 민족중흥의 초석인 학생들을 민족의 동량으로 훈육하기 위해 거시적인 민족의식과 함께 실용주의적인 지식의 축적을 위해 다양하게 접근하였다. 더 나아가 그는 실제 삶에서 행해지는 미시적이지만, 부정적이고 소극적인 학생들의 생활 습관

22) 한근조(주 11), 84면.

까지도 개선시키려고 노력하였다. 또한 기독교 성경교육을 통해 '빛'과 '소금'의 역할을 강조함과 봉사정신을 가르쳤다. 특히 기독교 사랑을 기반으로 학생들에 대한 사랑뿐만 아니라 애민 애국의 정신을 자신의 언행과 삶에서 몸소 보여 주었다. 다시 말해 조만식의 교육은 말로만이 아닌 철저히 실천하면서 몸으로 보여주는 것이었다. 학생들과 함께 생활하면서 진리를 추상적으로 머리로만 알고 말로만 가르치는 것이 아니라, 봉사를 통해 실천할 수 있도록 교육하는 것이었다. 그의 실천궁행의 삶은 인간에 대한 끊임없는 관심과 사랑이 동반해야만 가능한 것이었다.

(2) 일반 청년들에 대한 호소

교육현장인 학교를 떠나 평양 YMCA 총무 등으로 일하면서 수많은 청년들을 만났다. 그는 청년이 살아야 국가와 민족이 살 수 있다고 생각하여 자신의 간절한 마음을 잡지나 강연회 등을 통해 전하고자 노력했다. 이러한 노력의 대표적인 것이 1936년 1월 새해에 "조선청년들에게 부탁하는 말씀"이다. 즉 "청년이여 앞길을 바라보라"는 제목으로 '삼천리'지에 기고한 글이다.[23] 청년들을 위해 4가지를 당부한 것이었다. 상당히 긴 글이지만 일반 청년을 향한 부탁이기에 직접 인용하면 다음과 같다.

> 1. 생의 의식을 굳세게 파악하라
>
> 우리 청년들은 매우 영리한 한편에 심히 나약하여 자기정신으로 생활하지 못하고 세상풍조에 휩쓸리어 그야말로 취생몽사의 허세의 형편

---

23) 조만식, "청년이여 앞길을 바라보라", 「삼천리」, 1936년 1월, 52-55면; 홍만춘역음, 자료집(주 8), 122-123면.

이 많음을 흔히 본다. 대현은 여우라고 함과 같이 바라건대 약바른 것 같으면서 크게 어리석지 말고 어리석은 것 같으면서 참 현명하게 세상 풍조는 어불관언의 태도로 생의 의식, 말하자만 살겠다는 굳센 마음을 가지고 자기의 운명을 자기 스스로 가 개척하도록 아니해서는 아니 되겠다. 여기에 있어서 비로소 인생으로서의 청년으로서의 의미가 있는 것이다.

2. 절제생활을 강조하라

절제라 하면 흔히 금주나 단연 뿐만을 의미하는 줄로 오해하는 이가 많다. 절제는 심사, 행동, 의복, 음식 기타 凡節에 亘하여서다. 여기서 말하고자 하는 바는 청년들의 허영적 외화적(外華的 - 奢侈) 향략적 타락적 심리, 안목, 기분, 행동 등 일체를 보기에 너무 통분하여 단연 절제 생활의 길을 밟아 각자의 모든 결함 과오를 대 청산하기를 바라는 바이다. 환경이며 세태야 어떠하든지 우리 조선 청년으로서는 이래서는 아니된다. 깊은 회오(悔悟)가 있어야만 된다. 환경의 유혹, 세태의 영합은 붕정만리(鵬程萬里)의 전도가 요원한 청년에게는 대금물인 것을 알아야 한다.

3. 직업을 각기 가져라

직업은 작으나 낮으나 튼튼히 붙잡아서 자기의 생활문제는 스스로 해결하도록 하라. 이 생활문제가 그렇지 못하는 경우에는 포회(抱懷)하였던 이상, 연구하였던 의도가 다 공상으로 수포로 돌아가기가 쉽게 된다. 그렇다고 해서 이 직업문제에만 열중하라 함도 아니고, 이 문제로 인하여 정의나 인도 또는 좋은 사상에 배치되는 행동을 취해서는 더욱 아니된 것은 다언을 불요할 바이다.

4. 봉사에 충성하라

자기의 지능, 노력, 재산 기타 무엇이든지가 사회에 조그마한 공헌, 조그마한 비익이 될 것이면, 이것을 제공하고 희생하여 사회에 봉사하자. 그리하여 성공 불성공은 다만 운명에 맡기고 남이 조소하든지 우롱하든지 우리는 그저 충성스럽게 끝까지 활동하자. 사역(使役)하자. 이것이 우리의 본무이요, 천직일 것이다. 너무 영리하고 너무 지혜스럽다는 사람들은 전후 교계(較計)하여 좌조우려(左照右顧)할려기에 아무러한 일도 못하는 것을 우리는 흔히 보는 바이다. 사업의 대소를 막론하고 좋은 일이라면 저돌적으로 진행하자. 다만 충성으로 봉사할 뿐이다. 이렇게 함에 비로소 사는 길이 열리는 것이다."

이러한 네 가지 당부는 말 그 자체로 이해하면 되는 단순 명쾌한 것이다. 당시 사회적으로, 그리고 청년들에게 가장 절실하고 필요한 것이라 여겨진다. 조만식의 교육 사상과 관련하여 그 의미를 다음과 같이 새겨 볼 수 있겠다. 첫 번째 당부는 삶의 존재 의미를 파악할 것을 당부하는 것이다. 왜냐하면 교육은 자신을 바로 알고 자존감을 가지게 하는 것이 그 출발점이기 때문이다. 청년의 시대에 나는 누구이며, 무엇을 위해, 어떤 삶을 살아 갈 것인가에 대한 성찰이 필요함을 역설하고 있다. 1930년대에 피폐해져가는 식민지 한국에서 자신의 존재 의미마저 파악하지 못하고, 허위적 거리고 있는 청년의 모습에서 그 어떤 희망을 볼 수 없음을 목도하였다. 이에 따라 그는 청년이 바로 서야 나라가 바로 설 수 있다는 생각에서, 청년들에게 자신의 존재 의미를 강조한 것이다. 선각자다운 당부라 여겨진다.

둘째로는 '절제'된 생활을 부탁하였다. 1920년대부터 기독교계를 중심으로 절제운동이 본격화되었다. 당시 절제운동은 '모든 생활에 존절치 못하고 규범에 어그러지는 모든 행동을 다 개량하는 것'이었다. 예컨대 "공사창 폐지, 극치의 호화로운 생활방지, 상혼간의 비용 많이 들이는 폐해, 도박과 오락에 너무 취중하는 것, 음일 방탕한 모든 것"을 포함하는 것을 지칭했다.[24] 청년기는 젊음의 열정과 기회와 장래를 위해 투자해야 하는 시기이다. 혈기 왕성한 시기이기에 무엇이든 마음만 먹으면 저돌적으로 행할 수 있는 시기이다. 그러나 과유불급이라고 하는 말과 같이 절제하지 않으면 젊은 날의 정열과 기회, 시간을 낭비하게 된다. 조만식은 일체생활을 절제하고 검소하게 바꾸고 과거의 향락적이고 허영적인 과오를 청산해야 한다고 강조한 것이다. 이러한 절제를 강조한 배경은 조민식이 주도한 1932년 5월 조선기독교절제운동회 설립취지문에서도 잘 나타났다.[25] 예컨대 "자아의 영원한 인격건설을 위하여 타인의 가련한 생명구제를 위하여 사회의 일반복지증진을 위하여 인류의 공동이상 실현을 위하여 진리의 무한한 존귀광영을 위하여" 절제해야 한다는 점을 강조한 것이다. 따라서 누구나 절제 없이는 장래를 제대로 설계할 수 없다. 대결하고 극복하는 정신은 첫째 생활의 절제요, 둘째로 정욕의 절제요, 셋째로 자만과 과욕의 절제에서 장래의 모습을 설계할 수 있다고 보았다.[26]

셋째로는 직업을 가지라는 것이다. 교육의 궁극의 목적은 학습을 통해 자신의 존재론적 의미를 발견하고 발전시키는 것이다. 단순한 지적 수양도 의미가 없지 않지만, 어떤 형태로든 직업과 삶의 형태로 귀결되는 것이라고 생각한다. 따라서 기독교에서는 직업을 하나님의 부름(Beruf, Calling)에 대한 응답으로 해석한다. 직업에는 귀천이 없으나, 누구나 자신의 생활을 지탱할 수 있는 직업을 가지라는 것은 하늘의 명령이라 생각한 조만식 다운 조언이라 여겨진다. 직업이 없다면 아무리 큰 이상도 달성할 수 없다는 것은 너무나 당연한 말이라 여겨진다. 하지만 자신의 이상을 충족시켜줄 수 있는 직업을 갖는다는 것은 오늘날

24) 기독교신보, 1931년 8월 26일자 사설 "교회와 절제운동".
25) "조선기독교절제운동회취지문", 「기독교신보」, 1932년 5월 25일.
26) 이시용, "고당 조만식의 교육사상", 「교육학논총」 제1호, 1978, 11면.

주위에서 확인할 수 있듯이 만만치 않은 과제이다. 특히 직업이 정의나 정도에 반하는 것이어서는 안된다는 것을 강조하고 있다. 교육이 부정의에 도모되어서는 안되었기 때문이다. 그러나 자신의 존재 의미를 확인해 주고 이상을 실현시켜줄 수 있는 그러한 직업을 갖는 것은 그 당시나 현재나 모든 젊은이에게 주어진 지난한 과제인 것이다.

넷째로는 봉사에 충성하라는 것이다. 누구든 사회에서 담당할 역할이 있다. 국민의 한 사람인 동시에 사회의 구성원으로서, 또한 한 가정의 구성원으로서 주어진 역할을 충성스럽게 담당해야 한다는 것이다. 또한 도덕적인 의미에서 그 역할을 봉사의 관점에서 강조한 것은 당시에는 매우 이상적이라 여겨질 수 있었다. 기독교인으로서 직업의 소명의식과 그에 대한 사역의 의미를 강조한 것으로 지극히 조만식 다운 주장이었다.

예수는 세상의 '빛과 소금'의 역할을 강조한 바 있다. 젊은 시절 이에 대해 깊은 감명을 받은 바 있는 조만식은 청년들에게 이와 같은 빛과 소금의 역할을 강조하였다. 누구에게나 자신에 맞는 역할과 소명이 있는데, 이러한 역할과 소명을 사회에 대한 봉사로 설명하였다. 행함이 없는 믿음은 죽은 것이라고 생각했다. 따라서 '백가지 이론보다도 한 가지 실행'을[27] 강조한 조만식은 청년들에게 네 번째로 강조한 것이 바로 봉사정신이었다. 청년들에게만 강조한 것이 아니라 조만식 자신은 평생 사회와 국가 및 민족을 위해 봉사한, 실천궁행하는 진실한 사람이었다.[28] 따라서 청년에게 거짓없는 진실한 마음에서 봉사하기를 원하였다. 그는 스스로 이것을 실천하였기 때문에, 농촌의 청년이나 도시의 청년들에게 큰 울림이 있었던 것이다.

---

27) 조만식, "생활개선책은? 백가지 이론보다도 한가지의 실행부터", 조선일보 1937년 10월 2일; 홍만춘엮음, 자료집(주 8), 178면.

28) 이시용(주 25), 12면.

(3) 조만식의 시민운동 중에 나타난 교육방법론

조만식은 오산학교 교사(와 교장) 및 숭실대학의 강사를 끝으로 학생을 직접 가르치지 못했다. 일제의 입장에서 보면 민족주의로 무장하여 민족정신과 민족혼을 가르치는 선각자를 교육현장에서 활동할 수 있도록 허용할 수는 없는 것이었다. 따라서 조만식은 더 이상 교육 현장에서 학생들을 가르칠 수 없어 시민운동을 통해 직 간접적으로 교육사업을 지원하는 방법과 시민들의 교육을 통해 민족 갱생의 길을 모색한 것이다. 예컨대 그는 "직접 교편을 못잡게 하면 학원을 경영하자. 직접 경영자가 못되게 하면 뒤에 숨어서라도 실질적인 경영에 참여하겠다"는 증언에서[29] 이것을 확인할 수 있다. 조만식은 다양한 방법을 통해 직접적으로, 그것이 불가능할 경우에는 간접적으로도 자신의 교육사상 내지 이상을 구현하도록 노력하였다. 그가 교육현장을 떠나서 행한 직 간접적인 교육방법들은 다음과 같이 요약할 수 있을 것 같다.

1) 학교 및 다양한 교육기관의 건설

먼저 그는 숭인학교를 숭인상업학교로 개편하여 새롭게 개교하였다. 숭인상업학교를 통해 수 많은 인재를 양성한 것은 그 졸업생들의 면면에서 확인할 수 있다. 또한 전술한 바와 같이 고하 송진우, 인촌 김성수씨 등과 힘을 합하여 우리 민족의 힘으로 민족의 지도자를 양성할 수 있는 민립대학을 건설하자는 계획을 수립하고, 적극적으로 추진하였다. 비록 여러 가지 사정을 말미암아 성공에 이르지 못했다. 하지만 민립대학의 추진은 그 자체만으로도 큰 의미를 지닌 것이었다. 이 밖에도 무산아동 및 미취학아동학교, 강습소, 구락부, 직업학교, 유치원, 일

29) 홍성준, 「고당 조만식」(평남민보사, 1966), 91면.

반야학, 하기(夏期)아기 학교, 동기(冬期)아동학교, 임간(林間)학교 등과 교육기관의 설치와 상식강좌, 소위 시민들을 위한 교양강좌를 신설해야 한다고 주장했다.[30] 조만식은 어떠한 특수 계층이나 전문적인 실용교육 뿐만 아니라 모든 국민을 상대로 한 전인교육 내지 평생교육을 주창한 것이다.

2) 사회 변화를 모색하는 활동에 따른 교육

"민족의 중흥과 국권을 되찾는 길은 오직 교육밖에 없다"고 믿고 있던 조만식은 학교 밖에서도 민족의 혼을 일깨우고 독립사상을 심기 위해 노력하였다. 교회나 평양 YMCA 등 청년이나 시민이 있는 곳에서는 가능한 모든 방법을 사회 변화를 위한 교육에 동원한 것이었다. 예컨대 평양 YMCA 총무로 봉사하는 동안에는 수많은 사람들을 만나 상담을 통해 생활개선 등 변화를 유도하였다. 특히 조선물산장려운동을 통해 민족 산업을 육성시키고자 노력하였다. 또한 관서체육회를 결성하여 다양한 체육활동을 통해 국민건강을 증진시키는 방안을 강구하였다. 짧은 기간이었지만 조선일보 사장으로 재직하는 동안에는 언론을 통해 정론직필의 의미와 민족정신의 고취를 위해 노력하였다. 이밖에도 독지가들의 기부를 받아 도서관을 건립하였다. 공연이나 발표를 할 수 있는 시민활동 공간을 만들어 공동체 의식을 향상시키는데 활용하였다. 물론 다양한 잡지에 기고하거나 강연회를 통해 사회와 개인의 의식 변화를 강조하였다. 기본적으로는 자신의 철저한 신앙생활을 통해 기독교신앙인으로서 본을 보여 민중의 교화에 힘썼다. 언론활동을 통해 사회계몽과 민족정신을 고취시키고, 봉사활동을 통해 민족을 단결시키는 등 사회 속에서 끊임없이 민족의 갱성을 위해 노력하였다.

---

30) 조만식, "신년의 기원: 중심기관의 재조직", 「신동아」 1936년 1월: 홍만춘엮음, 자료집(주 8), 116면.

3) 실용주의적 교육

조만식은 숭실학교에서 프로그마티즘적인 신앙교육을 접하였다. 그는 가장 실용적인 학문인 법학을 공부하면서 발달된 서구 유럽과 미국의 실상을 간접적으로 경험하였다. 이러한 경험을 통해 그의 교육관은 이론적 지식적인 것만이 아니라 실용주의적인 면을 강조하였다. 예컨대 교육개신과 관련하여 당시 교육제도가 실생활방면에 유리되어 있는 지적 수양이 대부분이었다. 이러한 추상적인 교육이 고등유민을 만드는 것이라고 비판하였다. 예컨대 "원래 농산국인 우리 조선으로서 금일 고동교육을 선수하였다는 졸업생들이 실생활에 적용이 못됨을 위에서 지적하여 종래의 교육방침을 변동하여, 그들로서 어떻게 농민지도자를 잘 만들 수 있을련지 여러 교육당국자의 반성을" 촉구하기도 하였다.[31) 이러한 실용주의적 사고를 지니고 있던 조만식은 숭인학교를 개편하여 숭인상업학교를 건립하였다. 또한 이러한 사상에서 물산장려운동도 적극적으로 전개한 것으로 보인다. 그는 조선물산장려운동과 관련하여 오늘날 우리 민족의 생활이 궁핍한 것은 제 것을 천시하고 사랑하지 않기 때문이라 생각하고, 내 살림 내 것으로 해 나가면 되는 것이라고 하였다. 경제 침략을 막는 길은 사소한 일용품에서부터 일본 상품을 버리고 우리 물건을 쓰면 될 것이다. 일본자본주의적 침략을 막자면 우리 손으로 국산품을 많이 만들어서 쓰는 일이다. 우리 손으로 물건을 좋게 만들어서 우리가 자꾸 애용해 나가면 자연 생산이 증대될 것이고 우수한 산업국가가 되어 마침내 민족경제의 자립을 도모할 수 있을 것이라고 주장하였다.[32)] 이러한 주장은 오늘날과 같이 글로벌사회에서 국

31) 조만식, "기독교의 실생활", 「청년」 1927년 2월, 580면; 홍만춘엮음, 자료집(주 8), 28면.

32) "평양의 조선물산운동장려회 취지서";홍만춘엮음, 자료집(주 8), 178면; 조만식, "토산애용의 근본의의", 홍만춘엮음, 자료집(주 8), 65면; 조만식, "토산애용의 근본문제", 회상록(주 1), 381면 이하 참조.

제 분업화된 경제 상황에는 맞지 않는 부분도 없지 않다. 그렇지만 기본적인 취지는 타당한 것으로, 당시에는 꼭 필요했던 운동이었다. 이러한 관점에서 볼 때 가장 피폐한 곳이 농촌이고, 시급히 계몽되어야 할 곳도 농촌이어서 농촌계몽운동도 민족의 중흥을 위한 실용주의적 사고에서 출발한 것으로 이해 할 수 있다.

4) 민족주의적 교육

조만식은 우리 민족을 서로 사랑하는 민족, 거짓이 없는 진실한 민족, 화평한 민족을 만드는 것이 독립하는 길이요, 민족의 중흥을 꾀하는 길이라 믿었다. 또 독립운동은 먼저 민족의식을 고취 함양시키는데서 가능한 것으로 보았다. 따라서 학교생활은 물론 종교생활에 까지 민족중흥에 기초를 두었다. 그의 일거수 일투족은 오직 민족을 위해 민족을 사랑하고 사랑을 통한 봉사함으로 민족 사랑을 몸소 보여 주었다. 그의 삶은 초지일관 민족을 위한 희생과 봉사로 점철된 것이었다.

5. 조만식의 교육 사상

(1) 기독교적 통합적인 전인 교육관

조만식은 신학문을 접하는 동시에 기독교를 받아드려, 평생을 독실한 신자로써 생활하였다. 산정현교회에 출석하면서 장로로 봉사하였다. 그는 평생 기독교적 세계관에 입각하여 성서의 가르침에 따라 살았다. 따라서 오산학교의 교사로 재직할 때나 교장으로 봉사하는 동안 철저히 기독교적 세계관에 의한 교육을 실시하였다. 예컨대 조만식으로부터 직접 교육을 받은 한경직목사는 "선생님의 교육방침은 철저한 기독교 신앙으로써 새로운 사람이 되게 하며 학문과 지식을 배워서 민족중흥에 투신할 수 있는 애국자를 양성하는데 있었습니다"라고 말한 바 있다.[33] 또한 홍만춘 역시 "혹자는 고당을 민족주의자, 민족사회주의자, 민족개량주의자라는 등 나름대로 평가하고 있으나, 그것은 그의 사상적 연원을 잘 모르고 논하는 착각일 것이다. 왜냐하면 고당의 사상적 연원은 그리스도의 사랑에 기초한 민족 부활이 신념에 있기 때문이다."라고 말한 바 있다.[34] 이 같은 말들을 종합해보면 조만식의 교육관은 기독교적 세계관에 의한 개인 구원적인 것에 머물지 않고, 지식과 학문을 통한 민족중흥을 염두해 둔 국가 공동체적 교육관이 늘 수반되었다고 볼 수 있다. 기독교적 세계관과 미국의 실용주의적 세계관 및 당시 발흥되기 시작하였던 기독교 사회주의적 사상이 통합된 것으로 여겨진다. 특히 그는 모든 현장에서 실천궁행을 강조하였다. 이에 따라 조만식은 이론이나 지식에는 관심이 없고 오직 실천과 행동에만 관심을 가졌다고 비판할 수도 있다. 조만식이 일생동안 수많은 운동을 전개한 것을 보면 일리 있는 지적이라 할 수 있다. 그러나 이것은 조만식의 삶과 행동양식을 바로 알지 못한 일면적인 지적에 불과하다. 조만식은 결코 실천만을 강조한 것이 아니다. 행동과 실천은 바른 앎에서 나온다는 것을 누구보다 잘 알고 있었다. 전술한 강영훈의 회상에서도 잘 보여 주고 있다. 진리는 그에 상응하는 행동을 가져오기 때문이다. 그러한 의미에서 위대한 실천가는 예외 없이 바른 앎을 근간으로 하는 사상가였다. 그러나 앎을 강조하면서도 강단사회주의자들처럼 강단에서나 말이나 글로서 자기 생각을 주장하는 것이 아니라 올바르다고 생

33) 한경직, "고당선생의 신앙과 민족교육", 고당기념사업회편, 회상록 (주 1), 71면.
34) 홍만춘, "총칼 휘두르는 자 제 총칼에 망한다", 고당기념사업회편, 회상록(주 1), 102면.

각한 것들을 곧 바로 행동으로 옮긴 것이다. 그런 의미에서 조만식은 진정한 의미의 지식인이었으며, 그 지식은 세상을 변화시키고자하는 실천자의 힘을 극대화시키는 도구였다.

조만식의 이러한 기독교적 교육관은 예수의 가르침에 따른 그 삶 전체에서 우러나오는 것이라 할 수 있다. 인간 예수, 특히 예수의 청소년기를 기술한 것으로 유명한 "예수는 지혜와 키가 자라가며 하나님과 사람에게 더욱 사랑스러워 가시더라(누가복음 2장 2절)"라는 표현은 기독교적 통합 교육의 목표를 제시해 주고 있다. 인간 예수의 위대함은 1) 지혜가 뛰어나고(知的), 2) 육체적으로도 건강하며(肉體的), 3) 하나님으로부터 칭찬받을 만하며(靈的), 4) 세상으로부터도 존경받을 만하다(社會的)는 것이다. 모든 교육은 이같이 4가지 요소를 함양하는 전인적인 것이어야 한다. 조만식은 예수의 가르침과 예수의 삶을 따르며 교육현장에서 몸소 실천하였다. 민족의 장래를 책임질 수 있는 세상적인 지식과 지혜를 훈육을 통해 배양토록 뒷받침하였으며, 성경공부를 통해 기독교적 세계관을 가질 수 있도록 했다. 단순한 개인구원만이 아니라 사회와 민족을 구원할 수 있는 공동체 의식을 함양토록 했다. 또한 아침 저녁으로 체력을 증진시키는 운동을 통해 육체적인 건강을 도모하였다. 이러한 육체적인 건강을 위한 노력은 훗날 관서체육회를 조직하여, 다양한 활동을 통해 국민들의 건강 증진을 위해 노력한 것에서도 확인할 수 있다. 더 나아가 기숙사생활이나 3.1만세운동과 시민운동에서 확인할 수 있듯이 세상의 참 평화를 위한 노력을 게을리 하지 않았다. 한경직 목사의 증언에 따르면 조만식은 "첫째는 교육방면에, 둘째는 근검절약하며 자급자족하여 경제부흥케할 물산장려운동에, 셋째는 민족의 장래를 생각하며 체육에 깊은 관심을 가지고 관서체육회 육성 발전에 힘을 쏟았다"고 한다.[35] 한 나라의 중흥은 결국 교육과 경제와 국민건강이 통합적으로, 그리고 상호 유기적으로 발전할 때 이루어질 수 있다는 믿음에 기인한 것이라 여겨진다. 특히 교육 현장뿐만 아니라 국민 전체가 육체적으로 건강해야 하고, 경제적으로 뒷받침되어야 제대로 된 교육이 이루어질 수 있다고 믿었기 때문에 관서체육회의 설립 등을 통한 국민 건강을 위해 진력하였다고 여겨진다.

(2) 실천궁행의 교육

교사로서 처음 활동하던 오산학교에서 생활에 대해서는 앞서 자세히 언급한 바와 같이 철저히 학생들과 함께하는 것이었다. 예컨대 그의 교육은 교실에서의 말만인 교육이 아니고 그의 실제 생활로써 모범을 보여주는 실천교육이었다. 또한 학생과 모든 생활을 같이 하는 함께하는 교육이었음을 제자들의 회고담에서 자주 확인할 수 있다. 오산학교에서 교장으로 재임하는 동안 일을 도와주는 사환이 없었기 때문에 교장인 동시에 사환으로서 학생들의 편의를 위해 솔선수범한 것이었다. 땔감을 마련하고 군불을 지피며, 청소를 하고, 눈을 쓰는 등 사소한 잡일에서부터 교장으로써 행정 업무에 이르기까지 모두 담당한 것이었다. 이러한 그의 모습은 '섬김의 리더십'을 몸소 보여주는 것이었다. 실천이 없는 신앙은 죽은 것이라고 하는 실천신앙이 그의 교육사상의 근저를 이루고 있는 것이다. 그의 교육자로서 활동은 급료를 받지 않은 봉사였다. 이러한 봉사는 결국 사랑의 구체적인 실현이라고도 할 수 있다. 사랑의 실천! 예수의 가르침의 정수라 할 수 있는 사랑의 실천이 그의 교육 사상의 핵심이라 할 수 있다.

---

35) 한경직, "고당 선생의 신앙과 민족 교육", 고당기념사업회편, 회상록(주 1), 73면.

(3) 신념과 원칙에 따른 교육

일제강점기가 계속되는 동안 초창기 애국지사라고 칭송을 받던 인물들이 변절하여, 친일행각을 공공연히 행하게 된 사실은 역사가 증명해 주고 있다. 이루 헤아릴 수 없이 많은 인물들이 앞 다투어 내선일체를 주장하면서 창씨개명을 하고, 정신대나 학도병모집에 앞장섰다. 이러한 분위기 하에서도 조만식은 일제가 패망할 때까지 창씨개명을 하지 않고, 어떤 회유에도 굴하지 않는 것에서 그의 신념과 원칙을 확인할 수 있다. 이러한 정신은 해방 후 소련지배 하에 있던 시대에도 변함없이 유지되었다. 이러한 신념과 원칙은 교사로 혹은 교장으로서 교육현장에서 학생을 대할 때에도 항상 유지된 것이었다. 이것이 가능한 것은 조만식이 단순히 기독교인이기 때문이 아니라, 진실하고 온전한 기독교 신자이었기 때문이라 여겨진다. 일제강점기에 대부분의 기독교인들은 오히려 신념과 원칙을 지키지 못하였다. 신사참배가 그것을 대변해 주고 있다. 한국의 기독교는 일제의 신사참배를 공식적으로 선언하기도 하였다. 한국 기독교의 최대 수치이다. 산정현교회 등 몇 개의 교회와 숭실학교를 비롯한 몇 개의 학교, 주기철목사를 비롯한 몇 분의 목사만이 기독교적 원칙과 신념을 지킨 것이다. 그 한가운데 조만식이 있는 것이다.

조만식이 오산학교 교장으로 재직하는 동안 교장으로서 '권위'(카리스마)와 관련한 다양한 에피소드가 전해지고 있다.[36] 운동회 때 심판 판정에 대한 분란을 일거에 해소한 것이나 졸업식 등 공식행사장이나 일제 관원을 만날 때에도 말총머리와 검은 두루마기 차림을 유지한 것은 모두 그의 신념과 원칙이 반영된 것이다. 권위주의자가 아닌 참으로 '권위' 있는 스승이었던 것이다.

36) 김학중, 「조만식」(넥서스, 2010), 63면 이하.

(4) 미래지향적 교육

모든 교육은 사실 미래지향적이라 할 수 있다. 먼저 많은 시간과 노력을 투자하고 후에 결과를 얻는 것이기 때문이다. 조만식의 교육 사업은 암울한 민족의 현실에서 장래를 위해 긴 호흡으로 거시적인 안목을 가지고 접근한 것이다. 원래 교육사업에 투자하는 것은 거시적인 안목과 미래지향적인 사상을 지닌 사람이나 할 수 있는 것이다. 단기간에 효과가 나올 수 있는 것이 아니기 때문이다. 특히 일제강점기에 암울한 상황에서 민족의 장래를 위해, 특히 민족중흥을 위해 학교를 설립하는 등 교육 사업에 투자하는 것은 결코 쉬운 일이 아닐 것이다. 그럼에도 불구하고 조만식은 교사로 현장에서 직접 학생을 지도하였다. 그러한 직접적인 교육이 일제에 의해 방해를 받자 간접적으로 학교를 설립하여 운영 내지 후원하는 등 민족의 미래를 위해 끊임없이 교육 사업을 위한 방법을 모색한 것이다.

실력을 배양하여 민족중흥을 담당할 수 있는 지도자를 양성하기 위한 그의 노력은 일제 강점기 상황을 고려해 보면, 추상적이고 구름 잡는 허상을 쫓는 것이 될 수도 있었다. 예컨대 도둑이 집안에 들어와 있는데, 힘을 길러 도둑을 쫓아낸다는 것은 말이 되지 않는 것이라고 비판하는 것이다. 그러나 당장 도둑을 쫓아낼 힘이 없는 경우에는 차선책이나마 찾아야 하기 때문이다. 따라서 그는 소소한 일상적인 삶의 자세에서부터 큰 기상을 갖는 것에 이르는 정신 교육에도 심혈을 기울인 것이다. 현실에 바탕을 둔 이상적인 교육을 시행한 것이다.

(5) 실용주의적 교육관

조만식은 일본 명치대학에서 가장 실용적이라 할 수 있는 법학을 공부하였다. 물론 일제관료로서 출세코스라 할 수 있는 고등문관시험에 응시한 것은 아니었다. 조만식이 오산학교에서 '지리'를 가르치고, 숭실대학에서 '법제와 경제'를 강의한 것에서 확인할 수 있듯이 지극히 현실적인 학문을 공부하고 가르친 것이다. 조만식이 민족계몽 내지 사회개혁 운동을 하는 과정에서 간디의 비폭력 저항운동처럼 실정법규의 범위 내에서 그 법률을 활용하는 방법을 택하였다. 예컨대 그는 어떤 운동을 하든 단체, 즉 사단법인이나 재단법인을 설립하여 단체의 힘을 활용한 것은 전적으로 법률적 사고 내지 정신(Legalmind)이 반영된 것이라 할 수 있다. 그는 기독교적 세계관에 의한 정신적인 교육뿐만 아니라, 사회에 나가서 역할을 담당할 수 있는 실용주의적인 교육도 함께 행하였다. 농촌 봉사나 시민들의 상담을 통한 문제 해결방식이 이것을 반영하는 것이라 여겨진다.

이러한 실용주의적 사고는 숭인상업학교의 설립에서도 확인할 수 있다. 어린 시절 평양에서 상업에 종사한 경험도 있고, 조선시대 의주 만상이나 평양의 유상 등 상인들의 전통에 익숙한 그는 당시로서는 가장 실용적인 공부 내지 영역이라 할 수 있는 상업을 염두해 두고 숭인상업학교를 설립한 것이라 여겨진다. 이것은 신학문을 처음으로 접했던 실질을 숭상하는 숭실의 학풍과도 일맥상통하는 것이라 여겨진다. 이러한 교육관에 기초하여 당시 실생활에 유리된 지적 수양에 중심을 둔 교육제도를 비판하기도 하였다.

6. 소결

조만식은 기독교 장로로서 기독교 사상을 글과 강연 등을 통해 장려한 기독교 사상가라 할 수 있다. 또한 신간회 활동이나 해방 후 조선 민주당 창당 후 당수로서 활동이나 평양 건국준비위원회에서의 활동을 보면 전형적인 정치인이라고도 할 수 있다. 더 나아가 평양 YMCA 총무로서 활동 등은 시민운동가로서의 활동 역시 정치적인 행위로 해석할 수 있다. 그러나 오산학교의 교사와 교장을 역임하는 등 교육계의 활동까지 정치적인 행위로 해석하는 것은 애국 애족의 민족 운동이라는 차원에서 일리 있는 주장이라 할 수 있다. 이렇게 정치행위를 광범하게 해석하면 조만식의 교육에 대한 순수성이 희석될 여지도 없지 않다. 따라서 조만식의 교육계의 활동을 별도로 살펴보는 것이 그의 사상을 이해하는데 도움이 될 것이라 여겨진다.

조만식의 삶에서 뿐만 아니라 우리 민족사에서도 그의 교육계의 활동은 중요한 의미를 지닌 것으로 평가할 수 있다. 그의 제자들의 면면을 보면 그의 교육가로서 활동은 아무리 강조해도 지나치지 않을 것이라 여겨진다. 교육자로서 조만식은 보수적 기독교의 편협한 교육관이 아닌 통합적인 사상에서 실천궁행의 삶을 몸소 보여준 실천적 교육가였다. 또한 바른 신념과 원칙을 지닌 참 교육자였다. 그는 민주적인 사고를 지닌 교육자로서, 권위 있는 교육자였지만, 결코 권위주의자는 아니었다. 또한 그는 매사에 실용주의적 사고를 하였지만, 늘 민족중흥을 꿈꾸며 민족의 미래를 걱정하는 미래지향적인 교육자였다.

조만식의 가르침을 가정과 학교와 사회로 나누어 요약해 보면 다음과 같다. 한 가정의 부모들에게는 자녀를 교육할 때 부모 자신이 먼저 용서(恕)와 인내(忍) 및 부지런하게(勤) 살면서, 아름다운 언행과 심사를 몸소 실천하고, 자녀들로 자연스럽게 모방할 수 있게 하며, 종교적 믿음을 정신적 유산으로 전하도록 했다. 또한 학생들에게 사람과 국가를 사랑하는 마음, 국가의 동량으로 성장하기 위해 실력을 기르도록 노력하며, 큰 꿈을 가지기를 권면했다. 사회활동하고 있는 청년들에게 생의 존재 의미를 확실히 하며, 절제된 생활 속에 반드시 자기 생활을 유지할 수 있는 직업을 가지고, 봉사하며 살아 갈 것을 권면했다.

조만식은 교육의 현장에서 직접 학생들을 가르친 것은 불과 몇 년에 불과하다. 1914년부터 1919년 초까지, 그리고 다시 오산학교 교장으로 복귀하여 일제에 의해 강제퇴임하게 되는 등 1-2년, 숭실대학에서 2년여 강사 생활이 전부라 할 수 있다. 이렇게 짧은 기간 동안, 그것도 열악하기 그지없는 환경에서 어찌 그리 큰 역량있는 제자들을 배출할 수 있었는지, 경탄해 마지하지 않을 수 없다. 제자들의 면면을 보면 조만식의 능력을 다시 보는 듯하다. 이러한 결과는 어떠한 성과를 위해 물량적인 관점이 아닌 전인격과 혼신의 노력이 일구어낸 결정체라 여겨진다. "사랑은 모든 것을 극복한다"(amor vincit omnia)라는 격언이 있다. 필자의 교육철학이기도 하다. 조만식은 스스로 이러한 표현을 하지 않았지만 그의 교육 사상 내지 정신에 이러한 '사랑'이 내재해 있음은 쉽게 확인할 수 있다. 제자들에게 자기와 국가와 민족에 대한 사랑을 늘 강조하였다. 따라서 조만식 역시 사랑은 모든 것을 극복한다고 믿고 있지 않았을까? 오산학교 교사 및 교장 생활에서 보여준 그의 삶은 이 말 이외에는 설명이 되지 않는다. 예수의 가르침을 따르며 사랑을 실천한 교육자, 그가 바로 조만식이다. 이러한 교육자를 교육현장에서 쫓아내야 하는 것은 일제의 입장에서는 당연한 것이다. 그렇지 않다면 일제관원들은 직무를 유기한 것이 될 것이다. 그렇기에 몇 번이나 교육현장으로 돌아가려고 했지만 좌절된 것이 아닐까? 그렇다고 민족이 갱생하는 방법이 교육에 있는데 포기할 수는 없는 것이 아닌가. 그래서 차선책으로 모색한 것이 숭인상업학교 설립자로서, 그리고 민립대학건립준비활동 등을 수행했던 것이라 여겨진다. 더 나아가 요즈음의 소위 평생교육 차원에서 시민들에 대한 계몽운동 역시 교육활동이라 할 수 있다. 이러한 모든 교육활동에는 우리 민족을 일제로부터 해방시키려는 대원과 함께 민족의 갱생이라는 소망함을 함의한 것이라 여겨진다. 물론 그러한 정신 속에서는 '진리'와 '봉사' 내지 사랑의 실천이 내재한 것은 더 이상 언급할 필요가 없는 것이다.

제4장

조만식의 경제사상

1. 서설

조만식의 삶은 다양한 형태의 국가와 민족을 사랑하는(애국과 애족) 운동으로 점철되었다. 그의 삶은 전술한 바와 같이 국민들이 당면하고 있는 다양한 문제를 해결하려는 구체적인 운동과 국가나 지역공동체의 건전한 발전을 위해 계몽 내지 개혁하려는 운동으로 대별할 수 있다. 전자의 경우 평양 YMCA 총무로 봉사하면서 많은 국민이 안고 있는 문제들을 해결해 주기 위한 노력들이 대표적이다. 때로는 개개인들의 사소한 문제들에 대한 상담을 통해 문제의 해결을 모색하기도 하였다. 그러나 많은 경우 사회의 구조적인 문제들을 해결하기 위한 것들, 예컨대 고아원설립이나 도서관설립 및 농촌연구회의 설립 등도 있었다. 후자의 경우는 거시적인 관점에서 당시 열악한 사회 상황을 변혁시키려는 운동이었다. 소위 변혁적 정의의 관점에서 살펴보면 국가나 지역공동체의 변혁을 모색하는 것으로 정의 구현을 위한 운동이라 할 수 있다. 경제적으로 열악한 상황에서도 국민들이 일본 제품들을 사용하게 됨에 따라 민족 경제는 더욱 쇠락해져가는 것을 보고 제창한 조선물산장려운동, 피폐된 농촌을 살리기 위한 농촌계몽운동, 허영과 사치로 무분별한 생활을 하는 이들에 대한 절제운동, 개별 영역이나 지역을 위한 각종 조합을 조직하여 지역이나 특수 영역에서의 공동체를 갱생시키려는 운동은 모두 당시 상황(stutus quo)을 변혁시키려는 시도였다. 다시 말해 기독교적 정의 관점에서 보면 변혁적 정의를 구현하기 위한 것으로 이해된다. 따라서 조만식의 경제사상에 대한 요체를 한 마디로 요약하면 '민족갱생운동'과 '변혁적 정의구현'이라 할 수 있겠다.

조만식은 어린 시절 상업에 종사한 것과 잠시 동안 조선일보사장으로 재직한 것을 제외하고는 거의 영리활동을 하지 않았다. 오산학교의 교사나 교장으로 재직하는 동안은 무보수로 일했으며, 평양 YMCA 총무 역시 봉사직이었다. 따라서 경제활동을 통해 그 경제관 내지 사상을 추론할 수 있는 것은 거의 없다. 그의 경제사상은 결국 각종 운동과 조합 등 단체의 결성에 따른 활동 등에서 추론할 수 있는 것이다. 물론 경제와 관련하여 적지 않은 글을 남겼기 때문에 이러한 글들을 통해서도 알 수 있다. 조만식은 철저한 기독교 신앙인으로써 규범에 충실하면서 절제된 생활을 하고 있었다. 이 때문에 자연스럽게 청년 내지 국민들에게도 절제를 통해 생존 기반을 확보해야 한다고 강조하였다. 더 나아가 그는 국가나 공동체차원에서 조선물산장려운동과 각종 협동조합을 조직하여 민족경제의 기틀을 구축하고자 노력하였다. 예컨대 개개의 국민들은 근면하고 검소한 생활과 그에 따른 절약을 통해 소자본을 마련하고, 이러한 소자본들을 결집시켜 대공업을 육성해야 한다고 생각했다. 특히 공리공담의 추상적인 교육보다는 산업부흥을 위한 실업교육을 확대하거나 강화해야 한다는 점을 강조했다. 이러한 일련의 경제운동은 기본적으로 조선 사람의 독자적인 자본과 힘으로 꾸려가는 자작자급의 자립적인 민족경제를 건설하자는 것이었다. 특히 생산부분에서는 토산장려와 애용을 통해 조선물산에 대한 수요를 창출하여 토착 상공업을 진흥시키고자 했다. 이에 반해 소비부분에서는 토산물 애용과 자작자급, 소비생활의 합리화를 통해 개인생활의 수지를 맞춤으로써 자립적인 민족 경제를 구축하려고 노력하였다.

다른 한편으로는 조만식은 무엇보다도 민족이 중흥하기 위해서는 상류층 혹은 지도층이 각성해야 한다고 생각했다. 따라서 당시 상류층 혹은 지도계급에 있는 자들에 대한 권면의 글에서도 이점을 확실히 하였다. 그는 1935년에 당시 사회를 분석하여 '긴급한 다섯 가지'라는 글을 발표하였다.[1] 이 글은 방직회사의 출현과 발명가들의 보호 및 촉진, 조선물산장려운동, 청년들의 방종한 생활을 금지하는 내용과 함께 지도계급에 속한 자들에게 강력히 권면하는 내용을 포함하고 있다. 예컨대

"사회에서 상당한 신분과 지위를 가지고 있는 신사로서 마작축첩(麻雀蓄妾) 등 오도에 세륜(洗淪)되어 자기 일신만 그릇되게 할 뿐만 아니라, 젊은 학생과 청년들에게 까지 그러한 악영향을 끼치는 일이 불소(不小)하니 말하자면 그 이들은 학생들의 부형도 되고 청년들의 사우(師友)도 되는 까닭이다. 사회에 풍기가 문란하여 가고 도덕이 날로 더 부패하여가는 것도 이 관계가 아닌가 하여 실로 관심됨이 불소하다. 바라건대 여러분은 현재 사회를 위하여서뿐만 아니라 우리의 후손들을 위하여서 더욱 반성할 필요가 있는 바이다. 한 가지는 지도계급에 있는 이들에게 원하는 바다. 우리 사회의 모든 되어가는 일이 잘 되어가든 못되어가건 물론 여러 가지의 다른 관계도 있겠지만 지도계급에 있는 이들에게 그 책임이 없지 않은 것만은 사실이다. 우리 사회가 찢어지건 미어지건 그저 수수방관하여 피안화시(彼岸火視)해서는 아니될 것이 아

1) 조만식, "긴급한 다섯 가지", 「신동아」 1935.1 ; 고당기념사업회편, 「고당 조만식의 회상록」(조광출판인쇄소, 1995), 389면.

닌가. 폐일언하고 경제적으로 문화적으로 사회적으로 뭉치기도하고 조직하고 지도도 하고 외치기도 하여 무슨 갱생의 도를 열도록 활약하여야 되지 아니하겠는가."[2)]

이와 같이 조만식은 상류계층 혹은 지도계급에 속한 자들의 행동은 기본적으로 법규에 반하는 것이 아닌 한 자유스럽게 허용할 수밖에 없다고 생각했다. 하지만 도덕적으로는 문제가 많다는 점을 지적하면서 반성을 촉구하였다. 더 나아가 지도계급에 속하는 자들의 책임을 강조하면서 민족의 화합과 경제 발전이나 문화의 부흥, 사회적 통합을 위해 결사체를 만들어 현상을 타개하자고 호소하였다. 즉 민족 공동체의 발전을 위해서는 지도급 인사들의 깨우침이 필요하다는 것을 역설적으로 말해 주고 있다.

일제강점기에 조선의 경제 부흥을 위해 다양한 운동을 전개 한 조만식은 당시 조선에서 행해야 할 경제운동의 방향을 크게 다섯 단계로 제시하였다.[3)] 예컨대

"첫째로 소비조합, 저금조합, 신용조합 이용조합 등 조합의 조직할 것이며, 둘째로는 물산운동으로서 대소규모의 제산으로 자작자급할 것이며, 셋째로는 절제운동으로서 금주단연과 소비절약운동 등이며, 넷째로는 농촌운동으로 농사개량, 관개, 원예, 목축 등이다. 다섯째로는 상공운동으로서 공업장려, 소상보호 등이며, 그밖에도 광업수산업, 임업, 토지개간 무역 등의 사업으로 이루어져야 한다는 것이다."

---

2) 조만식, "긴급한 다섯 가지", 「신동아」 1935.1 ; 고당기념사업회편, 회상록(주 1), 389면.
3) 조만식, "기독청년의 이상", 「삼천리」, 1937.10, 355-356면; 홍만춘엮음, 고당 조만식자료집(한국역사연구소, 2008), 154-155면.

이를 위해서는 경제적 집결과 인적 단합이 필요함을 강조하였다. 무엇보다도 건전한 단체를 조직하여 민족의식을 계발하고 훈련과 지도를 해야 한다고 주장하였다.[4] 이러한 주장이 구체화된 다양한 조합결성과 기독교농촌연구회의 활동 등에서 그의 사상이 잘 나타나고 있다. 이러한 조만식의 경제 관련 운동에서 확인할 수 있듯이, 그의 경제사상 역시 다른 사상과 마찬가지로 기독교를 제외하고는 이해할 수 없을 정도로 기독교 신앙, 특히 기독교적 정의라 할 수 있는 변혁적 정의의 영향에 의해 이루어진 것이다. 그의 기독교 신앙관은 숭실학교의 베어드목사의 영향에 따라 영생과 천국만을 추구하는 신앙이 아닌 현세에서 민족 백성을 구원하는데 있었다. 따라서 그는 봉사정신, 즉 실천하지 않는 신앙을 죽은 신앙이라 생각하였다. 고아나 과부 등 소위 가난한 자들을 사랑하고 긍휼을 베푸는 것이 기독교인의 신앙생활의 요체라 믿었다. 이러한 신앙관이 가장 잘 나타나고 있는 곳이 바로 경제 분야이다. 따라서 조만식의 삶과 사상의 진수가 이러한 경제 관련 운동과 사업에서 나타났다고 해도 과언이 아닐 것이다.

이 장에서는 조만식이 제시한 경제 운동 방법을 중심으로 경제사상을 논구해 보고자 한다. 조만식이 전개한 다양한 경제 관련 운동은 민족 갱생 운동이라 할 수도 있다. 필자의 평가에 따르면 이러한 운동은 변혁적 정의 구현이라고도 할 수 있다. 특히 후일 일제가 평가했던 것처럼 민족의 독립 운동과도 연결될 수밖에 없다. '인도의 간디'의 모습을 연상시키는 그의 '비폭력적 저항운동'은 일제 체제하에서 할 수 있는 최선의 방법을 고안한 것이라 여겨진다. 여기에서는 이러한 민족 경제의 갱생 내지 부활과 관련된 일련의 운동들과 그가 주장했던 말과 기고문들을 통해 그의 경제사상을 검토해 보고자 한다. 먼저 조만식의

4) 조만식, "기독청년의 이상", 「삼천리」, 1937.10, 356면; 홍만춘엮음, 자료집(주 3), 155면.

대표적인 활동인 평양의 조선물산장려운동의 내용과 그 주된 사상을 살펴보고, 이어서 조합결성을 통한 경제 부흥운동을 검토하고자 한다. 그리고 나서 생활개선 차원에서 근검 절약운동과 절제운동 및 농촌운동에 나타난 경제사상을 논구해 보고자 한다.

2. 평양의 조선물산장려운동의 내용과 주된 사상

(1) 개설

조만식이 행한 수많은 활동 중 가장 대표적인 것은 평양의 '조선물산장려운동'이라 할 수 있다.[5] 이 운동이 평양에서 시작하게 된 것에는 다양한 배경이 있다. 평양의 조선물산장려회는 1920년 4월 조선총독부가 '회사령'을 폐지한 것에서 시작되었다.[6] 한국을 강제로 병합한 직후인 1910년 12월 29일에 일제는 회사를 설립할 때 조선총독의 허가를 받도록 규정하였다(회사령 제1조). 이를 위반한 경우에는 법적으로 처벌하였으며, 허가를 받은 경우에도 총독부의 명령이나 허가 조건을 위반한 경우나 공공질서에 반하는 행위를 했을 때에는 사업정지나 지점 폐쇄 또는 회사의 해산을 명할 수 있는(동령 제5조) 회사령(제령 제13호)

---

5) 조선물산장려운동은 1920년 8월 평양에서 시작하였지만, 1923년 1월 20일에 창립된 서울의 조선물산장려회가 중앙조직을 표방하면서 '憲則'에 본부는 서울에 두고, 필요에 따라 지방에 지회를 둘 것을 규정하였다. 그러나 실제로는 서울에 국한 된 것이었다고 한다. 이러한 서울의 중앙조직과 연계하여 지방회가 설립된 것은 1927년 이후였으며, 한 연구에 따르면 총 74개의 물산장려운동의 지회가 있었다고 한다(장규식, 일제하 기독교 민족운동의 정치경제사상, 연세대 박사학위 청구논문, 2000. 146-147면). 그러나 여기서는 조만식이 주로 활동했던 평양의 조선물산장려운동을 중심으로 기술하고자 한다.

6) 고등학교 교과서에도 이점을 분명히 하고 있다.

을 공포하였다.[7] 이 회사령은 조선인들의 민족자본의 발전을 억제하면서, 식민지 조선을 일본의 독점적인 상품시장으로 착취하기 위한 조치였다. 또한 일제가 강점하고 있는 조선에서 초과이윤을 노리는 일본 투기성 자본이 조선에 투입되는 것을 통제하기 위한 조치이기도 하였다. 이러한 회사령은 조선의 토착자본가들을 크게 자극하게 되었다. 특히 3.1운동 과정에서 토착자본가들과 상공업자들이 격분하여 일제에 더욱 적극적으로 반대하였다. 이에 따라 일제는 3.1운동 이후 조선 상공업자들의 공분을 무마하기 위해 '문화정치'라는 이름으로 종래 회사령을 폐지한 것이다. 물론 조선 상공인들을 무마하기 위한 것만이 아니라, 일본 내에 있는 유휴자본을 활용하기 위한 조치이기도 하였다. 이러한 회사령의 철폐로 말미암아 조선 상공인들이 기업활동을 이전 보다 자유롭게 할 수 있었다. 그러나 일본의 유휴자금이 조선으로 본격적으로 유입되어 여러 가지에서 열악한 상황에 있던 조선의 경제는 더욱 큰 위기에 봉착하게 된 것이다. 이러한 상황에서 민간차원에서나마 조선의 토착산업을 육성하고 일본기업과 상품이 국내로 밀려오는 것을 막자는 것에서부터 조선물산장려회가 시작된 것이다.[8]

조만식이 주도하여 1920년 7월 30일에 평양의 조선물산장려회 발기회를 소집하고, 규칙을 기초하여 발표하였다. 그러나 이 발기회는 일본 상인들의 반대로 무산되었다. 이러한 상황 아래서도 이 운동의 필요성을 절감한 조만식을 비롯한 지도부는 1921년 가을부터 조선물산장려운동회의 설립을 준비하여 1922년 5월 발기인 총회를 개최하고, 6월에 창립하기에 이르렀다. 여기에서는 이러한 평양의 조선물산장려회 창립과정과 활동 내용 및 역사적 의의를 살펴보고자 한다.

---

7) 일제의 회사령에 대해서는 손정목, "회사령에 관한 연구", 「한국사연구」 제45호, 1984.6, 87면 이하 참조.

8) 장규식, 「민중과 함께한 조선의 간디」(역사공간, 2007), 103면 이하.

(2) 평양 조선물산장려회의 창립과 활동

조만식은 1920년 1월 평양감옥에서 가석방된 후 1921년 3월에 창립된 평양 YMCA 초대 총무를 맡았다. 조만식은 "예수 그리스도의 경천애인의 복음으로 경(經)을 삼고, 청년의 덕·지·체 삼육의 발달로 위를 삼아 인도정의 지상천국을 이 땅에 건설할 것"을 목표로 한 YMCA 정신에 입각한 사회운동 단체를[9] 통해 새로운 민족운동을 시작하였다. 특히 조선의 제2도시에서 경제와 문화 영역에 기독교적 인적 기반을 지니고 있던 조만식에게 학교 교육을 통한 민족중흥이 아닌 새로운 민족운동을 전개할 기회가 주어진 것이다.[10] 또한 3.1운동 이후 일제의 통치 방법의 변화도 중요한 역할을 담당했다. 특히 일제가 '회사령'을 폐지함에 따라 1920년 창립하려다 좌절된 조선물산장려회를 1921년 가을부터 다시 창립하고자 기회를 모색하였다. 1922년 5월 16일에 평양 YMCA회관에서 발기인 총회를 가지게 되었다. 이 총회에서 조만식은 고진한, 김광원, 한영길, 김형식과 함께 상무위원으로 선정되었다. 이후 6월 20일에는 마침내 평양의 조선물산장려회 창립총회를 개최하였다. 12인으로 구성된 창립이사는 평양 YMCA 임원들이 주류를 이루었다.[11] 평양의 조선물산장려회의 설립취지서를 보면 이 단체의 목적과 행동강령을 알 수 있다.

평양의 조선물산장려회 취지문을 살펴보면,[12] 서두에서 "우리 조선반

9) "平壤基督敎青年會의 設立", 「青年」, 1921년 4월 26일.

10) 평양 YMCA는 조만식을 비롯한 김득수, 김동원, 오윤선, 김성업 등 평양지역 기독교 지도자들이 적극적으로 참여하여 기독교 사회운동으로 빨리 정착할 수 있었다.

11) 예컨대 12명중 조만식(회장), 이덕환(부회장), 김동원, 김성업, 김형숙, 김형식, 오윤선, 조명식이 평양 YMCA 임원이고, 이 밖에 고진한, 최용훈, 변현성은 다른 단체 출신이었다.

12) "우리에게 먹을 것이 없고 입을 것이 없고 의지하여 살 곳이 없으면 우리의 생활은 파괴될 것이다. 우리가 무슨 권리와 자유와 행복을 기대할 수가 있으며 또 참으로 사람다운 발전을 희망할 수 있으리오"라고 시작된 1923년 1월의 서울 조선물

도는 천부(天賦)의 토(土)요 부원의 지(地)라. 반만년 장구한 세월에 간단없이 물자를 공급하고 사업을 부여하여 종족이 번식하고 문화가 계발되었도다. 생장력 많은 지미(地味)는 농업을 흥케 하고, 무진장의 광물을 포용한 지질은 공업을 성장케 하며, 사통오달한 위치는 상업을 융성케 하고, 기후와 풍토는 원예와 임업, 목축업에 적절하며, 하해(河海)와 항만은 어업과 운수에 더없는 호조건이고 식산(植山)하므로 축적하고, 흥업하므로 치부케 하였으니 단연코 삼천리 근역(槿域)은 이천만 민족의 보고인 태창(太倉)이라 하리로다. 아니 낙원이요 에덴이라 하겠도다"고 밝혔다. 더 나아가 이 취지서에서는 이러한 '보고와 태창에서 헐벗고 굶주림의 궁경을 면치 못'할 뿐만 아니라 '고난의 참상을 피치 못하'고 있다고 탄식하였다. 이러한 고국의 상황 때문에 '고국산천을 버리고' '만리이역으로 떠나는 자'가 '수십년 내에 백만이 될 것'이며, 잔류한 자도 '빈에 빈을 더하고 약에 약을 가하게' 될 것이라고 판단하였다. 더 나아가 '근대에 이르러 정치, 교육, 제도, 습관이 부패하고 해이하여 농공상을 천시하고 오직 사만 존숭하여 당쟁의 유일의 정략으로 하고 의문을 최선의 교육으로 하였으니 이는 모두 빈약의 원인이 될 것'이라 하였다. 이러한 상황을 타파하기 위하여 조선물산장려회는 '조선물산을 장려'하는 것, 즉 '보호무역'을 주창하는 것이라고 했다. 이를 위해 전개되는 조선물산장려운동은 다섯 가지의 구체적인 유익이 있다고 밝혔다.

> 첫째로는 국산을 장려하여 수입초과의 피해를 방지하므로써 경제계의 진흥을 도모한다.
> 둘째로는 국산을 장려하여 경제계의 융성을 기하는 동시에 사회발달을 도모한다.

산장려운동의 취지서는 많은 시각 차이를 드러내 주었다. 이러한 서울의 조선물산장려회 취지서에 대한 전문은 홍만춘, 『고당 조만식 사상 연구노트』(혜림출판사, 2004), 15-16면 참조.

셋째로는 국산장려에 따른 고용의 창출로 실업자를 구제한다.

넷째로는 국산을 장려하여 국산애중 사상을 고취시키는 동시에 자중자애심을 함양시키고자 한다.

다섯째로는 국산을 장려하여 근실하고 검소의 미풍을 낳게 하는 동시에 용감하고 쾌활한 인성으로 변하게 함이다.

조선물산장려운동은 국권을 상실한 상태에서 민간인 차원에서 할 수 있는 '보호무역운동'이라는 것이다. 이 운동의 목표를 달성하기 위해서는 국가차원의 법령이나 정책을 통해 보호무역주의를 관철할 수 있어야만 하는데, 국권을 상실하여 그럴 수 없는 상황이기 때문에 국민의 '공덕심'과 '공익심'에 의존할 수밖에 없다고 강조하고 있다. 이러한 정신으로 "의복 음식을 위시하여 가상십물(家狀什物)이며 일용품에 이르기까지 부득이한 물품 외에는 철저히 본 취지를 실천궁행하고 한 걸음 더 나아가 상공업에 착수 역행, 직접으로 실업계의 진흥과 륭창을 도모하고 간접으로 일반사회의 발전과 진보를 기하여 근역 삼천리가 이천만 민족의 참된 낙원, 참된 에덴이 되기를 지성으로 갈망"한다고 밝혔다.

이러한 운동에 70명이 발기인으로 참여하였다. 일 년 후인 1923년에 시작된 서울의 조선물산장려회가 지식인 중심의 계몽운동단체로 출범한 것과는 달리 평양의 조선물산장려회는 상공업자의 참여가 두드러졌다. 평양의 조선물산장려회의 발기인 70명에는 실업계 24명으로 가장 많고, 그 다음으로 교육계 11명과 목사 8명과 동아일보지국 관계자와 의사가 각각 3명, 변호사 2명과 그 밖의 다양한 출신들로 구성되었다.[13] 평양의 조선물산장려 운동이 서울에서 보다 장기간 그리고 적극

13) 방기중, 「배민수의 농촌운동과 기독교 사상」(연세대 출판부, 1999), 108-109면 참조.

적으로 활동할 수 있었다. 그 이유는 '식자층의 관념운동'[14]이 아닌 상공인층이 적극적으로 참여함과 동시에 지역 내에서 폭넓게 공감대를 얻었으며, 더 나아가 몸소 실천에 앞장 선 조만식의 적극적인 활동 등이 있었기 때문이라고 한다. 또한 평양의 조선물산장려운동이 상당한 경제적 효과를 가져온 것은 이와 같은 이유뿐만 아니라 기독교와 상공업계, 그리고 여성계를 주체 세력에 포함시켰기 때문이라고 한다.[15]

평양의 조선물산장려회는 그 사무소를 평양 YMCA 회관에 두고, 구체적인 장려회의 목적과 구체적인 실천 내용에 관한 강연회를 수시로 개최하였다. 운동 초기인 1923-24년에는 매년 정월 초하루 음력 설날과 5월 단오에 두 차례, 그리고 1925년부터는 설날에 홍보용 시가행진을 하면서 대대적으로 조선물산의 장려를 권면하였다.[16] 예컨대 1923년 설날에 최초 시가행진에서는 조선물산장려운동에 호응하여 협홍사에서 특별히 만든 중절모와 학생모를 일반 회원들이 착용하기로 결의하고 평양 각 학교에 특별 지정토록 하는 한편, 신문에 직접 광고하기도 하였다.[17] 또한 1928년 설날 행사에서는 시내 제조업자와 상인들이 적극적으로 참여하여 30여개 가입단체가 자사의 상품들을 우마차에 싣고 시가행진에 참여하기도 하였다.[18] 이와 같은 활동들을 통해 물산장려와 상공업 진흥, 소비절약으로 요약되는 당시 시급했던 민족 경제의 부흥이라는 과제를 운동에 효과적으로 결합시켜 나갔다.[19] 예컨대 평양에서 양말공업과 고무공업의 경영자 대부분이 기독교인들이었기 때문에, 기독교계와 상업계가 선순환적으로 운동의 효과를 제고시

---

14) 안재홍, "물산장려운동", 「奬産」2-2, 1931, 2면; 장규식, 박사학위논문(주 5), 149면.

15) 장규식, 박사학위논문(주 5), 149-150면.

16) 장규식, 박사학위논문(주 5), 150면 , 특히 각주 16번 참조.

17) 동아일보 1923.2.11. 물산장려와 협홍사; 장규식, 박사학위논문(주 5), 151면.

18) 동아일보 1928.1.6.; 장규식, 박사학위논문(주 5), 151면.,

19) 장규식, 박사학위논문(주 5), 151면.

켰다.[20] 이러한 결과로 근검저축식산조합의 설립, 자본의 합동, 한국인 금융기관의 설립 시도, 평양상공협회의 설립 등으로 이어졌다. 더 나아가 조만식은 조선물산장려운동의 다른 모습이라 할 수 있는 토산애용을 특히 강조하였다. 그는 "토산애용은 사치를 방지하자는 것이니 토산을 사용치 못하는 것"은 사치심을 방지하지 못하는 것이라고 주장하였다.[21] 특히 토산애용은 "개인에 있어서는 수지생활을 영위하는 것이오, 나아가서는 민족경제를 수립하자는 것이다. 살기를 그만두기로 하면 모르거니와 살려고 한다면 수지를 맞추어 생활방침을 세워야 할 것임에도 불구하고 수입에 지나치는 과다지출로 사치하는 것은 근본적으로 생에 대한 욕망과 생에 대한 인식이 말살된 것이라"고까지 주장하였다.[22] 검소한 소비행태에 대해 신앙인으로서 존재론적인 의미까지 부여한 것이라 여겨진다. 이러한 물산장려운동 내지 토산애용운동은 결국 "근검풍 감용성을 화성케"하기 위한 것이기도 하였다. 이러한 근검절약운동은 1920년 후반부터 만연된 허영과 사치 풍조에 대한 또 다른 민족 경제를 살리는 운동으로 전개되었다. 특히 여기서 간과해서는 안되는 것은 생산자들에게 산업이 경쟁력을 갖추려면 제품을 제대로 만들어야 한다는 것을 강조한 점이다.[23] 예컨대 생산자들은 "견(堅)하며 후(厚)하며 질박(質朴)한 국산"을 만들어 국민들이 사용할 수 있어야 한다는 것이다. 조선 물산운동을 장려하기 위해서는 생산자가 먼저 불량품 없는 양질의 상품을 제공해야 함을 강조하였다.

---

20) 이러한 평양에서의 상업계의 호응에 관한 자세한 것에 대해서는 장규식, 박사학위논문(주 5), 151-153면 참조.

21) 조만식, "토산애용의 근본문제", 「농민」, 1933, 6. 26면 : 홍만춘엮음, 자료집(주 3), 66면.

22) 조만식, "토산애용의 근본문제"(주 21), 26면 : 홍만춘엮음, 자료집(주 3), 66면.

23) 송자, "통일한국의 미래상", 「고당의 정신과 나라의 앞날」,(기파랑, 2010), 48면.

(3) 평양의 조선물산장려운동의 성격

서울을 중심으로 한 조선물산장려운동의 성격에 대해 지배적인 견해에 따르면[24] 조선물산장려운동은 일제가 허용하는 범위 내에서 먼저 민족이 실력을 길러야 한다는 실력양성론으로 이해하였다. 이러한 견해에 따르면 민족자본의 육성을 위해 토산물애용과 민립대학 설립운동, 문맹퇴치운동들이 나타났다는 것이다. 이러한 관점에서 평양의 조선물산장려운동을 미시적으로 분석해보면 다음과 같은 성격을 아울러 지니고 있다.

1) 민간 차원의 보호무역 운동

평양의 조선물산장려운동의 취지서에서는 자유무역주의에 대항하는 '보호무역'을 주장하였다. 여러 국가 간의 무역은 결국 자국의 이익을 극대화하는 보호무역임에도 불구하고, 국권을 상실한 상태에서 국가차원의 법령이나 정책적으로 보호무역을 추진할 수는 없는 것이 당시 상황이었다. 따라서 그에 상응하는 운동을 민간차원에서 전개한 것이 조선물산운동이라는 것이다. 따라서 결국 평양의 조선물산운동은 민간차원에서 전개한 '보호무역운동'이라고도 할 수 있다.

2) 소비자운동

평양에서 전개된 조선물산장려운동은 미시적인 관점에서 보면 물건의 소비자인 조선 백성 개개인들이 조선에서 생산되는 토산품들을 애용하자는 소비자운동이라 할 수 있다. 즉 소비자인 국민들이 전개한

---

24) 조기준, "조선물산장려운동의 전개과정과 그 역사적 성격", 「한국근대사론」, III(지식산업사, 1977), 87면 이하; 전상숙, "물산장려논쟁을 텅해서 본 민족주의 세력의 여념적 편차", 「역사와 현실」 47, 2003, 38면 이하 등 참조.

국산품애용운동이라는 것이다. 그러나 문제는 토산물중에 일제보다 우수해서 기꺼이 애용할 수 있는 물건이 없다는 것이었다. 물건을 애용하려면 애용할 수 있는 우수한 물건이 있어야만 하는데, 우수한 조선 물건들이 여러 가지 이유 때문에 생산되지 못하였다. 그럼에도 불구하고 질이 떨어진 토산품을 애용하자는 것이다. 토산품, 다시 말해 조선 물산 애용과 관련한 경제적인 운동만을 현대 법적인 관점에서 미시적으로 보면 소비자의 권익을 증진하기 위한 운동으로 볼 수도 있다.[25] 다시 말해 외국과의 무역을 위한 것이 아닌 우리 국민들의 생활 곤핍과 국가경제의 회복을 위한 운동이라 보면 소비자와 소비자단체, 사업자단체 등이 전개한 소비자운동이라 할 수 있다.

3) 민족 부활 운동 혹은 경제적 독립 운동

평양의 조선물산장려운동의 취지서에서는 먼저 국산을 장려하여 수입초과의 피해를 방지하므로써 국민 경제의 진흥을 도모하고, 경제계의 융성을 기하는 동시에 사회발달을 도모한다는 점과 고용의 창출로 실업자를 구제하기 위함을 강조하였다. 또한 국산애중 사상을 고취시키는 동시에 자중자애심을 함양시키고자 한 것이다. 더 나아가 근실하고 검소의 미풍을 낳게 하는 동시에 용감하고 쾌활한 인성으로 변화시키기 위한 운동이라고 주장하였다. 이러한 주장들을 거시적인 관점에서 보면 단순한 민족 경제를 부활시키는 운동에 머무는 것이 아니라, 국민정신을 개조하여 민족 자체를 살리는 국권회복을 위한 민족 부활 운동 내지 경제적 독립운동이라 할 수 있다.[26]

---

25) 예컨대 현행 소비자보호법 제1조에 따르면 "이 법은 소비자의 권익을 증진하기 위하여 소비자의 권리와 책무, 국가 · 지방자치단체 및 사업자의 책무, 소비자단체의 역할 및 자유시장경제에서 소비자와 사업자 사이의 관계를 규정함과 아울러 소비자정책의 종합적 추진을 위한 기본적인 사항을 규정함으로써 소비생활의 향상과 국민경제의 발전에 이바지함을 목적으로 한다"고 규정하고 있다.

26) 홍만춘, 연구노트(주 12), 29면 ; 송자(주 23), 48면.

4) 평양의 조선물산장려운동의 역사적 의의와 그 한계

평양의 조선물산장려운동은 특정계급만을 위한 운동이 아니라 새 생활 운동으로서 민족적 자주자립과 민족부활을 성취하려는 새로운 '민족 부활운동'이라 할 수 있다.[27] 왜냐하면 이 운동의 취지문에서 생활 발달의 원체는 경제 부활에 있기 때문에 경제 부활을 위해서는 먼저 수입초과를 억제해야 한다는 것을 전제하였다. 따라서 비록 법령이나 정책상으로는 불가능하지만, 민간차원에서 보호무역을 추진해야 한다는 점과 사대주의 사상을 배격하는 동시에 새 생활, 근검풍, 즉 근면, 근신, 절제의 실생활을 강조하였다. 더 나아가 국산장려를 통해 경제계를 진흥케하며, 일자리를 창출하여 실업자를 구제하여 사회발전에 도모하고자 한 것이었다. 이러한 목적을 성취하기 위해서는 혁명적 투쟁이나 계급적 투쟁이 아니라 공덕심과 공익심이 필요하다고 주장하였다.

평양의 조선물산장려운동은 서울에서와는 달리 일제로부터 다양한 압력을 받았음에도 불구하고 1937년까지 유지되었다. 이렇게 비교적 장기간 유지될 수 있었던 것은 조만식을 비롯한 기독교 실업인들의 헌신적인 노력과 적극적인 참여가 있었기 때문이었다. 이 운동은 기업설립운동, 근검저축식산조합운동, 생활개선운동, 기독교절제운동 등에 직접적으로 혹은 간접으로 영향을 미쳤다. 비록 '민족의 부활 운동' 내지 '경제적 독립운동'으로서 가시적인 큰 성과를 창출하지는 못하였다고 하더라도, 엄혹한 일제강점기였음을 감안한다면, 놀라운 운동이었다는 점을 간과해서는 안될 것이다. 특히 토산애용 혹은 조선물산장려를 통해 '민족의 부활 내지 독립'을 꿈꾼 운동이었다는 점에서 더욱 그러하다.

평양의 조선물산장려운동은 조만식 등을 중심으로 서북 지방의 사회계, 종교계, 교육계 인사들이 적극적으로 참여하여 상당히 긍정적인

27) 홍만춘, 연구노트(주 12), 29면

성과를 가져왔다. 따라서 민족경제의 중흥과 민족부활이라는 독립운동적인 차원의 유의미한 성과를 드러낸 것으로 평가되기도 한다. 그러나 민족자본은 늘어난 수요를 뒷받침해 줄 수 있는 생산력을 갖추지 못했고, 새로운 공장의 설립도 크게 이루어지 못했다. 특히 토산품 애용운동은 상인이나 자본가 계급에 이용당하여 상품의 가격을 올려놓는 결과를 초래하기도 하였다. 또한 친일세력에 의한 타협이나 일제에 의한 억압 등이 상존하고 있어 1937년까지 15년간 유지되었지만, 더 이상 민족운동으로 존속할 수 없는 한계도 아울러 지니고 있었다.

3. 조합결성에 의한 공동체 운동

(1) 개설

조만식은 일본 제국주의가 조선인들을 위한 경제 정책을 시행한다는 것은 조선인의 소망 내지 구호에 불과하다고 생각하였다. 따라서 조만식은 "기독청년의 이상"이라는 연설에서 그 해결책으로 "우리의 힘을 충실히 할 것이 최선"이라고 생각하고, 다음과 같은 다양한 운동을 제시하였다:

> "우리들의 경제운동의 방법은 여하한 것인가 하면, 첫째로 조합운동으로서 소비조합, 저금조합, 신용조합, 이용조합 등을 조직할 것이며, 둘째, 물산운동인데, 대소규모의 재산으로 자작자급할 것이며, 셋째, 절제운동인데, 주로 금주단연과 소비절제 등이다. 넷째 농촌운동인데 농사개량, 원예, 관개, 목축 등이며, 다섯째, 상공운동인데 특히 공업장려,

소상보호 등이며, 기타 광업, 수산업, 임업, 토지개간, 무역 등 사업입니다. 이상이 말한 운동에는 경제적 집결과 인물적 단합 두 가지가 가장 필요합니다. 인물로는 과학적 기술자, 이지적 연구경영자가 필요하며, 경제적으로는 자본을 집합하여 다방면으로 20억원의 재력을 운전할 만 해야 합니다. 따라서 문화운동이 병히 긴요한 것입니다. 종교사업과 교육사업은 물론이요 이외 각종 문화기관으로 필요한 바는 여좌입니다. 남녀청년회각종, 소년회각종, 소녀회, 부인회, 체육단체, 상공단체, 발명협회, 과학연구회, 농우회, 잡지사, 구락부, 사교기관, 농촌지도자 교육기관 등 실로 허다합니다".[28]

조만식의 경제운동 방법 중 첫 번째 주장은 다방면에서 다양한 단체를 결성하고, 그 단체들로 하여금 역량에 맞는 운동을 전개함으로써 힘을 길러야 한다는 것이었다. '이인동심 기근여금(二人同心 其動如金)'은 사업의 대소를 막론하고 필요하다고 생각한[29] 청년동지들을 규합하여 훈련하고 서로 이용하고자 한 것이다. 그는 '오직 경제적 단결체'를 통해 "일반민중의 중간이익 착취를 면케 하는 동시에 단체적 훈련을" 할 수 있다고 보았기[30] 때문에 단체결성을 통해 난국을 타개하고자 했다. 당시 일제가 법을 통한 식민지 통치뿐만 아니라 경제적 탄압을 조직적으로 행하고 있던 상황에서 조만식이 취할 수 있는 최선의 방안이라 할 수 있다. 당시 일본은 프랑스법과 독일법을 계수하여 현대화된 법을 제정 시행하고 있었다. 조선에서도 형식적으로는 이러한 일본법을 거

---

28) 조만식, "기독청년의 이상", 「삼천리」 1937년 10월, 355-356면 ; 홍만춘역음, 자료집(주 3), 154-155면.
29) 조만식, "기독청년의 이상", 「삼천리」 1937년 10월, 357면 ; 홍만춘역음, 자료집(주 3), 156면.
30) 조만식, "오직 우리의 경제적 단결체", 동아일보 1931.4.14.일자; 고당기념사업회 편, 회상록(주 1), 375면.

의 그대로 의용하였다. 예컨대 일본민법은 1912년 조선민사령에 의해 한국에서도 '의용민법'이라는 이름으로 시행되었으며, 형법이나 그 밖의 법률들도 형식적으로는 일본 본토와 다름없이 시행되었다. 따라서 일본 명치대학에서 이러한 일본법을 배운 조만식은 법의 형식적 규범력을 무시할 수 없었기 때문에, 일본의 제국헌법과 일본민법에서 인정하고 있는 제도들을 선용하였다. 이에 따라 민법상 비영리사단법인이 아닌 권리능력이 없는 사단, 즉 단체와 단체성이 약하기는 하지만 일제의 허가를 피할 수 있는 계약상 '조합'을 이용하지 않았나 여겨진다. 이러한 조합 결성을 통해 일본에서 생산된 일본제품이 일상적인 생활용품에까지 만연되어 경제적으로 생활곤란과 부채생활, 소유점핍의 현상이 가속화되고 있는 상황을[31] 극복하고자 한 것이라 여겨진다. 그는 이러한 단체결성뿐만 아니라 조선민주당의 창당 등 모든 운동을 전개할 때 무엇보다도 '인화'를 강조하였다. 예컨대 '천시는 지리만 못하고 지리는 인화만 못하니(天時地利人和)' 우리나라가 천시와 지리가 없더라도 인화를 믿고 한 마음으로 시련을 극복하자는 것이었다.[32]

(2) 조합의 결성과 개혁 운동

1) 조만식이 제안한 조합의 유형

조만식은 국민경제 및 생활환경의 개선을 위한 방안으로 다양한 형태의 조합 결성을 제안하였다. 예컨대 소비조합, 구매조합, 판매조합, 이용조합, 공동경작조합, 저금조합, 신용조합 등의 결성을 주장하였다.[33]

---

31) 조만식, "생산과 소비와 우리의 각오" 「삼천리」, 1936.4; 고당기념사업회편, 회상록(주 1), 412면.

32) 박재창, "민중의 목자 고당 조만식", 「고당 정신과 나라의 앞날」(기파랑, 2010), 22면.

33) 조만식, "농촌청년의 임무", 「조광」 1937.10, 31-34면; 고당기념사업회편, 회상록(주 1), 428면.

특히 농촌을 살리는 방안으로 조합의 결성을 제안하였다. 이러한 조합은 오늘날 특별법에 의해 설립되는 농협협동조합이나 신용협동조합, 노동조합과 같은 의미는 아니었다. 이것은 후술하는 바와 같이 경제적인 어려움이나 곤핍한 생활환경을 상부상조하여 개선하고자 하는 모임체로서 조합계약을 의미하는 것으로 해석된다.

당시 일본 민법 제667조에서는 "①조합계약은 각 당사자가 출자하여 공동의 사업을 영위할 것을 약정함으로써 그 효력이 생긴다. ② 출자는 노무를 그 목적으로 할 수 있다."고 규정하고 있다. 여기서 말하는 조합은 2인 이상이 서로 출자하여 공동사업을 경영할 것을 약정함으로써 성립하는 계약이다. 공동사업의 종류나 성질은 제한이 없다. 영리를 목적으로 하든 비영리이든 묻지 않으며, 반드시 계속적이어야 하는 것도 아니다. 여기서 공동이란 조합원 전원이 그 사업의 성공에 대하여 이해관계를 갖는 것을 말하며 일부 조합원만이 이익을 분배받는 경우는 조합이라 할 수 없다. 조합원 모두 출자하여야 하지만, 그 출자는 금전은 물론이고 그 밖의 재산이나 노무로도 가능하다.[34] 조만식은 이러한 조합의 특성을 잘 살려 소비조합, 이용조합, 신용조합 등 다양한 형태의 조합을 결성하여 공동사업을 경영한 것이다.

2) 조만식이 결성한 조합 내지 단체의 사례

가. 평양실업저금조합

조만식은 김동원과 함께 1921년 12월 우리나라의 산업상 필요한 회사나 기관을 설립하자는 취지로 100명 정원의 '평양실업저금조합'을 설립하였다. 평양 YMCA를 중심으로 매달 5원씩 출자 저금하여 이듬해 여름부터 1차 사업으로 '대동강'이라는 상호를 달고 잉크를 제조하여

34) 조합에 대해 자세한 것은 윤철홍, 「채권각론」(법원사, 2015), 360면 이하 참조.

판매를 시작하였다.[35)]

나. 평양절약저금식산조합

조만식은 평양의 조선물산장려회를 출범한 후 1926년 10월에 김능수, 김병연, 한근조 등과 함께 조선물산을 장려하고 술과 담배와 사치로 낭비하는 금전을 절약하고, 그것을 저축하여 산업에 투자할 수 있도록 하기 위해 평양절약저금식산조합을 설립하였다. 이 조합은 100명의 조합원으로 조합원 1인당 1개월 2원씩 적립하는 것이었다.[36)]

다. 평양소비조합

조만식 외 30여명은 1929년 9월 평양소비조합을 발기하고, 창립총회를 개최하였다.[37)]

라. 평양협동저금조합

조만식은 1930년 3월에는 조합원 100여명 모집하여 1구에 매일 20전씩 4개월간 저금하여 6개년동안 식산하는 것을 목표로 평양협동저금조합을 설립하였다.

마. 상공식산조합

조만식은 1930년 12월에 후술하는 평양상공협회의 활동을 통해, 상공업발달에 필요한 기관을 만들기 위해 1구 100원씩 1천구를 모집하여 일차 10만원을 기금으로 하는 조선인 상공식산조합을 조직하였다.[38)]

---

35) 이에 대해서는 장규식, 「민중과 함께 한 조선의 간디」, (역사공간, 2007), 115-116면 참조.
36) 장규식, 조선의 간디(주 35), 116면.
37) "평양소비조합이 창립되다", 동아일보, 1929년 9월 6일 자.
38) 장규식, 조선의 간디(주 35), 118면.

바. 평양상공협회

조만식은 1928년 오윤선, 김동원, 김성업 등과 함께 평양의 조선인 상공업자의 모임체인 평양 '상공협회'를 조직하였다.[39] 평양상공협회는 일제의 통제 하에 있던 '평양상업회의소'와는 달리 조선 상공인들만으로 구성되었다. 이 협회는 상공업에 관한 제반사항을 연구하고, 분쟁을 중재하며, 토착 상공인들간의 단합을 도모하여, 상공업계의 사기를 진작시키고, 상도덕을 향상케 하여 신용불량에 의한 파산자를 근절시킬 것을 목표로 활동하였다.[40]

3) 조합운동의 의미와 한계

조만식은 조합결성운동을 조선인의 경제 상태에 비추어 가장 필요한 사업이라 믿었다. 다시 말해 그는 조선인들이 조합결성을 통한 경제적인 단결 없이는 다른 어떤 사업도 할 수 없다고 보았다. 특히 중간이익까지 착취당하는 모든 소비자들을 위하여, 그리고 평양을 중심으로 농촌에 있는 일반 민중의 중간 이익 착취를 면하게 하는 동시에 이러한 경제적 유익함을 단체적으로 훈련을 할 수 있도록 하기 위함이라고 주장하였다.[41]

조만식이 창립한 '근검저축조합'은 조만식의 경제사상의 일면을 잘 보여 주었다. 근면하고 검소한 생활로 모은 돈을 저축하여 조합을 결성한 후, 이 저축된 돈을 겹집시켜 산업자본으로 활용할 수 있다는 사상은 자본주의 경제 건설을 위한 가장 기본적인 시도라 할 수 있다.[42] 그러나 이러한 시도는 위의 사례에서 확인할 수 있듯이 조합원이 100

---

39) 이 협회의 조직의 필요성에 대해서는 조만식, "건설중의 대평양, 상공진흥책은 여하", 동아일보 1928년 9월 27일자: 홍만춘엮음, 자료집(주 3), 31면을 참조.

40) 장규식, 조선의 간디(주 35), 118면.

41) 조만식, "오직 우리의 경제적 단결체", 동아일보. 1931.4.14; 고당기념사업회편, 회상록(주 1), 375면.,

42) 장규식, 조선의 간디(주 35), 116면.

여명으로서, 당시 자금난을 겪고 있는 상공인들의 자금 문제를 해결해 줄 대안이라고는 할 수 없을 것이다. 다시 말해 경제사적으로는 의미 있는 일이었으나, 산업자금에는 큰 도움이 되지 못하는 한계를 지니고 있었다. 그럼에도 불구하고 조만식은 먼저 소공업을 육성하여 자작자급의 폭을 넓힌 다음, 이러한 소자본들의 결합과 재산가들의 권리를 일본 대자본가들과 경쟁하는 구도를 계획한 것이라고 볼 수 있다. 이를 위하여 조만식은 금광, 토지 미두, 주식투기나 고리대금업에 몰린 재산가의 자금을 산업자금으로 전환시켜 소자본을 모아 대자본을 형성하자는 것이다.[43] 즉 소단결을 통해 대단결을 제안한 것이다. 취지 자체는 매우 건전하고, 바른 것이다. 다만 여러 가지 여건상 그것을 크게 계승 발전시키지 못한 것이 아쉬운 점이라 할 수 있다.

(3) 조합의 법적 성질

조만식의 경제사상의 가장 중요한 특징은 단체를 결성하여, 단체의 힘으로 목적을 달성하고자 한 것이다. 평양 YMCA나 평양의 조선물산장려회는 비영리사단법인으로서 아마 일제총독부로부터 허가를 받아 등기를 했을 것으로 여겨진다. 왜냐하면 발기인총회와 창립총회 등에서 정관에 따른 회장 부회장 등 소위 이사들을 선정한 것을 통해 추론해 볼 수 있기 때문이다. 특히 1937년 조선물산장려회의 해산이 독립운동을 했다는 이유로 일제의 강요에 의해 이루어진 것을 보면 더욱 그러하다. 그러나 관서체육회를 비롯한 그 밖의 모임체들은 아마 허가와 등기를 하지 않은 법인의 능력을 갖추지 못한 법인이 아닌 사단이었을 것으로 추측된다,

43) 장규식, 조선의 간디(주 35), 117면.

조만식이 제안했던 조합의 법적 성질은 당시 조선의 사법질서의 규범으로 시행되고 있던 일본 민법 제667조의 조합계약을 의미하는 것으로 여겨진다. 전술한 바와 같이 일본 민법 제667조에서는 "조합계약은 각 당사자가 출자하여 공동사업을 경영할 것을 약정함으로써 그.효력이 발생한다."고 규정하고 있다.[44] 이러한 공동사업은 특별히 어떤 종류나 성질을 제한하지 않기 때문에 조만식이 구상한 조합을 결성할 수 있었다. 때로는 저축이나 식산을 위해, 때로는 절제운동을 위하거나 농촌공동체를 위해 단체를 결성할 수 있었다. 이러한 조합은 공동사업을 경영하기 위해 결성된 하나의 단체이다. 그러나 이러한 조합의 단체성은 사단법인과 같이 독립성이 강한 것이 아니다. 따라서 그 법적 성질은 특별한 형식을 요하지 않는 불요식의 낙성계약이기 때문에 당사자들의 합의만 있으면 성립되는 것이다. 조만식은 이러한 민법상의 조합을 조선 경제의 활성화를 위한 운동에 잘 활용한 것으로 여겨진다.

(4) 조합 결성에 따른 운동의 의미

조만식이 상술한 조합을 일제하에 피폐된 농촌공동체와 도시민들의 생활환경을 개선할 수 있는 방법이라 생각하였다. 그 이유는 공동체 운동의 단체를 법인으로 설립할 수 없기 때문이라 여겨진다. 왜냐하면 당시 일본 민법상 사단법인을 설립하기 위해서는 주무관청의 허가를 받아야만 했다. 그런데 이 허가는 주무관청의 자유재량행위에 속하는 것이었다. 따라서 민족부활을 꿈꾸는 반일적 성격의 단체를 설립하도록 쉽게 허가해 주지 않았을 것이기 때문이다. 또한 많은 사람들이 모

44) 현행 우리 민법 제703조에서도 거의 같은 내용으로 "① 조합은 2인 이상이 상호 출자하여 공동사업을 경영할 것을 약정함으로써 그 효력이 생긴다. ②전항의 출자는 금전 기타 재산 또는 노무로 할 수 있다."고 규정하고 있다.

두 힘을 합하여, 즉 상호출자하여 공동사업을 경영하는 것을 조합이라 하는데, 이러한 조합이 조합원들의 생활환경이나 경제적인 상황을 개선시키는 단체로 이용할 수 있는 가장 적절한 방법으로 판단했기 때문이라 여겨진다. 당시 사단법인과 조합의 법적인 차이를 바로 알고 시작한 운동이라 여겨진다. 더 나아가 헌법상 인정해주고 있던 결사의 자유를 잘 활용한 탁월한 운동방식이라 여겨진다.

평양의 조선물산장려운동의 일환으로 전개한 근검저축조합 등 다양한 조합결성운동과 평양상공협회의 조직, 숭인상업학교의 설립을 통해 실용적인 교육과 함께 상공인의 양성, 관서체육회의 조직을 통한 국민들의 건강증진운동 등은 공동체운동의 중요성을 인식한 것에서 출발하였다. 다시 말해 조만식은 이러한 단체를 통해 민족의식의 제고뿐만 아니라 경제 부흥을 모색한 것이라 여겨진다. 특히 조합운동은 조선인 스스로 힘에 의해 조선의 경제를 부흥시켜야 한다는 생각으로, 민족 부활을 위한 몸부림으로서 일제강점기에 빛나는 경제부흥 운동이었다고 여겨진다.

4. 근검 및 절제 운동

(1) 개설

조만식은 당시 조선인의 경제생활의 특징을 '생활 곤란'과 '부채 생활' 및 '소유점핍(所有漸乏)'이라는 세 가지 단어로 표현하였다.[45] 먼저 생

45) 조만식, "생산과 소비와 우리의 각오", 「삼천리」 1936년 11월, 109면; 홍만춘엮음, 자료집(주 3), 131면.

활 곤란은 당시 일제 강점기 조선인들에게 일상적이고 실제적인 것이라고 보았다. 국가 전체가 빈곤 상태에 있는 것이기 때문에 지주나 상공인중 일부 계층들을 제외하고는 온 국민이 생활의 곤란을 겪고 있었던 것이다. 둘째는 많은 조선인들이 부채를 안고 살고 있었는데, 상공업자의 부채 말고도 농민부채만도 4억원 내지 5억원이 된다고 보았다. 셋째로는 토지와 가옥의 자연등귀로 그 면적과 수량이 크게 축소되어 소유 자체가 결핍되어가고 있었다는 것이다. 이러한 상황에서 조선총독부로부터 조선인 본위의 금융정책이나 경제나 산업의 부흥정책, 더 나아가 미급한 민도를 향상시킬 정책은 원초적으로 기대할 수 없는 것이었다.[46)] 오히려 미흡하게 존재하는 조선인의 금융이나 산업은 산미증산계획을 비롯한 일제의 수탈 경제정책의 대상이 될 뿐이었고, 교육정책에서도 기존의 대학을 전문학교로 개편하는 등 우민화를 원하고 있었기 때문이다.

이러한 상황을 타개하기 위해 기독교 민족 운동가이자 '시민사회의 개척자'이었던 조만식은 기회가 있을 때 마다 조선물산장려운동과 함께 절약과 검소한 절제된 생활을 주장하였다. 특히 조선물산장려운동의 취지서에서 조차 "근검한 기풍과 용감한 품성의 진작"을 위한 것이라고 밝혔다. 이러한 주장을 한 이유는 조선인은 생산능력이 저급함에도 불구하고 소비는 대담하여, 토지나 가옥을 방매하여 일상생활에 필요한 용품을 매용하는데 사용하는 등, 수입을 초과하여 지출하기 때문이라 하였다.[47)] 다시 말해 경제생활이 곤핍함에도 불구하고 허영과 사치 및 낭비가 심하기 때문이라는 것이었다. 이러한 낭비와 사치스러

46) 조만식,"생산과 소비와 우리의 각오"(주 45), 109면; 홍만춘엮음, 자료집(주 3), 131면.

47) 조만식,"생산과 소비와 우리의 각오"(주 45), 113면; 홍만춘엮음, 자료집(주 3), 135면.

운 생활을 하는 상황에서는 국권회복 등은 생각할 수도 없다고 판단하였다. 따라서 조선물산장려운동과 그에 따른 부수적인 운동을 다양한 형태의 조합 결성을 통해 극복하고자 한 것으로 여겨진다. 특히 양질의 토산품을 생산에 따른 상공업의 진흥이 생산자의 몫이라면, 토산애용을 통한 생활개선은 소비자의 몫이라고 생각한[48] 조만식은 생산자의 측면과 소비자의 측면을 고려한 운동을 전개한 것이다. 조선물산장려운동도 전술한 바와 같이 소비자 절약 운동의 성격을 아울러 지니고 있지만, 그 보다 구체적인 측면에서 절제운동을 제안했다. 물론 일반 국민들에게 공통적으로 요구되는 절제 운동과 기독교인에게 특별히 요구되는 절제 운동을 구별하여 제안하였다.

(2) 근검운동의 방향과 그 내용

1) 근검 운동의 방향

조만식은 조선인들에게 공통적으로 적용되는 생활개선의 구체적인 방안으로 의복개량과 관혼상제에 대한 소비절약, 금주, 단연 등을 들었다. 먼저 의복개량에 대해 조만식은 빚을 내서 양복을 사 입는 식자층과 청년들의 과소비 풍조를 비판하면서 토산품과 색의를 애용 장려하고 한복을 실용적으로 개량하여 대중화할 것을 제안하였다. 둘째로 관혼상제를 치르는 동안 빚을 내는 풍습을 지적하였다. 예컨대 중소농민이 관혼상제를 치르는 경우에 소나 논밭을 팔거나 저당잡히기 때문이라 한다. 셋째로 금주운동을 본격적으로 제안하였다. 농촌의 잘살고 못 살고가 그 마을의 술집 수에 정비례한다고 해도 과언이 아니라고 하면서, 금주 단연이 소극적이지만 긴급한 과제라고 주장했다.

---

48) 장규식, 조선의 간디(주 32), 119면.

2) 관혼에 대한 소비절약

조만식은 "관혼, 즉 송채(送綵)와 혼연(婚宴)에 있어서 종래 우리 농촌에서 너무 남비(濫費)하는 습관이 있어 왔다. 규모가 있고 다소의 여유가 있는 농가에서는 송채와 혼연에 대한 준비로 수년간 필육곡물 등을 잘 축적하였다가 이것으로 그 일을 차려서 나가는 집이 있다. 그러나 이러한 집은 그 수가 극히 적고 흔히는 전토와 산림을 팔거나 저당하여 가지고 송채와 혼연을 차리는 것이 보통이다"고[49] 전제하고, 이러한 관혼을 위해 토지를 방매하거나 저당하는 일을 당연한 것으로 알고 있다고 비판하였다. 특히 중농이하 소농민들이 토지를 양도하는 원인의 30-40%가 관혼에 의한다고 주장하였다.[50] 더욱이 이러한 관혼은 어느 가정이나 있는 일이요, 한두 번 있는 것이 아니기 때문에 더욱 문제라고 하였다. 그래서 이러한 관혼에 관한 낭비의 습관을 반드시 개혁해야 한다고 생각했다. 이러한 낭비의 습관을 개혁하는 방안으로는 종교단체에서 이에 대한 규정 또는 결의로 낭비행위에 대해 제재를 가하고, 농촌에서는 농촌진흥회 등에서 사회단체를 조직하여 이 단체의 힘으로 이를 제재해야 한다고 생각했다.[51] 조만식의 주장은 일응 타당한 것이고, 바람직한 것으로 여겨진다. 하지만 유교적 전통에서, 그리고 관혼비용이 대부분 의복, 장롱, 식기구 등이었다. 모든 부모는 자녀의 혼례를 거행할 때 보다 잘해 주고 싶은 마음들이 어우러져 있기 때문에, 낭비풍습이라고 하여 간단하게 배척할 수 있는 것은 아니었다. 특히 종교단체나 농촌진흥회를 통한 제재는 구속력이 없기 때문에 큰 성과를 기대할 수 없는 도덕적인 운동에 불과한 것이었다. 그러나 이러한 운동

49) 조만식, "생활개선과 소비절약", 동광 1934.1; 고당기념사업회편, 회상록(주 1), 372면.
50) 고당기념사업회편, 회상록(주 1), 373면.
51) 고당기념사업회편, 회상록(주 1), 373면

자체가 주는 내재적인 힘이 전혀 의미가 없는 것은 아니었다. 점진적으로 그 효과를 발휘할 수 있는 것이었다고 여겨진다.

3) 상제(喪祭)에 대한 소비절약

상사(喪事)는 인간의 최종에 관한 일이기 때문에, 일률적으로 절약해야 한다고 말 할 수는 없다. 하지만 실제로 상사비용이 관혼 비용 이상으로 낭비되고 있어 절약해야 할 필요성은 상존하였다. 유교적 전통사회에서 상제 비용은 체면과 체모에 끌리어 부득이 과다하게 지출해야 하는 경우도 많다. 예컨대 농우나 장토를 팔아서 소비하고 북간도로 떠나는 사람들도 있다고 지적될 정도였다. 이를 극복하기 위해서 조만식은 먼저 가능한 한 다일장을 삼가고, 대소상을 폐지하자고 주장했다. 특히 인습의 관념적 의식에 구애되지 말고 직면한 실제 생활을 직시해야 한다고 강조했다.[52]

4) 금주문제

조만식은 "농민을 빈궁케 하며 농촌을 피폐케 함에는 술 이상이 없다. 술로 인하여 폐가하고, 유리(流離)하는 농민, 술로 인하여 폐동되는 촌락, 그것을 어찌 다 들어 말 할 수 있으랴"라고 개탄하였다. 농촌의 영고휴척(榮枯休戚)은 주점의 수에 정비례한다고 까지 표현할 정도였다.[53] 사회구제 운동, 특히 농촌구제운동은 무엇보다도 금주운동이 가장 시급하고 절실하다고 생각했다.[54] 금주문제가 비록 소극적인 것이었지만, '긴절'하고 '급무'하다고 주장했다. 이러한 금주문제를 해결하기 위해 1920년 4월 평양에서는 정두현과 한영길 등 기독교계인사들이 중심

---

52) 고당기념사업회편, 회상록(주 1), 373면.
53) 조만식,"생산과 소비와 우리의 각오"(주 42), 110면; 홍만춘엮음(주 3),   135면.
54) 고당기념사업회편, 회상록(주 1), 374면.

이 되어 '금주동맹회'를 결성하였는데, 조만식은 금주강연회 연사로서 금주의 필요성을 역설하였다. 이러한 금주 운동을 계기로 1923년 전후로 전국에 140여개 금주금연 단체가 성립되었다.[55] 또한 조만식이 지도하였던 김봉준 등 기독청년들이 중심이 되어 '금주단연동맹'을 결성하였다. 130명의 회원으로 결성된 금주단연동맹은 '절제생활'이라는 잡지를 발행하는 등 절제운동을 확산시키는데 크게 기여하였다.[56]

5) 그 밖의 절약 문제

관혼상제 이외에 일반 가정생활의 근검 절약 운동은 결국 일반 생활에서 소비를 절약하는 것이다. 상공업자들이나 일반 가정에서의 가계 이외 소비생활의 절약은 전술한 바와 같이 조합결성을 통해 극복하려고 했다. 조만식은 일반 가정의 가계 소비 생활 중 과소비의 표상을 고급의상이라고 보았다. 특히 사치스러운 의복을 비판한 조만식은 손수 그 유명한 무명두루마기를 평생 입었다고 전해진다. 이 조만식의 무명두루마기는 조선물산장려운동 내지 검소한 의복의 상징이 되었다. 조만식은 미시적인 관점에서는 과소비와 사치 및 허영, 허례 등이 조선인의 생활을 곤핍케 하는 것이라 여겼다. 따라서 생산력을 넘는 수준의 소비를 절제하고, 자급자족함으로써 합리적으로 소비해야 함을 강조하였다. 조만식은 과소비, 즉 향략, 낭비, 사치, 허영, 허례 등을 악풍조의 원인으로 파악하였던 것이다. 이밖에도 금주문제와 늘 함께 진행되는 금연 문제도 크게 대두되었다. 더 나아가 당시 유행하던 '도박'도 서민생활을 곤핍케 하는 것이 되기 때문에 꼭 피해야 하는 것으로 지적하였다.

55) 장규식, 조선의 간디(주 35), 120면: 장규식, 박사학위논문(주 5), 158면.
56) 장규식, 조선의 간디(주 35), 121면; 장규식, 박사학위논문(주 5), 158면.

6) 조만식의 금검 절약 등 생활개선에 대한 구체적인 제언

조만식은 낭비와 사치, 허영, 허례 등 악풍조를 제거하기 위해 노력해야 한다고 강조하면서, 이러한 생활을 개선하기 위한 구체적인 방안을 다음과 같이 주장하였다.[57] 그에 따르면

> 1) 소비절약과 관련해서는 관혼(冠婚), 상장(喪葬), 제례(祭禮), 연회, 혼연(婚宴), 수연(壽宴), 환영연, 송별연, 축하연, 위문연, 무명잡연(無名雜宴) 등의 비용을 절약할 것, 2) 생활검소에 대해서는 의복, 음식, 가구 및 일용사물에 질박검소를 무도(務圖)하여 특히 허영외화에 관한 일체의 사치, 화장(化粧) 등의 악덕을 엄히 경계할 것, 3) 허례(虛禮)의 폐지와 관련하여 연하장, 축전, 축문, 각종 청첩장, 세품증답(歲品贈答), 행렬호상(行列護喪), 화환(花環), 만장(輓章), 연소 초등학생의 승차 장거리수학여행을 금하고, 4) 제반의식은 가능한 한 생략하고, 만약 거행할 경우에는 시간과 비용의 절제를 꾀하며(圖), 특별히 강조한 것은 모든 의식은 가급적 일정하게 통일하도록 힘써야 한다는 것이었다.

이렇게 하여 절약된 것은 실생활에 충용(充用)하거나 사회사업에 공헌할 것을 주장하였다.

(3) 조만식의 절제운동과 경제사상

1) 절제의 의미

한국 기독교는 수용초기부터 미국 근본주의 신앙관과 당시 한국 상황이 반영되어 신자들이 지켜야 할 덕목으로 술과 담배, 도박, 축첩 등

---

57) 조만식, "중심기관의 재조직", 「신동아」, 1936년 1월, 102-106면; 홍만춘엮음, 자료집(주 1), 112-113면 참조.

의 금지를 강조하였다.[58] 1920년대로 접어들어 기독교내에서도 본격적인 절제운동이 나타났다. 특히 기독교가 여러 형태의 단체를 조직하여 선전 계몽 등 구체적인 활동을 전개하였다. 이에 따라 기독교신자들의 의무나 개인적인 수행지침으로 머물던 절제의 덕목이 절제운동이라는 이름으로 확산되었다.[59] 따라서 독실한 신자였던 조만식은 청년들이 가져야 할 생활 태도와 관련하여 다음과 같이 절제를 강조했다. 그에 따르면 "절제라 하면 흔히 금주나 단연 뿐만을 의미하는 줄로 오해하는 이가 많다. 절제는 심사, 행동, 의복, 음식 기타 범절에 긍하여서다. 여기서 말하고자 하는 바는 청년들의 허영적 외화적(外華的 - 奢侈) 향략적 타락적 심리, 안목, 기분, 행동 등 일체를 보기에 너무 통분하여 단연 절제생활의 길을 밟아 각자의 모든 결함 과오를 대 청산하기를 바라는 바이다. 환경이며 세태야 어떠하든지 우리 조선 청년으로서는 이래서는 아니된다. 깊은 회오가 있어야만 된다. 환경의 유혹, 세태의 영합은 붕정만리의 전도가 요원한 청년에게는 대금물인 것을 알아야 한다"는 것이다.[60] 1920년대에 만연된 무절한 사회풍조를 개혁하기 위해 청년들에게 절제를 강조한 것이다. 조만식은 절제를 금주나 단연 뿐만 아니라 심사, 행동, 의복, 음식 기타 범절과 관련한 것으로, 청년들의 허영적, 외화적, 향략적, 타락적 심리, 안목, 기분 행동 등 일체를 보기에 너무 통분하여 단연히 절제생활의 길을 밟아 각자의 모든 결함과 과오를 청산하는 것을 의미한다고 광범하게 해석하였다. 결국 조만식이 주장했던 소비절약이나 검소한 생활, 허례허식의 제거 등 역시 넓은 의미의 절제운동에 포함되는 것이라 여겨진다.

---

58) 자세한 것은 이만열, "기독교 수용과 사회개혁", 「한국기독교 수용사 연구」(두레시대, 1998) 참조.

59) 윤은순, "조만식의 생활개선운동",「한국기독교와 역사」, 제41호, 2014년 9월, 12면.

60) 조만식, "청년이여 앞길을 바라보라", 삼천리, 1935.10; 고당기념사업회편, 회상록(주 1), 404-405면.

2) 기독교 절제 운동

절제운동은 상술한 바와 같이 기독교를 수용한 초기부터 논의되어, 일반 사회의 절제 운동에 대한 방향을 제시해 주었다고 해도 과언이 아닐 것이다. 이러한 기독교계의 절제 운동은 일반 사회의 절제 운동보다 한 단계 높은 차원의 것으로 승화되었다. 기독교계에서는 "절제의 생활이라면 술을 아니마시거나 담배뿐만 아니라 더 나아가 글자의 의미와 같이 모든 생활에 존절치 못하고 규범에 어그러지는 모든 행동을 다 개량하는 것이 절제운동의 사명이라 하겠다. 그런즉 공사창 폐지, 극치의 호화스러운 생활방지, 상혼간에 비용 많이 들이는 폐해, 도박, 오락에 너무 치중하는 것, 음일 방탕한 모든 것을 우리는 규탄하고 그림자까지 끊어버리기 위해 힘쓰자"고 주장하기도 하였다.[61] 이러한 기독교적 절제 운동은 시민 생활의 전체를 의미하는 것으로 확대되었다.[62]

조만식은 이러한 생활개선 차원의 절제 운동 보다 한 단계 성숙된 종교 차원의 절제 운동을 주장하면서, 그러한 절제운동을 전개하였다. 다시 말해 조만식은 1932년 5월에 "자아의 영원한 인격건설을 위하여 타인의 가련한 생명구제를 위하여 사회의 일반복지증진을 위하여 인류의 공동 이상 실현을 위하여 진리의 무한한 존귀영광을 위하여"[63] 조선기독교절제운동회를 설립하였다. 여겨서 말하는 기독교적 절제는 자신의 인격형성뿐만 아니라 사회 공동체 구성원으로 타인의 아픔을 위무하고, 일반복지 증진과 인류의 공동 이상 실현을 위한 것이라는 점을 강조하였다

조만식은 자신이 주도하여 설립한 기독교절제운동회의 회장을 맡았다. 이 운동회에는 농촌운동가인 채필근과 강봉우, 정두현, 송상석, 한영신,

---

61) "사설: 교회와 절제운동", 「기독신보」 1931년 8월 26일.
62) 정현숙, "하기와 절제", 「기독신보」, 1934년 7월 25일.
63) "조선기독교절제운동회취지", 「기독교신보」, 1932년 5월 25일자.

이창호, 박형룡 등 장로교 중심의 인물들이 적극적으로 참여하였다.[64] 이에 따라 장로회 총회에서는 이 운동을 위해 사회사업을 포함한 절제부라는 한 부서 를 신설하여 절제운동을 적극적으로 지원하였다. 특히 주일학교공과에 절제운동에 대한 내용을 기술하여 교회학교에서 교육하도록 하였다.[65] 이에 따라 기독교절제운동은 총회의 주요한 사업이 되었다.

평양의 여러 장로교회에서는 각종 예식에서 허례허식을 금지하고, 조선물산을 이용하며, 불필요한 지출을 금지하는 등을 군(郡)제직회에서 결의하고, 교인들에게 전파하여 실천할 수 있도록 권면하였다.[66] 또한 평양노회에서는 100여 곳의 소속교회가 합리적인 소비생활을 하자는 운동의 실천을 결의하고, 일체의 사치금지, 혼상비용의 절약 등을 내용으로 하는 결의문을 채택하기도 하였다.[67]

5. 조만식의 농촌 개혁 운동

(1) 개설

제2장 조만식의 기독교 사상에서 자세히 언급한 바와 같이 그의 기독교 신앙관은 숭실학교의 베어드목사의 영향에 따라 영생과 천국만을 추구하는 신앙이 아니라 현세에서도 민족이나 백성을 구원하는데

64) 윤은순, 조만식의 생활개선운동(주 59), 12면.
65) "조선기독교절제운동회 제2회 정기총회 개황", 「기독신보」 1933년 12월 6일자; 윤은순, "조만식의 생활개선운동"(주 59), 19면.
66) "폐풍교정결의", 동아일보 1923년 5월 12일; 윤은순, "조만식의 생활개선운동"(주 59), 19면.
67) "평양노회에서 소비합리 결의", 동아일보 1931년 4월14일자; 윤은순, "조만식의 생활개선운동"(주 59), 19면.

있었다. 따라서 그는 봉사정신, 즉 실천하지 않는 신앙을 죽은 신앙이라 생각하였다. 이러한 신앙관이 가장 잘 반영된 것이 그의 농촌운동이라 여겨진다.[68] 그에게 있어 농촌운동은 기독교인의 금욕주의적이고 자기 희생적 사회봉사와 민족 구원을 위한 복음주의 실천사상의 전형이었다.[69] 이러한 복음주의적 실천사상은 두 가지의 사상적 배경에서 출발하였다. 첫째로는 식민지 강점 하에 더욱 심화되고 있는 빈곤문제에 대한 자각으로서, 이것의 핵심이 바로 농촌문제였다. 둘째로는 사회문제에 대해 외면하거나 무기력하게 대처하고 있는 기성 교회에 대한 비판의식이었다. 그가 문제 삼았던 것은 사회현실과 괴리되어 있는 기성교회와 기독교인의 보수적 신앙관이었다.[70] 이러한 문제의식에서 농촌문제를 다각적으로 접근하게 된 것이다.

1930년대 조선의 농업 인구는 대략 국민의 80%에 이르고 국민총생산액도 2/3를 차지하고 있었기 때문에, 조만식은 조선의 농촌의 성쇠융체와 영고휴척이 조선의 운명과 조선인의 생활을 좌우한다고 보았다.[71] 그런데 "농촌인사들이 생활상의 불편불리를 감하여 말하자면 자녀교육문제, 의료기관의 불비, 면부담금의 과중 혹 어떤 무리한 횡포의 침해, 기타 제반관계로 인하여 도시로 진출하는" 것은 이해할 수 있으나, 정당한 이유도 없이 자기 본향을 무조건 경시하며 이탈하는 것은 수긍할 수 없다고 하였다.[72] 이농 등으로 피폐한 농촌을 진흥시키고 빈사에 직면한 것을 부활시켜야 한다고 생각하였다. 이러한 생각 때문에 조만

---

68) 조만식, "기독교인의 생활", 1935.8, 336-339면 참조.
69) 방기중, "배민수의 농촌운동과 기독교 사상(연세대출판부, 1999), 98면.
70) 방기중, 배민수의 농촌운동(주 69), 98-99면 참조.
71) 조만식, "농촌 청년의 의무"「조광」1937년 10월, 31면 이하; 홍만춘엮음, 자료집(주 3), 161면.
72) 조만식, "농촌 청년의 의무"「조광」1937년 10월, 31면 이하; 홍만춘엮음, 자료집(주 3), 161면.

식은 "죽기로 향토를 지켜야 하겠습니다"라고 주장할 정도로 농촌이 피폐하고 빈사지경에 있는 것을 안타까워했다. 그래서 "지방으로 돌아가거라. 그리하여 새조선의 정초식을 해하라"고 권면하였다.[73] 그러나 피폐한 농촌에 떠난 자들이 돌아오거나 떠나지 않고 농촌을 지키기 위해서는 살만한 농촌이 되어야 만 한다. 이러한 살만한 농촌을 위하여 조만식은 다양한 경로를 통해 농촌진흥을 위하여 시급하게 전개해야 할 사업이나 운동을 제시하였다.[74]

우선 농촌에서 시급히 전개해야 할 사업을 선정하여 평양 YMCA 총무 자격으로 할 수 있는 일과 2년간 숭실대학에서 '경제와 법제'를 강의한 경험 및 인맥을 통해 전개하였다. 우선 농촌계몽운동과 인재양성을 위해 노력하였다. 먼저 숭실대학의 제자들과 관심있는 청년들을 모아 지도하였으며, 이들과 함께 농촌문제를 심도 있게 토론하고 실천방안을 강구하였다. 농촌을 순회하며 강연회를 열거나 잡지의 기고 및 농촌 계몽사업을 통해 직접 독려하였으며, 젊은 청년들을 모아 농촌연구회를 조직하여 농촌문제를 본질적으로 해결하고자 모색했다. 여기서는 조만식이 구상한 농촌에서 시급히 시행해야 할 사업들을 살펴보고, 그의 영향에서 조직 운영되었던 농촌문제연구회의 운동의 내용과 의미들을 검토해 보고자 한다.

(2) 조만식이 제안한 농촌에서 시급히 시행해야 할 사업

1) 지도자 양성기관의 설치

농촌에 거주하는 농민들의 민도가 미급하기 때문에 농민지도 계발

---

73) 조만식, " 죽기로써 향토를 지켜야 하겠습니다", 「개벽」 1923.8,; 고당기념사업회 편, 회상록(주 1), 355면.

74) 조만식, "농촌청년의 임무", 「조광」 1937년 10월, 31면 이하; 홍만춘엮음, 자료집(주 3), 163면이하.

이 가장 필요하다고 판단하였다. 특히 우매 미개하여 헤매는 자에게 광명과 생명의 도를 훈육해야 한다는 것이다. 이러한 농민들을 지도하기 위해서는 지도자를 양성해야 하는 것이 급선무라 생각했다. 농사개량, 부업장려, 조합조직 문맹퇴치, 문화촉진 등 정신적 지도와 사물적 지도, 과학적 지도를 할 수 있는 지도자를 양성하는 것이[75] 농촌사업 중 가장 크고, 가장 중요한 사업이라고 생각하였다. 농민을 바르게 지도해야 농촌 진흥에 동력을 얻을 수 있게 된다는 것이다. 다시 말해 덴마크의 고등국민학교와 같은 것인데 소학교 훈육에 대한 사범학교, 고급 군인양성을 위한 사관학교와 같은 것이며, 농민을 지도부액(指導扶腋)할 수 있는 농업학교와 같은 기관이다. 그러므로 이러한 기관이 많이 신설되기를 바라는 동시에 이러한 일을 감당할 인물의 적임자와 시설내용이 건실(健實)하게 해야 한다는 것이다.[76]

2) 이상촌의 건설

조만식은 농촌이 부흥하기 위해서는 먼저 농촌을 떠나지 않고, 떠난 자들이 돌아올 수 있는 곳이 되어야 한다고 생각했다. 조만식은 이러한 이상촌의 건설을 농촌사업 중에서 지도자 양성기관 설치와 함께 가장 중요한 사업이라 생각했다. 이러한 이상촌은 당시 조선에서 흔히 말하는 모범농촌 보다 질적으로 우수하고, 광범해야 한다고 생각했다. 이러한 이상촌의 건설을 위해 다음과 같은 사업을 시급히 시행해야 할 사례로 제시하였다.[77]

---

75) 조만식, "생산과 소비와 우리의 각오", 「삼천리」 1936.4.; 고당기념사업회편, 회상록(주 1), 413-414면.

76) 조만식, "중심기관의 재조직", 「신동아」 1936.1; 고당기념사업회편, 회상록(주 1), 409면.

77) 조만식, "중심기관의 재조직", 「신동아」 1936.1; 고당기념사업회편, 회상록(주 1), 409-411면.

먼저 조합을 조직해야 한다는 것이다. 조합의 종류는 소비조합, 구매조합, 판매조합, 신용조합, 저축조합, 이용조합 등이다. 이러한 조합결성을 통해 경제적 어려움을 극복하고 단체 훈련을 할 수 있다는 것이다. 둘째는 농사개량에 힘써야 한다는 것이다. 농사방법과 농지개발 및 농기구개선 등 농업의 효율적 개선을 위한 다양 흥농운동이 필요하다는 것이다. 셋째로는 농가수입의 증진을 위한 다양한 부업의 개발이 필요하다는 것이다. 목축과 원예, 소공업 등 다양한 부업을 창안 내지 장려해야 한다는 것이다. 특히 오래전부터 전해져온 가정방적을 폐지하지 말고 자작자급의 미풍을 유지해야 한다고 주장했다. 넷째로는 농촌에도 문화운동 역시 중요하다고 생각하였다. 문자보급을 목표로 하여 야학, 강습소 등을 많이 설치 할 것이며, 남녀 청소년회, 금주회, 도서종람서, 집회장소 등을 많이 조직하거나 설치해야 한다는 것이다. 특히 농촌에서도 생활개선이 필요하다고 주장했다. 따라서 소비절약, 생활검소, 허례폐지 등을 강하게 실행해야 한다는 것이다. 특히 농촌에도 중심기관을 조직하여 도시와 농촌을 유기적으로 결합시켜 이상의 사업들을 힘써서 수행하면서 특히 남녀청소년을 바르게 인도하고(正導), 민중의 권익을 옹호하고 엄정한 여론을 확립할 수 있도록 해야 한다고 생각하였다.[78)]

(3) 기독교농촌연구회의 조직과 활동

1) 기독교농촌연구회의 조직

1924년경부터 배민수 등 조만식의 제자 혹은 지도를 받은 기독교 청년들은 매주 조만식의 집에 모여 농촌운동의 방향과 향후 전망을 토론

78) 조만식, "중심기관의 재조직", 「신동아」 1936.1; 고당기념사업회편, 회상록(주 1), 410-411면.

하면서 문제의 해결을 모색하였다. 이들은 대부분 숭실대학 또는 평양 신학교 학생들이었다. 당시 비교적 나이가 많았던 배민수가 주도적인 역할을 하였다.[79] 이들이 집중적으로 검토했던 문제는 농촌운동의 기독교 이념과 실천목표를 확립하고, 독자적인 단체를 조직하는 것이었다. 1926년부터 평양 근교를 중심으로 농촌계몽활동 등을 시작하였다. 배민수의 증언에 따르면 계몽을 위한 강연회가 주로 개최되었다. 예컨대

> "조만식 선생과 내가 평양 근교 농촌을 대상으로 순회강연을 시작한 것은 1926년 겨울로 기억된다. ...... 교회는 항상 300명에서 600명에 이르는 남녀노소 농민들로 가득찼다. 나는 항상 사회를 보았고, 조만식선생은 연설하였다."고 기술하고 있다.[80]

이러한 강연회에서 확인할 수 있듯이 당시 농촌운동은 농촌경제의 향상을 도모하기 위한 생활개선과 의식개조, 영농개선 위한 농촌계몽 차원이었다. 수년간 소그룹으로 연구회를 운영하던 이들은 농촌운동이 "독립운동의 가장 효과적이고 적극적인 길"이라 믿고 배민수를 비롯한 유재기와 최문식 등이 중심이 되어 1929년 6월에 독자적인 연구 단체인 '기독교농촌연구회'를 조직하였다. 창립회원은 12명으로 구성되었다고 한다. 연구회가 조만식 집에서 모였다는 것에서 확인할 수 있듯이 연구회는 조만식의 실질적인 지도하에 조직된 것이었다. 집행위원장으로는 회원중 숭실대학의 최고 선배이자 가장 연장자인 배민수가 맡고,[81] 유

---

79) 배민수, 「배민수 자서전 : 누가 그의 왕국에 들어갈 수 있는가」(연세대학교 출판부,1999), 310면.

80) 배민수, 자서전(주 79), 224면.

81) 배민수는 1897년 청주에서 출생하였으며, 평양 숭실학교 재학 중 조선국민회의 조직에 참여한 일로, 그리고 함경북도 성진에서 3·1운동을 주도한 일로 두 차례나 옥고를 치렀다. 숭실전문학교에서 조만식을 만나 비타협적이며 전투적인 항일 투쟁관에서 복음주의적인 실천관으로 사상적 변모를 가져왔다. 이를 계기로 농촌운동에

재기는[82] 서기를 맡았으며, 최문식이[83] 실행위원을 맡았다.[84] 이들은 과거 항일운동의 경험을 가지고 있거나 비타협적 민족의식을 가진 기독청년들로서, 후일에 대부분 사회복음의 실천을 위해 교역자 길을 선택한 전형적인 기독주의자들이었다. 그러나 핵심적인 인물이라 할 수 있는 세 사람의 사상적 배경에는 많은 차이가 있었다.

2) 기독교농촌연구회의 활동

농촌연구회가 밝힌 활동목표는 세 가지로 먼저 1) 조선농촌에 대한 일반문제를 연구하고, 2) 기독교적 농촌사업을 실현하며, 3) 회원을 양성함과 동시에 실제 사업에도 적극적으로 투신 하는 것이었다. 특히 연구회를 결성한지 3년이 지난 1931년에 유재기는 그 동안의 사업을 토대로 연구회의 궁극적인 목표가 농민층의 경제적 자립에 기초한 '예수촌' 건설에 있다는 것을 공포하면서, 예수촌의 건설의 기본정신과 사업 방안을 피력하였다.[85] 배민수 등이 목표로 한 예수촌의 건설론은 빈민구제와 빈민복음을 목표로 한 현실사회의 이상주의적 개조방안이었다.[86]

적극적으로 참여하였다. 그 후 평양신학교와 미국 유학 등을 통해 농촌운동의 의미와 방법을 신학적으로 무장하여 한국 장로교 본부 농촌부에서 농촌운동을 주도하였다.

82) 유재기는 1905년 6월 19일 경상북도 영주에서 출생하였으며, 영주공립보통학교 졸업할 무렵 3.1운동을 경험하였다. 1923년 18세에 일본유학을 결심하고 3년간 일본대학에서 사회학을 공부하였다. 기독교 사회주의를 공부한 후, 1925년 일본대학을 중퇴하고 귀국하여 1926년에 숭실전문학교에 입학하였다. 여기서 조만식을 만나 기독교정신에 기초하여 민족문제들을 해결하기 위한 한 방법으로 농촌운동에 참여하였다. 특히 1933면에 협동조합론을 발표하여 농촌운동의 핵심적인 사업으로 협동조합의 조직을 강조하였다. 목회자로서 재직하면서 예수촌의 건설운동을 1949년 사망할 때까지 계속하였다.

83) 최문식은 1905년에 대구에서 출생하였다. 그는 대구 계성학교를 졸업하고 숭실전문학교에 입학하였다. 배민수와 동기생으로, 조만식과 배민수의 영향으로 복음주의적 실천관에 공감하여 농촌운동에 참여하였다고 한다.

84) 실질적으로 연구회를 운영하는 각부서 임원으로는 배민수·유재기·노원찬·이운형·허덕화·최문식·김삼도·김종국 등이 활동하였다.

85) 유재기, "예수촌 건설의 3대이론", 「농민생활」 3-9호(1931.9), 131면.

예수촌 건설의 핵심적인 실천 방안은 기독교협동조합으로, 기독교 농우회의 조직론이었다. 이러한 농촌운동은 기독교적 이론에 입각하여 농촌마을 단위의 기독교 신앙공동체를 건설한다는 목표 아래 농촌교회와 연계된 농우회를 조직하였다. 이 연구회의 농촌운동은 경제자립운동과 실력양성운동이라는 일반적인 특성과 함께 기독교 사회운동 내에서는 가장 투철한 빈민 중심의 사회의식을 지니었다는 점에서 체제 비판적 농촌운동이었다. 또한 강렬한 사회연대 의식과 결합된 복음천국 건설의 기독교적 이념에 투철한 점에서 기독교 사회운동 가운데 가장 종교적 성향이 강한 농촌운동이었다.[87)]

3) 농촌연구회에 대한 조만식의 영향과 그 의미

기독교농촌연구회는 기독교 사회주의의 실체를 드러낸 단체라 할 수 있다. 이 연구회는 전술한 바와 같이 조만식의 지도 및 영향 아래 창립되었다. 이 연구회의 핵심적 인물이라 할 수 있는 배민수는 대학생활 중 가장 큰 성과는 조만식을 만난 것이라고 고백한 바 있다.

> "선생을 만나는 동안 나의 사상 뿐 아니라 성격까지도 다시 검증받고 재정립하게 되었다. 조만식 선생의 말에 의하면 우리의 독립운동은 너무 기회주의적이고 감정적이라 했다. 우리는 철저한 계획도 없이 맹목적으로 일본 경찰과 맞서고 있다고 했다. 나와 동지들은 조만식 선생과 함께 모여 독립운동을 위한 청사진을 그려 나갔다. ...... 여기서 우리는 가장 효과적이며 긍정적인 민주독립운동을 깨달았다. 그것은 '농촌운동'이었다. 국민의 80퍼센트 이상이 농사짓고 있는 상황에서는 농민들을 일깨우고 교육시키는 일이 가장 적절한 방법이었다. 그러한 방

---

86) 유재기(주 85), 131면 이하.
87) 유재기(주 85), 133면.

책에는 일본정부와의 정치적 대립을 염려할 필요도 없었다. 농촌운동에 의해서 경제를 살리면 조국의 독립은 필연적으로 따라오게 마련인 것이다."고 기술했다.[88]

원래 조만식의 기독교 민족운동노선은 당시 민족 자본주의 진영의 개량주의 노선을 잘 반영해 주고 있는 점진적 실력양성주의였다.[89] 다시 말해 일제에 대한 직접적인 투쟁보다 장기적으로 민족 내부 역량이 필요하므로 먼저 실력을 양성해야 한다는 것이다. 배민수는 조만식과 교류하면서 간디식의 무저항, 불복종주의가 민족운동의 적극적인 방법일 수도 있다고 생각하였다. 특히 극도로 피폐되어 생활고에 시달리는 농민을 자립할 수 있게 농민을 교육시키고 농촌을 개혁하는 농촌운동 역시 민족운동의 한 방법임을 자각하였다.[90] 전투적이고 비타협적인 자세로 민족해방을 위한 실천의식을 지닌 배민수는 1917년과 1919년 2차례나 옥고를 치루었다. 이러한 애국주의적 실천관과 그에 따른 활동 경력을 지닌 배민수가 농촌문제에 관심을 갖고, 농촌운동을 민족의 현실을 극복하고 기독교 이상을 실현할 수 있는 실천운동으로 삼은 것은 대단한 변화였다. 이러한 변화의 계기를 제공한 것이 바로 위에서 언급한 조만식과의 만남이다. 이에 따라 배민수는 기독교 이상의 실현을 사회현실, 특히 빈부문제와 관련하여 바라볼 수 있게 되었다. 이러한 가운데 그가 발견한 사회복음운동이 바로 농촌이었던 것이다.[91] 배민수는 조만식으로부터 간디식의 무저항, 비폭력적 민족운동이 자신이 이전에 지향했던 투쟁적 독립운동보다 더 효과적일 수 있다는 것을 알게 되었다.

---

88) 배민수, 자서전(주 79), 223-224면.
89) 방기중, 배민수 농촌운동(주 69), 96-97면 참조.
90) 사상의 전환 과정에 대해 자세한 것은 배민수, 자서전(주 77), 223면 이하 참조.
91) 방기중, "일제하 배민수의 기독교 농촌운동론", 「동방학지」 99권 , 1998, 200면.

배민수뿐만 아니라 유재기와 최문식도 조만식으로부터 많은 영향을 받은 것으로 여겨진다. 배민수가 전개했던 장로교 총회 농촌부의 활동은 YMCA 농촌운동과 함께 일제하에서 일제의 법규를 준수하면서도 소기의 목적을 달성한 유의미한 운동으로 평가할 수 있을 것이다. 또한 유재기는 농촌운동의 궁극적인 목표를 농민들이 경제적으로 자립하여, 그것을 근거로 한 '예수촌'의 건립이라 생각하였다. 이러한 예수촌의 건설 운동, 즉 기독교적 농촌운동은 빈민에게 복음을 전하며 사로잡힌 자를 놓아 주며, 죽은 자를 살리려는 빈민구원의 천국복음운동으로, 한 손에는 하나님의 사랑의 복음을 들고, 다른 한 손에는 쟁기를 들고 위기에 처해있는 농민을 구하는 운동이라 여겼다.[92] 이러한 예수촌 건설 운동은 조만식이 제안한 '이상촌'과 맥을 같이 하는 것이라 여겨진다. 또한 최문식이 강력하게 주장했던 '기독교 협동조합운동'은 조만식이 여러 분야의 활동에서 그에 부합하는 협동조합을 조직하도록 독려했던 운동방향과 같은 것이라 할 수 있다. 이러한 기독교 농촌연구회의 활동, 특히 핵심 인물들인 세 사람의 활동은 조만식의 기독교 신앙관이 잘 반영된 농촌운동이라 여겨진다. 이러한 운동을 논의하면서 조만식의 역할을 제외할 수 없는 이유다. 조만식의 농촌운동은 일제의 간섭과 방해로 종국적으로는 큰 성공을 거두었다고 평가할 수는 없다. 그럼에도 불구하고 인재들을 양성하고, 피폐한 농촌을 부흥시키기 위한 사업의 시행과 그에 따른 노력들은 결코 폄하할 수 없는 것이라 할 수 있다.

92) 유재기(주 85), 132면.

6. 소결

조만식의 경제사상 역시 다른 사상과 마찬가지로 기독교를 제외하고는 이해할 수 없을 정도로 기독교 신앙의 영향에 의해 이루어진 것이다. 그의 기독교 신앙관은 숭실학교의 베어드목사의 영향에 따라 영생과 천국만을 추구하는 신앙이 아니라 현세에서도 민족과 백성을 구원하는데 노력하는 것이었다. 따라서 그는 봉사정신, 즉 실천하지 않는 신앙을 죽은 신앙이라 생각하였다. 고아나 과부 등 소위 가난한 자들을 사랑하고 긍휼을 베푸는 것이 기독교인의 신앙생활의 요체라 믿었다. 이러한 신앙관이 빛을 발하는 곳이 바로 경제 분야다. 따라서 조만식의 사상의 진수가 이러한 경제 분야, 특히 농촌운동에서 잘 나타났다.

조만식의 경제사상은 개인과 가정 및 국가공동체가 '곤핍'하여 어려운 생활을 할 수 밖에 없는 상황(stutus quo)에서 이것을 슬기롭게 타개하기 위해 정책적 제안과 실천운동에서 나온 것이라 할 수 있다. 다시 말해 기독교적 정의, 사회를 변화시키려는 변혁적 정의 구현이라 할 수 있다. 미시적으로는 개인들이 허영과 사치에 빠진 경우에 근검한 생활과 절제생활로서, 극복해야 하며, 거시적으로는 국가 등 공동체가 수해하기 어려운 경우에는 구성원들이 대동단결하여 극복하자는 방안들이다. 이러한 거시적인 조만식의 경제운동은 1) 소비조합, 저금조합, 신용조합 등 조합운동의 조직화 2) 대소규모의 재산으로 자작자급하는 물산운동, 3) 금주단연과 소비절약운동의 절제운동, 4) 농사개량, 관개, 원예, 목축 등의 농촌운동, 5) 공업장려, 소상보호 등의 상공운동으로 이루어져야 한다고 주장했다. 이를 위해서는 경제적 집결과 인적 단합이 필요함을 강조하면서 무엇보다도 건전한 단체를 조직하여 민족의식을 계발하고 훈련과 지도를 해야 한다고 강조하였다.

조만식이 국가의 곤핍을 극복하기 위해 가장 먼저 제안한 것이 평양의 조선물산장려운동이다. 이 운동은 일년 후 서울에서도 발기되어 전국적으로 확산되었다. 그러나 그 어느 곳에서도 평양의 조선물산장려운동만큼 적극적이거나 성공적이지 못했다. 이것은 조만식의 조직적이고 솔선수범한 모습에서 기인한 것으로 평가된다. 주로 계몽단체 회원들이 앞장서서 실력증강운동 내지 일제와 타협주의적 운동 등으로 평가되고 있는 서울의 조선물산장려운동과는 다른 점이다. 주로 기독교 상공 실업인들이 주체 세력이 되어 조합을 결성하고 기업설립에 도움을 주었던 조만식이 주도한 평양의 조선물산장려운동은 민간차원의 보호무역운동, 소비자운동, 민족부활 운동의 성격을 아울러 지닌 것으로 평가된다. 다시 말해 조만식의 경제사상의 핵심은 '민족갱생운동'이라 할 수 있다.

일본 제국헌법 제27조에서는 원칙적으로 결사자유를 인정하였다. 이러한 단체결성의 자유의 모습은 당시 일본민법에서 사단법인과 재단법인으로 구체화되었다. 그런데 민법상 인정되는 비영리법인은 모두 주무관청의 허가를 받아야만 했다. 현재 우리나라 민법에서도 같은 태도를 취하고 있는데, 단체의 설립에 대한 '허가'는 주무관청의 자유재량행위이기 때문에 허가를 취득하기가 매우 어렵다. 일제시대에는 더 이상 말할 나위가 없다. 따라서 사람을 모아서 많은 사람이 협력하여 여러 가지 일을 해야만 했던 조만식은 허가가 필요 없는 '조합계약'의 형식을 통해 다양한 운동을 전개하였다. 따라서 조만식의 조합결성을 통한 사회변혁 내지 경제문제 해결 및 민족 부활 운동은 탁견이라 여겨진다. 조선물산장려운동의 일환으로 결성한 조합들이 대자본을 축척하는 것과 같은 성과를 내지는 못하였다 하더라도 조합원들을 결속하고, 현실을 타개하려는 몸부림으로써, 이것은 절제운동과 함께 "변혁적 정의"를 구현하는 한 방법인 것이다.

조만식은 조선물산장려운동의 일환으로 근검 저축운동뿐만 아니라 기독교절제운동을 전개하였다. 비록 저축하고 절제하자는 소극적인 운동이었지만 시의 적절하였고, 소기의 성과도 있었다고 평가된다. 왜냐하면 당시 국가부채로 나라 경제가 피폐되었는데도 불구하고, 지도층 인사뿐만 아니라 농민층에서도 허례와 허영으로 과소비가 만연하였기 때문이다. 특히 기독교인들의 절제운동은 미시적이고 소극적인 것이 아니었다. 오히려 거시적인 안목에서 공동체를 살리는 운동으로 전개되었는데, 이것은 조만식의 민족 사랑의 또 다른 면을 보여주는 것이라 할 수 있다.

조만식의 경제사상은 조선물산장려운동과 함께 농촌운동에서 그 특징을 가장 잘 보여준다. 당시 국민의 80%에 달하는 농민들이 빈곤에 허덕이는데, 이들을 외면한 것은 기독교인으로서 결코 허용될 수 없다고 생각한 것이었다. 장기적으로는 실력있는 인재를 양성하고, 단기적으로는 농업 관련 제도들을 개선하여 농업 진흥을 모색했던 그의 경제사상은 복음적 실천적주의의 전형을 보여주는 것이었다. 농촌을 살리기 위한 다양한 사업을 전개하고 배민수와 유재기 및 최문식과 같은 농촌운동가를 키워낸 것은 인재를 양성해야 한다는 주장이 공허한 것이 아니었음을 보여주는 증거들이라 여겨진다. 이러한 농촌운동은 점진적인 실력 양성을 통한 농촌진흥 운동인 동시에 민족 부활 운동이라 할 수 있다.

제5장
조만식의 법사상

1. 서설

1908년 26세에 숭실학교를 졸업한 조만식은 일본으로 유학가기로 결정하였다.[1] 같은 해 4월 동경에 도착한 조만식은 세이쇼쿠(正則) 영어학교에 입학하였다. 대학 입학을 위한 예비 교육으로 영어와 일본어를 공부하기 위해서였다. 2년 동안 이 학교에서 영어와 일본어뿐만 아니라 수학 등 다양한 과목을 배운 다음, 1910년 4월에 원래 목표로 했던 명치대학 전문부 법학과에 입학하였다. 조만식이 법학을 전공하게 된 배경에는 자신과 조국의 장래에 대한 포부 때문이었다. 즉 조국의 독립에 따른 국정참여를 의식하여 서양의 선진화된 각국의 법률들을 먼저 연구하여, 조국을 개명시키고 부강한 나라를 만들겠다는 생각에서였다.

1) 이러한 조만식의 생애에 대해서는 제2장에서 간략하게 소개한 바 있다. 조만식의 생애를 비롯한 인물평전은 그동안 상당히 많이 출간되었다. 예컨대 한근조, 「위대한 한국인(12) 고당 조만식「(태극출판사, 1976) ; 김요나, 「고향을 묻지 맙시다」(엠마오, 1987); 송삼용, 「고당 조만식」(생명의말씀사, 2006) ; 장규식, 「민중과 함께한 조선의 간디: 조만식의 민족운동」(역사공간, 2007) ; 고당기념사업회엮음, 「민족의 스승 고당 조만식 전기: "북한 일천만 동포와 생사를 같이 하겠소"」(기파랑, 2010); 송두영, 「민족의 지도자 고당 조만식」(불과구름, 2011) 등이 있다.

이러한 각오는 당시 유학생들의 공통적인 경향이었다. 오늘날과 마찬가지로 그 당시에도 법학과 지망생들은 판사나 검사 등 법조인이 되려는 야망을 가진 자들이 많았기 때문에 인기학과에 속했다. 그러나 조만식이 대학에 진학하던 해인 1910년에 나라가 망하게 되자, 조만식은 잠시 혼란에 빠졌다. 나라가 망하여 원래 목표로 했던 입신출세의 꿈이 무너졌기 때문이다. 그러나 학업의 목표가 변경된 것은 오히려 자신을 성숙시키는 계기가 되었다. 조만식은 부친께서 보내준 학비 때문에 경제적인 어려움 없이 법학공부에 매진하였다. 1913년 3월에 명치대학 법학부를 졸업하고 미국유학을 준비하던 것을 포기하고 귀국하여 4월부터 정주 오산학교 교사로 새로운 사회생활을 시작했다. 법학을 전공했지만, 당시 오산학교의 사정상 영어와 지리, 성경 등을 가르쳤다고 한다. 1919년 3.1 만세운동으로 체포되어 평양 형무소에서 1년여 수형생활을 하다 1920년 1월 가석방되자 오산학교 교장으로 돌아가고자 원했다. 그러나 일제가 허가를 하지 않아 오산학교로 돌아가지 못하고, 숭실대학에서 강사로 '법제와 경제'를 강의하였다. 이 숭실대학에서 '법제와 경제'를 강의 하는 동안 만난 제자들과 기독교농촌연구회를 결성하여 농촌문제를 본격적으로 연구하였다.

조만식은 비록 짧은 기간이지만 숭실대학에서 법학을 강의하였다. 그러나 법률과 관련된 어떠한 전문저서나 논문을 남기지 않았다. 다시 말해 직접적으로 자신의 법률관이나 사상을 구체적으로 기술하지 않았다. 그러나 다양한 시민운동을 전개하면서 운동을 대변하거나 독려하는 기고문들과 연설문들이 상당수 전해지고 있다. 이러한 글들에서 헌법상 인정되는 기본권과 관련된 권리의식이나 법의식에 관한 편린들을 추론할 수 있다. 예컨대 당시 상류층 혹은 지도계급에 있는 자들에 대한 권면의 글에서도 이것을 확인할 수 있다. 그는 1935년 당시 "긴급한 다섯 가지"라는 글을 남겼는데, 그 글의 일부에서 지도계급에 속한

자들에게 다음과 같이 강력한 어조로 권면하고 있다:[2)]

> "사회에서 상당한 신분과 지위를 가지고 있는 신사로서 마작축첩(麻雀畜妾) 등 오도(誤導)에 세륜(洗淪)되어 자기 일신만 그릇되게 할 뿐만 아니라, 젊은 학생과 청년들에게 까지 그러한 악영향을 끼치는 일이 불소(不少)하니 말하자면 그 이들은 학생들의 부형도 되고 청년들의 사우(師友)도 되는 까닭이다. 사회에 풍기가 문란하여 가고 도덕이 날로 더 부패하여가는 것도 이 관계가 아닌가 하여 실로 관심됨이 불소하다. 바라건데 여러분은 현재 사회를 위하여서뿐만 아니라 우리의 후손들을 위하여서 더욱 반성할 필요가 있는 바이다. 한 가지는 지도계급에 있는 이들에게 원하는 바다. 우리 사회의 모든 되어가는 일이 잘 되어가든 못되어가건 물론 여러 가지의 다른 관계도 있겠지만 지도계급에 있는 이들에게 그 책임이 없지 않은 것만은 사실이다. 우리 사회가 찢어지건 미어지건 그저 수수방관하여 피안화시(彼岸火視)해서는 아니될 것이 아닌가. 폐일언하고 경제적으로 문화적으로 사회적으로 뭉치기도 하고 조직하고 지도도 하고 외치기도 하여 무슨 갱생의 도(道)를 열도록 활약하여야 되지 아니하겠는가".

이글에서 조만식은 상류계층 혹은 지도계급에 속한 자들의 행동은 기본적으로 법규에 반하는 것이 아닌 한 자유스럽게 허용할 수밖에 없다고 생각했다. 하지만 도덕적으로는 문제가 많다는 점을 지적하면서 반성을 촉구하고 있다. 더 나아가 지도계급에 속하는 자들의 책임을 강조하면서 민족의 화합과 경제 발전이나 문화부흥, 사회적 통합을 위해 인화를 기초로 한 결사체를 만들어 현상을 타개하자고 호소하고 있

2) 조만식, "긴급한 다섯 가지", 「신동아」 1935. 1 ; 고당기념사업회편, 「고당 조만식 회상록」(조광출판인쇄주식회사, 1995), 389면.

다. 이러한 호소 내지 권면은 곧 일본제국 헌법이 보장해 주고 있는 결사의 자유를 통해 각종 단체를 결성하여 조선물산장려운동과 같이 거국적인 운동으로 승화시켜 나갔다. 또한 언론기관의 창설을 통한 언론의 자유의 신장, 교육기관의 설립을 통한 학문의 자유를 향유하였다. 더 나아가 평양 YMCA 총무로 활동하면서 종교의 자유를 누리기도 하였다. 이러한 활동을 전개하면서 일본제국 헌법상 보장된 어떠한 권리를 구체적으로 연구하여 학리적인 이론을 전개한 적은 없다. 그러나 당시 시행되고 있던 법률의 범위 내에서 권리를 구체적으로 행사하며 향유한 것이다.[3] 이하에서 조만식의 시민운동 중에 행한 연설문이나 잡지 등에 기고한 단편적인 글들을 통해서 법제와 다양한 권리에 대한 그의 견해를 논구해 보고자 한다.

2. 법의 이념과 조만식의 정의관

20세기 최고 법철학자 중의 한 사람인 라드브르흐(G. Radbruch)는 정의와 합목적성 및 법적 안정성을 법의 존재 이유 내지 법의 이념이라고 주장하였다.[4] 19세기 후반에 팽배했던 법실증주의적 관점에서 보면 법의 존재 이유 중 합목적성과 법적 안정성을 중시할 수밖에 없다. 하지만 자연법적 관점에서는 법의 핵심적인 존재 이유를 정의라고 해석하는 것이 자연스러운 것처럼 보인다. 법학의 역사가 깊은 서구 여러 나라들의 현상이었다. 이에 반해 유럽의 실정 법률들을 수용한지가 얼마

3) 윤철홍, "숭실과 조만식의 법사상", 「법학논총」 제37호, 숭실대학교 법학연구소 2017.1, 147면.
4) Vgl. G. Radbruch/ 최종고역, 「법철학」(삼영사, 1979), 109면 이하.

되지 않은 상태에 있던 일본제국은 새롭게 제정된 실정법들의 연착륙 내지 적용에 집중하고 있었다. 따라서 법실증주의적 관점에서 실정법을 우선하는 현상이 더욱 강했으리라 여겨진다. 특히 법률을 통한 식민지 지배를 하나의 통치 방법으로 삼고 있었기 때문에 식민지 조선에서 그러한 현상이 더욱 두드러졌던 것으로 여겨진다. 전술한 바와 같이 조만식은 법학을 전공했음에도 불구하고 평생 구체적인 법률문제 혹은 개별 법률들에 대한 논문이나 저서는 물론 통상적인 언급도 거의 하지 않았다. 따라서 그의 직접적인 목소리로 일제의 법률정책들에 대한 판단이나 평가 등에 대한 견해나 사상을 알 수 없다. 특히 정의를 비롯한 법의 이념에 대해서는 거의 언급이 없었다. 그는 평생 현장에서 실천적인 운동 중심으로 살았다. 이러한 민족운동 과정에서 그는 운동과 관련한 추상적인 법리뿐만 아니라 구체적인 법률문제에 대해서도 거의 언급 하지 않았다. 그러나 그가 행한 거의 모든 운동이 단체결성을 통해 일정한 법적 효과 발생을 목적으로 하는 것이었다. 절제운동과 같은 도덕적인 운동도 있었지만, 조합결성이나 신간회 운동들은 법적 규제 내지 보호의 범위를 초월할 수 없는 것이었다. 따라서 조만식이 평생 동안 행한 각종의 시민단체 결성과 다양한 민족운동은 절차의 합법성과 정당성이 문제될 수 있었다. 그러나 기록들을 살펴보아도 3.1운동을 제외하고는 이 같은 문제가 전혀 발생하지 않았다. 오히려 일제가 실정법을 근거로 오산학교 교장이나 숭실대학의 교수직을 허락하지 않자, 수용하여 교육자로서 활동을 포기하고 평양 YMCA 총무로 활동한 것이나 우리나라 최초 정치적인 결사체라 할 수 있는 신간회가 법적 한계 때문에 설립 목적을 달성하지 못하고 해체에 이른 것은 비폭력적 무저항주의적 민족운동의 사례라 할 수 있다. 이러한 행동은 한편으로는 일제가 추구하였던 법을 통한 식민지 통치 이념으로 이용된 법적 안정성이나 합목적성에 부합하는 행동이라 할 수 있다.[5] 그러나 다른 한편으로는 희생을 최소화하는 방식으로 투쟁을 모색한 것이라고 해석할 수도 있다. 현실을 인정하고, 그러한 현실을 극복할 수 있는 방안을 실정법의 체계 내에서 모색한 것이다. 그것이 각종의 시민단체나 조합의 결성과 민족운동에서도 잘 나타난다. 조만식의 이러한 모든 활동은 평화주의적 관점에서 변화를 모색하는 변혁적 정의를 구현한 것이라 할 수 있는 것이다. 이러한 정의관을 법적인 관점에서는 어떻게 이해해야 하는가.

한 사람의 법사상을 논구함에 있어서 그의 정의관은 가장 기초적이고 핵심적인 것이라 할 수 있다. 왜냐하면 법의 존재 이유 중 가장 중요한 것이라 평가되기 때문이다. 그러나 지금까지 전해지고 있는 조만식의 글에 따르면 '정의'에 대한 언급은 몇 번에 불과할 정도로 찾아보기 힘들다.[6] 따라서 구체적으로 '정의(正義)'에 대한 정의(定義)나 개념 규정도 찾아 볼 수 없다. 그러나 전술한 '기독교적 정의'에 따르면 그의 실천적 삶은 현대적 의미의 정의 개념에 부합하는 요소들을 많이 포함하고 있다는 것을 확인할 수 있다. 다시 말해 아리스토텔레스의 평균적 정의와 배분적인 정의관이나 세네카의 '각자에게 그에게 것을 항구적으로 나누어주는 것(suum quique tribuere)'이라는 전통적인 정의의 개념을 넘어, '현재 상황을 보다 나은 방향으로 변혁시키는 것'을 정의라 이해하는 경우, 조만식의 민족운동은 기독교적 정의의 또 다른 표현이라 할 수 있다. 특히 현대에서 강조한 공동선을 위한 공동체주의적 정의관에 부합되는 것이라 여겨진다.[7] 다시 말해 조만식의 민족운동은 당시

---

5) 독일 제3제국, 즉 히틀러 치하의 나치정권이 강조한 것이 바로 합목적성과 법적 안정성이었다. 만약 이점을 중시한다면 일제에 부역까지는 아니어도, 소극적으로 일제에 동조한 것이라는 비판도 가능할 것이다.

6) 예컨대 가장 대표적인 언급이 "직업문제로 인하여 정의나 인도 또는 좋은 사상에 배치되는 행동을 취해서"는 안된다고 하였다(조만식, "청년이여 앞길을 바라보라", 삼천리 1935. 10: 고당기념사업회편, 회상록(주 2), 405면).

열악한 정치, 경제, 사회, 문화 등 모든 상황을 더 나은 것으로 변화시키기 위한 몸부림이었다. 농촌운동과 조선물산장려운동, 학교를 설립하여 문맹퇴치와 실력을 양성하려는 운동, 사치와 낭비 등에 대한 절제운동, 건국준비운동과 통일된 조국건설을 위한 신탁통치 반대운동 등은 사회를 변화 내지 개선시키고자 하는 노력의 일환이었다. 최대로 많은 국민들이 해택을 입을 수 있는 개혁운동은 공리주의적 정의관에도 부합하는 것이다. 또한 조만식이 전개한 각종의 민족운동은 플라톤이 주장한 지혜와 절제, 그리고 용기가 필요한 것이었다. 만약 법적인 정의 역시 절차의 적법성과 공정성이 담보되는 것을 의미한다면, 조만식의 법적 정의관은 식민지 조선인들에게 보다 적법하고 공정한 상태를 만들려는 노력의 일환으로 볼 수 있다. 한마디로 사회의 현상을 변혁시켜 보다 나은 사회 내지 공동체를 만들려는 것이다. 더 나아가 '표현의 자유'를 강조한 것에 확인할 수 있듯이 현대의 자유주의적 정의론에[8] 부합하는 주장은 그의 글 곳곳에서 확인할 수 있다. 정의를 법의 이념 중 최상위 개념이라고 이해할 때, 조만식의 삶은 정의 구현을 위한 노력이라 할 것이다. 다시 말해 그의 실천궁행은 언어적으로 표현한다면 실천을 통한 정의 구현이라 할 수 있다.

---

7) 마이클 센델/김명철역, 「정의란 무엇인가」(와이즈베리, 2018), 357면 이하 참조.
8) 이에 대해 자세한 것은 한희원, 「정의로의 산책」(삼영사, 2011), 172면 이하; 로널드 드워킨, 「정의론」(민음사, 2015), 565면 이하 참조.

3. 조만식의 헌법상 기본권 등에 관한 견해

(1) 개설

해방 후 조만식은 어떠한 형태의 국가 수립을 꿈꾸었을까? 조만식은 소련식 민주주의가 아닌 "미국에서 실시되고 있는 민주주의 원칙에 근거한 정부"의 수립을 희구하였다.[9] 그는 미소공동위원회의 미국측 위원이었던 브라운과 대화에서 이점을 분명히 밝혔다. 예컨대 당시 미국은 대통령제 국가로서 삼권이 분립되어 있고, 기본권이 보장되며, 의회제도 하에 자유로운 선거제도가 보장되는 국가였다. 조만식에게 소련식 민주주의가 아닌 이러한 자유 민주주의 국가 수립은 포기할 수 없는 원칙이었기 때문에 목숨을 걸고 이 원칙을 지킨 것이다. 때로는 협박을 통해 타협을 요구하는 소련군정에도 굴하지 않은 것은 이러한 자유 민주주의에 대한 숭고한 가치를 역설적으로 일제강점기를 통해 잘 알고 있었기 때문이라 여겨진다. 이러한 자유 민주주의 국가에서 그가 원했던 자유 민주주적 기본질서는 어떠한 것이었을까?[10] 그가 가장 중시한 것은 후술하는 바와 같이 '표현의 자유'라고 여겨진다. 조선민주당의 당수로 활동하던 시절에 신탁통치의 찬성을 강요하는 소련군정 측에 반대 논거로 제시한 것이 바로 표현의 자유였다.[11] 그의 견해에 따르면 자주 독립국가에서 신탁통치에 대한 찬성이나 반대는 국민 개개인

---

9) 정용욱·이길상편, 「해방전후 미국의 대한정책사 자료집(9)」(다락방, 1995), 663면.

10) 예컨대 현행 헌법상 자유민주적 기본질서에 대해 헌법재판소에서는 "모든 폭력적 지배와 자의적 지배, 즉 반국가단체의 일인독재 내지 일당독재를 배제하고 다수의 의사에 의한 국민의 자치, 자유 · 평등의 기본원칙에 의한 법치주의적 통치질서"를 유지하는 것이라 판시한 바 있다(헌재 1990.4.2, 89헌가113). 물론 조만식은 이러한 구체적인 민주적 질서까지 염두해 둔 것은 아닐 것이다.

11) 자세한 것은 후술하는 제6장 조만식의 정치사상 참조.

들의 자유로운 의사결정에 따라야 한다는 것이다. 물론 소련군정이 이러한 표현의 자유를 수용할 수 없었다. 이러한 신탁통치의 반대 견해를 표명함에 따라, 다시 말해 신탁통치를 반대한다는 의사를 표현함에 따라 조만식은 조선민주당의 당수에서 물러남과 동시에 호텔에 연금되는 결과를 초래하였다. 이것은 자유민주주의 중요성을 역설적으로 보여준 사건이라 할 수 있다. 자유민주주의 국가에서 이러한 표현의 자유보다도 오히려 더 중요한 것이 '신체의 자유'이다.[12] 그런데 당시 북한지역에서 가장 영향력 있는 인물이었던 조만식 자신이 '신체의 자유'를 전혀 향유하지 못한 것이었다. 조만식이 강조한 또 다른 자유권적 기본권은 개인의 사소유권의 보장이었다. 특히 일제가 패망함에 따라 조선총독부에서 보유하고 있던 토지들에 대한 분배가 가장 시급한 문제였다. 예컨대 1946년에 북한지역에서는 소련군정하에서 귀속토지들을 '무상몰수 무상분배'하는 토지개혁을 단행하였다. 이에 반해 남한 지역에서는 토지 소유제도를 개혁하지 못한 체 빈부격차가 오히려 더 벌어지는 사항을 지적하면서 조속히 토지개혁에 관한 정책을 수립하라고 권고한 것에서 이를 확인할 수 있다. 조만식은 '표현의 자유'와 '사소유권의 보장' 이외에도 일제 강점기 때부터 다양한 기본권과 관련된 의견들을 단편적으로 제시한 바 있다. 이 장에서는 현대 헌법들에서 인정되고 있는 기본권과 그 밖의 법률제도에 대한 그의 법사상을 개관해 보고자 한다.

(2) 자연법적 법률관

조만식은 3.1만세 운동에 적극적으로 참여하였다. 이에 따라 독립운

---

12) 예컨대 현행 한국 헌법 제12조 ①-⑦항에서 구체적으로 규정하고 있는데, 제1항은 "모든 국민은 신체의 자유를 가진다. 누구든지 법률에 의하지 아니하고는 체포·구속·압수·수색 또는 심문을 받지 아니하며, 법률과 적법한 절차에 의하지 아니하고는 처벌·보안처분 또는 강제노력을 받지 아니한다"고 규정하고 있다.

동을 했다는 이유로 기소되어 보안법 위반이라는 죄목으로 1년 징역형을 선고받았다.[13] 당시 3.1만세사건으로 징역형을 선고받은 사람들은 대부분 형기만료 전에 석방되었다. 왜냐하면 이들은 파렴치범이 아닌 소위 양심범으로 대부분 심성이 고운 사람들이어서 모범적으로 수인생활을 하였기 때문이다.[14] 그러나 이보다 근본적인 이유는 한국인의 강렬한 독립운동에 놀란 일제가 유화정책의 일환으로 형기를 채우기 전에 석방하였기 때문이다.[15] 조만식도 2개월을 남겨 놓고 석방통고를 받았는데, 스스로 출옥을 거부하였다고 한다. 그 이유는 "내가 형무소에 들어 온 것은 우리나라 독립을 위해 만세운동을 일으켰다는 얼토당토않은 죄목으로 징역 1년 형을 받았기 때문이다. 이러한 죄목과 형량 자체가 부당한 것인데, 여기에 또 가석방이라는 이름으로 '은전'을 받는다 함은 불명예스러운 것이다. 그러므로 나는 가출옥을 하지 않고 잔여임기를 모두 채우고 나갈 테니 그리 알라"는 것이었다.[16] 당시 일본제국주의의 실정법에 위반하여 징역형을 선고받았지만, 자연법적인 관점에서 자기는 죄가 없다고 항변한 것이다.

일제하에서 조선인들에게 적용된 모든 법률이 악법이라고는 할 수 없다. 왜냐하면 후술하는 바와 같이 총독부의 제령에 의해 일본 민법이나 형법 등도 그대로 조선 땅에 의용되었기 때문이다. 그러나 조선 백성을 탄압하거나 자유를 제한하기 위해 제정된 특별법들은 거의 모두 악법이라 할 수 있다. 예컨대 당시 조선에서 활동하고 있었던 개신교 선교사들이 3.1운동으로 인해 많은 사람들이 처벌되는 것을 보고

13) 김요나(주 1), 115면.
14) 김요나(주 1), 120면.
15) 고당기념사업회엮음, 「고당 조만식 전기: "북한 일천만 동포와 생사를 같이 하겠소"」(기파랑, 2010), 102면.
16) 고당기념사업회엮음, 회상록(주 2), 101-102면; 김요나(주 1), 121면.

사이또총독에게 보낸 항의서한에서 "조선이 악법과 억울한 치하에서 살아온 까닭에 정의감을 가지고 독립운동을 일으킨 것"이라는 표현에서 이것을 확인할 수 있다.[17] 그렇다면 조만식은 보안법이나 후에 제정된 치안유지법 등과 같은 악법들에 대해 자연법적 시각에서 법이 아니라고 판단한 것인가? 다시 말해 기독교 신앙인으로서 신앙적 양심에 의해 하나님의 질서에 반하는 실정법들을 모두 악법으로서 법이 아니라고 해석한 것인가? 이러한 법률관에 대한 근본적인 의문은 그 인격과 삶의 궤적을 검토해 보면 신법 내지는 자연법적인 법률관을 가지고 있음을 추론할 수 있다. 그러나 비폭력적인 저항 운동의 상징이라 할 수 있는 조산물산장려운동 등에서 확인할 수 있듯이 일본 제국주의 법률들에 대한 무효운동 등을 전개하지 않았다. 다시 말해 일본제국주의와 제국법률에 대해 적극적으로 대항한 흔적은 보이지 않는다. 따라서 3.1운동 자체가 국권회복운동으로 범죄가 성립되지 않는다는 소극적인 해석 정도에 머무르고 있었다고 여겨진다. 그러나 후술하는 결사의 자유를 향유하는 과정 중에서는 자연법적인 관점에서 저항권의 행사로 볼 수 있는 점도 아울러 지니고 있었다.

(3) 결사의 자유와 저항권에 관한 견해

1) 사회지도층의 경제활동에 대한 법적 책임

조만식은 일제하에 조선인들에게 경제생활의 곤란과 부채 생활, 소유 점핍의 문제 등이 가장 중요한 문제라고 생각했다.[18] 조만식은 이러한 문제를 해결하기 위해 조선총독부 주관 아래 조선본위의 정책이 시행

17) 1919년 9월 29일 선교연합회 대표 휴 밀러, 서기 B. 빌링스: 김요나(주 1), 106면 참조.
18) 조만식, "생산과 소비와 우리의 각오", 「삼천리」 1936년 4월, 109면; 홍만춘엮음, 「고당 조만식 자료집」(한국기독교역사연구소, 2008), 131면.

되어야 한다고 주장했다. 조만식에 따르면 조선본위의 정책은 조선인의 각종 사업기관의 보호와 조장 및 설치의 자유 등이라고 여겼다. 이에 대해 구체적으로 살펴보면 상업기관의 보호, 금융기관의 조장 및 설치의 자유, 언론기관 설립의 자유, 교육기관 설립의 자유, 일본재벌의 침입 제한, 관세제 시행, 각종세금 및 공과금의 경감, 관리 등용 및 은급, 가봉 등과 관련된 제도들을 개정해야 한다는 것이다.[19] 그러나 이러한 것들은 당시 일본 제국헌법에서 조선인들에게는 거의 보장되지 않았다. 이러한 제도들은 자유권적 기본권과 경제적 자유 및 경제제도들을 개선해야 하는 것이기 때문에 그 성취를 기대할 수는 없는 단순한 희망에 불과한 것이었다.

비록 일제의 탄압과 법률상 제한들이 있었다고 하더라도 조만식은 주어진 법률의 범위 내에서 비폭력적 민족운동을 모색하였다. 조만식에 따르면 우선 모든 국민은 특권계급을 배제하는 동시에 국제적으로 강포한 민족을 위하여 평등과 평화를 유지해야 한다고 생각했다.[20] 그는 모든 국민의 평등권을 주장하였다.[21] 그러나 한편으로는 당시 지도계급이나 상류층 사회에서 향락과 사치 등이 만연하여 이들에 대한 사회적 책임을 강조하였다. 이것은 단순히 윤리적 도덕적인 책임만이 아니라 조국에 대한 법적 책임을 강조한 것으로 볼 수 있다. 그는 법학을 공부한 사람으로서 법과 도덕과의 관계를 모르지 않았을 것인데, 어디

19) 조만식, "생산과 소비와 우리의 각오", 「삼천리」 1936년 4월, 109면 ; 홍만춘엮음, 자료집(주 18), 131면.

20) 조만식, "사유재산제한"; 홍만춘엮음, 조만식 자료집(주 18), 53면.

21) 현행 대한민국 헌법 제11조에서는 ①모든 국민은 법 앞에 평등하다. 누구든지 성별 · 종교 또는 사회적 신분에 의하여 정치적 · 경제적 · 사회적 · 문화적 생활의 모든 영역에 있어서 차별을 받지 아니한다. ②사회적 특수계급의 제도는 인정되지 아니하며, 어떠한 형태로도 이를 창설할 수 없다. ③훈장 등의 영전은 이를 받은 자에게만 효력이 있고, 어떠한 특권도 이에 따르지 아니한다."고 규정하고 있는데, 이러한 규정이 없었던 일본제국 헌법이었으나, 조만식은 법과대학에서 기본권을 배워서 인지 평등권에 대한 의식이 강했던 것 같다.

에서도 법과 도덕을 명확히 구별하지 않았다. 예컨대 "한 가지는 지도 계급에 있는 이들에게 원하는 바다. 우리 사회의 모든 되어가는 일이 잘 되어가든 못되어가건 물론 여러 가지의 다른 관계도 있겠지만 지도 계급에 있는 이들에게 그 책임이 없지 않은 것만은 사실이다. 우리 사회가 찢어지건 미어지건 그저 수수방관하여 피안화시해서는 아니될 것이 아닌가. 폐일언하고 경제적으로 문화적으로 사회적으로 뭉치기도 하고 조직하고 지도도 하고 외치기도 하여 무슨 갱생의 도를 열도록 활약하여야 되지 아니하겠는가"라고 하여[22] 국가 내 지도계층의 책임을 강조하였다. 더 나아가 제국헌법에서 보장하고 있는 기본권을 어떤 형태로든 구체화하자고 권면하였다.

2) 제국헌법상 기본권과 저항권과의 관계

근대 입헌주의를 정의할 때 모든 헌법은 기본적으로 국민의 기본권 보장에 관한 조항들을 규정하고 있다. 천황제 아래의 일본 제국헌법 역시 입헌주의 헌법으로 해석하는 입장에서, 일본 헌법상 다양한 기본권 보호조항은 중요한 의미를 지니었다.[23] 그러나 이와 같은 기본권 보호조항들이 식민지 조선인에게도 동일하게 적용되는가의 여부는 당시 일본 헌법학계의 중요한 문제였다.

이 문제는 조선총독에게 법률의 효력을 가지는 명령을 발할 권한(제령 제정권)을 부여하는 것이[24] 일본 제국헌법 제5조, 예컨대 "천황은 제

22) 조만식, "긴급한 다섯 가지", 「신동아」 1935. 1 ; 고당기념사업회편, 회상록(주 2), 389면.

23) 일본 제국헌법 제2장(신민의 권리와 의무)에서 기본권에 대해 비교적 자세히 규정하고 있다. 예컨대 공무담임권(동법 제19조), 거주이전의 자유(동법 제22조). 신체의 자유(동법 제23조), 재판받을 권리(동법 제24조), 통신의 자유(제25조), 사소유권의 보장(동법 제27조), 종교의 자유(동법 제28조), 표현의 자유(동법 제29조), 청원권(동법 제30조) 등이다.

24) 1911년 3월 24일의 법률 30호 「조선에 시행할 법령에 관한 법률」, 「조선총독부관보」(전142권, 아세아문화사 영인, 1984 – 1988) 제3권, 743면.

국의회의 협찬을 거쳐 입법권을 행한다"는 천황의 입법권행사에 대한 제국의회의 협찬권과 모순되는가 하는 문제로 귀결되었다. 그런데 이에 대한 당시 일본의 대표적인 헌법학자들의 주장은 비록 외견상으로는 적극설과 소극설 및 절충설로 나누어졌지만,[25] "무제한의 권력을 가지는 절대자인 천황에 관한 규정만이 외지에도 당연히 적용되며, 그 이외의 외지 지배법규는 전적으로 천황의 자의에 맡겨져 있다"라는 것으로 일치되었다.[26]

법적으로 일제강점이 시작된 1910년 이후에는 우선 한반도가 일제의 식민지로 예속되었기 때문에 일본 제국헌법은 원칙적으로 조선에도 효력이 미쳐야만 했다. 예컨대 일본 제국헌법 중 영토를 표시하는 조항들인 제1조에서 제4조까지는 그 성격상 당연히 적용될 것이다. 그러나 국민생활에 가장 중요한 기본권 조항을 비롯한 기타 헌법 조항들은 조선인들에게는 적용되지 않았다는 것이 통설적인 견해였다.[27] 이러한 헌법상의 문제와는 달리 민법이나 형법은 총독부 제령에 따라 조선에 관습법이 있는 경우를 제외하고는 거의 그대로 시행되었다. 예컨대 1912년에 발령된 조선민사령에 의해 일본 민법이 친족법과 상속법 등의 예외적인 경우를 제외하고는 그대로 적용되었다. 이 때문에 1912년 이후에는 법적으로는 조선국민 모두 원칙적으로 신분에 의해 차별을 받지 않는 것이었다. 그러나 사실상 신분의 차별이 있었다는 것은 역사가 증명해 주고 있다.

조선인들에 대한 다양한 핍박과 차별은 어떤 의미에서는 우리 선조

25) 淺見登郎, 「日本植民地統治論」, (東京:巖松堂書店, 1928), 124~133面; 平野武, "日本統治下の朝鮮の法的地位", 「阪大法學」 83號, 1972.12, 45~54面; 김창록, "일본제국주의의 헌법사상과 식민지 조선", 「법사학연구」 제14호(1993), 139면.

26) 이에 대한 자세한 것은 김창록(주 25), 140면 이하 참조.

27) 김창록, "일본의 근현대 천황제에 관한 법사학적 고찰", 「법사학연구」, 제22호(2000년), 129면.

들이 자초한 것이라 할 수 있다. 따라서 당시 우리 국민이 할 수 있는 것이 무엇인가를 고민한 조만식은 일본 제국헌법상 결사의 자유가 일본 본토에서와 같이 광범하게 인정되지 않는다 하더라도,[28] 조선민사령에 따라 의용되고 있던 일본 민법에 의해 여러 가지 형태의 단체를 결성할 수 있었다. 예컨대 사단법인이나 재단법인 혹은 비법인사단의 형태로서 조선물산장려운동 등 다양한 단체를 결성하여 민족운동을 전개하였다. 이것은 법률의 범위 내에서 행할 수 있는 소위 '비폭력적' 합법적인 민족운동이라 할 수 있다. 그러나 다른 관점에서는 민족운동인 동시에 일제에 대한 소극적인 저항권의 행사라고도 할 수 있다. 당시 일본 제국주의가 보장해 주지 않는 생존권을 찾기 위한 저항의 방법이라는 것이다. 원래 저항권은 불법적인 국가권력의 행사에 대하여 저항하는 권리로서, 입헌주의적 헌법질서를 침해하거나 파괴하려는 국가기관이나 공권력 담당자에 대해 주권자로서 개개의 국민 또는 그 집단이 헌법질서를 유지 회복시키기 위하여 최후의 무기로서 행사하는 헌법상 보장수단이다.[29] 예컨대 헌법재판소에서도 "저항권은 국가권력에 의하여 헌법의 기본원리에 대한 중대한 침해가 행하여지고 그 침해가 헌법의 존재 자체를 부인하는 것으로서 다른 합법적인 구제수단으로는 목적을 달성할 수 없을 때에 국민이 자기의 권리·자유를 지키기 위하여 실력으로 저항하는 권리"라고 판시하여[30] 최후 수단으로 인정하고 있다.

조만식은 평생 동안 다양한 단체를 결성하고, 그것을 통해 애족운동, 애국운동, 건국준비운동, 통일운동을 전개하였다. 이러한 단체설립이나 운동이 헌법적으로 어떠한 의미를 지닌 것인가? 이에 대한 규명이 그

---

28) 일본제국 헌법 제29조에서는 "일본국민은 법률의 범위 내에서 언론, 저작, 출판, 집회 및 결사의 자유를 가진다(日本臣民は,法律の範囲内において,言論,著作,印行,集会及び結社の自由を有する)고 규정하고 있었다.

29) 성낙인, 「헌법학」(법문사, 2008), 65면.

30) 헌재 1997.9.25, 97헌가 4 .

운동의 성격을 결정하는 것이라 여겨진다. 오늘날과 같은 민주주의가 확립된 국가에서 행해지는 다양한 형태의 운동들은 대의민주주의의 한계를 극복하고자, 직접민주주의 형태인 참여 민주의 방식이라 할 수 있다. 최근 촛불시위나 시민단체들이 국회의원의 입법 활동을 평가하는 것과 부정선거를 감시하는 것이 대표적인 것이다. 그러나 일제 강점기 당시에 조만식이 전개한 조선물산장려운동이나 평양 YMCA 운동 등은 대의민주주의 한계를 극복하기 위한 것이 아니라 국권회복이나 애국 애족의 운동으로서, 식민지 국민이 할 수 있는 유일한 저항권 내지는 생존방식이라 할 수 있다.

조선물산장려운동과 관련한 경제적인 운동만을 현대법적인 관점에서 미시적으로 보면 소비자의 권익을 증진하기 위한 운동으로도 볼 수 있다.[31] 물론 조선물산장려운동의 취지에서 산업적 자각운동으로서 자유무역주의에 대항하는 보호무역주의 한 방편이라는 주장도 있을 수 있다. 하지만 외국과의 무역을 위한 것이 아닌 우리 국민들의 생활곤핍과 국가경제의 회복을 위한 운동이라 보면 소비자와 소비자단체, 사업자단체 등이 전개한 소비자운동이라 할 수 있다.

(4) 언론의 기능과 자유에 대한 견해

조만식은 일찍이 국가권력을 견제하기 위한 공론장으로서 언론의 기능을 중시하여[32] 언론기관의 중요성을 특별히 강조하였다. 예컨대 1930

---

31) 예컨대 현행 소비자보호법 제1조에 따르면 "이 법은 소비자의 권익을 증진하기 위하여 소비자의 권리와 책무, 국가 · 지방자치단체 및 사업자의 책무, 소비자단체의 역할 및 자유시장경제에서 소비자와 사업자 사이의 관계를 규정함과 아울러 소비자정책의 종합적 추진을 위한 기본적인 사항을 규정함으로써 소비생활의 향상과 국민경제의 발전에 이바지함을 목적으로 한다"고 규정하고 있다.

32) 조만식, "전조선 주요 도시 16처 인사의 지방문제", 동아일보 1930.4.4. ; 홍만춘엮음(주 18), 94면.

년대 평양에서 가장 필요한 것은 "여론을 대표할 건실한 보도기관이 있어야 할 것"이라는 주장이나,[33] "가장 긴요 절실한 사실의 하나로 언론기관의 출현"이라고 표현한 것에서 이를 확인할 수 있다.[34] 더 나아가 그는 "15만 인구가 사는 평양에 언론기관이 없다는 것은 평양의 수치라고 생각한다. 우리의 여론과 주창을 말하는 언론기관을 기대하여 마지않는다."[35]라고 언론기관의 필요성을 강조하였다. 이렇게 언론기관을 강조한 이유는 여론이 확립되지 못하면 일정한 목표가 없어서 사회가 부패할 염려가 있다고 보았기 때문이다.[36] 조만식은 언론의 사회 자정 기능을 높이 평가하면서 언론기관이 있어야 함을 강조한 것이다. 이러한 언론에 대한 긍정적인 사고와 인식을 지니고 있었기 때문에 후일 조선일보사장에도 거부감 없이 취임할 수 있었던 것으로 볼 수 있다. 그는 언론, 특히 신문의 사명과 중요성에 대해 "현대에 있어서 신문의 사명은 중대한 바 있다. 더욱이 조선의 현실은 신문으로 하여금 일층 임무의 중요성을 느끼게 한다. 정치, 경제, 사회 등 각 방면의 사건을 유루 없이 신속 보도하여 민중의 안목이 되는 것은 물론이거니와 나아가서는 문화의 보급 진전에 공헌하여 민중권익의 옹호신장에 노력하는 등 그 공기로서의 본분은 막대하다"고 1933년 4월 26일자 조선일보사 사장의 취임사에서 밝힌 바 있다.[37] 이러한 표현들에서 조만식의 언론관을 잘 알 수 있다. 당시에는 대표적인 언론기관인 신문을 하나의 공기로 이해하였다. 그는 언론의 기능을 정치, 경제, 사회 등 모든 분야에

33) 조만식, "전조선 주요 도시 16처 인사의 지방문제", 동아일보 1930.4.4.; 홍만춘엮음(주 18), 40면.

34) 조만식, "평양인의 평양관", 1936. 6 . 3 동아일보; 고당기념사업회편(주 2), 420면.

35) 동아일보 1930년 1월 1일 "평양인사신년 소감: 신사업 세 가지 기능"; 홍만춘엮음(주 18), 37면.

36) 조만식, "전조선 주요 도시 16처 인사의 지방문제", 동아일보 1930.4.4.; 홍만춘엮음(주 18), 40면.

37) 조만식, "조선일보취임사", 조선일보 1933.4.26.자; 고당기념사업회편, 회상록(주 2), 380면.

대한 바르고 신속한 보도를 통해 민중의 안목을 넓히며, 민중권익의 옹호와 신장에 노력해야 하며, 문화의 보급과 진전에 공헌해야 한다고 생각하였다. 특히 국가권력을 견제하기 위한 공론장이 되어야 하며, 언론이 제대로 기능을 다하지 못할 때 사회가 부패하게 된다고 경고하였다. 이러한 언론관은 현행 한국 헌법 제21조에서 규정하고 있는 언론 출판의 자유와 맥을 같이 하는 것이다.[38] 예컨대 현행 헌법 제21조에서 규정하고 있는 언론 출판의 자유와 관련하여 대법원은 "정부 또는 국가기관의 정책결정이나 업무수행과 관련된 사항은 항상 국민의 감시와 비판의 대상이 되어야 하고, 이러한 감시와 비판은 이를 주요 임무로 하는 언론보도의 자유가 충분히 보장될 때 비로소 정상적으로 수행될 수 있"다고 판시한 바 있다.[39] 조만식의 언론관은 오늘날 민주국가에서 제4부로 취급하면서 가장 중요한 여론 형성 및 감시 기능을 하고 언론의 기능에 대한 이해와 같다고 여겨진다.[40]

이러한 언론의 자유나 표현의 자유에 대한 구체적인 언급은 신탁통치를 반대하는 과정에서도 다시 강조되었다. 북한에 진주하여 군정을 펼치고 있던 소련군 측에서 신탁통치를 반대하였다. 조만식은 신탁통치를 반대하는 이유를 다음과 같이 밝혔다:

첫째가 바로 표현의 자유에 따른 것이라고 강조하였다. "신탁통치를 찬

38) 물론 당시 일본 제국헌법 제29조는 "일본신민은 법률의 범위 내에서 언론, 저작, 출판, 집회 및 결사의 자유를 가진다"고 규정하여 명문으로 표현의 자유를 규정하였다.

39) 대판 2011. 9 . 2 , 2010도17237.

40) 오늘날은 특히 이러한 표현을 자유를 강조하고 있다. 예컨대 헌법재판소는 "헌법 제21조에서 보장하고 있는 언론·출판의 자유를 포함한 표현의 자유는 전통적으로 사상 또는 의견의 자유로운 표명과 그것을 전파할 자유를 의미하고, 개인이 인간으로서의 존엄과 가치를 유지하며 행복을 추구하고 민주적 정치질서를 생성·유지시켜 국민주권을 실현하기 위한 필수불가결한 기본권이다"이라 판시하고 있다(헌재 2002. 4. 25, 2001헌가27; 헌재 2011.8.3, 2009헌바42).

성하거나 반대하거나 모든 의사는 우리 한국인의 자유이어야 한다. 그런데 신탁통치를 찬성만 하라는 것은 도대체 무슨 뜻인가? 아무리 군정이라고 해도 언론이나 의사표시를 제한하는 것은 민주주의의 원칙에 반한다는 것이"라고 강조하였다.[41] 둘째로, 조만식은 민주주의의 기본은 언론의 자유라고 생각한 것이다. 따라서 신탁통치를 찬성하는 것뿐만 아니라 반대하는 자유도 보장되어야 한다는 것이다.

이러한 주장은 후일 미소공동위원회에서 미군측이 소련군 측에 신탁통치를 반대하는 논리로 인용되기도 하였다.[42]

(5) 직업선택의 자유

조만식은 모든 청년들이 직업을 가져야 함을 강조하였다. 예컨대 그는 "직업은 작으나 낮으나 튼튼히 붙잡아서 자기의 생활문제는 스스로 해결하도록 하라. 이 생활문제가 그렇지 못하는 경우에 포복하였던 이상 연구하였던 의도가 다 공상으로 수포로 돌아가기가 쉽다. 그렇다고 해서 이 직업문제에만 열중하라 함도 아니고, 또는 이 직업문제로 인하여 정의나 인도 또는 사상에 배치되는 것은 많은 말을 필요로 하지 않는다."고 주장하였다.[43] 여기서 말하는 인도나 정의의 의미는 결국 헌법상 국가안전보장이나 공공복리, 혹은 민법상 '선량한 풍속 기타 질서'라고 이해되는 것이다. 조만식에 따르면 직업선택의 자유는 보장하지만, 이 직업으로 인하여 정의나 인도에 배치되는 것까지는 인정할 수 없다

41) 김병연, 「고당 조만식」(평남민보, 1966), 242면.
42) 박명수, 「조만식과 해방 후 한국 정치」(북코리아, 2015), 173면.
43) 조만식, "청년이여 앞길을 바라보라", 삼천리 1936년 1월; 홍만춘엮음(주 18), 122면.
44) 당시 일본 제국헌법의 기본권보장 조항에서 공무담임권을 인정하면서, 직업선택의 자유를 규정하지 않을 것을 고려하면 조만식의 직업선택에 대한 주장은 매우 합리적이고 진보적인 것이라고 여겨진다.

는 것이다.[44] 현행 우리 헌법 제15조에서도 "모든 국민은 직업선택의 자유를 가진다."고 폭넓게 보장하고 있다. 특별히 유보조항을 두고 있지 않다는 것이다. 그러나 조만식의 해석처럼 그 자유에는 한계가 있다. 예컨대 헌법재판소에서는 "헌법 제15조가 말하는 직업선택의 자유는 직업결정의 자유와 직업행사의 자유를 포괄하며, 직업의 자유는 헌법 제37조 제2항에 따라 국가안전보장·질서유지 또는 공공복리를 위하여 불가피한 경우에는 이를 제한할 수 있는데, 특히 직업행사의 자유는 직업결정의 자유에 비하여 상대적으로 그 침해의 정도가 작다고 할 것이어서, 이에 대하여는 공공복리 등 공익상의 이유로 비교적 넓은 법률상의 규제가 가능하다"고 선고하였다.[45] 이러한 헌법재판소의 결정과 같은 관점에서 조만식의 직업관을 이해하면 될 것으로 여겨진다.

4. 사유재산제에 대한 견해

(1) 개설

조만식은 어린 시절 상업에 종사한 바 있어 개인의 소유권에 대한 의식은 투철하였을 것이라 여겨진다. 또한 동경 유학시절에도 법학을 전공하였기 때문에 제국헌법 제27조에서 보장하는 소유권과 민법에서 인정하는 특정한 물건에 대한 전면적 지배권으로서 소유권의 의미를 잘 알고 있었을 것이라 여겨진다. 특히 부친이 상업에 종사함과 동시에 많은 땅을 소유하였기 때문에 직접 경영하는 토지에 대한 지배권으로

45) 헌재(전합) 2003.10.30., 2001헌마700,2003헌바11.

서 소유권과 소작 등 임대해 주었을 경우 그 차이점도 알고 있었을 것이다. 또한 사유재산제에 대해서도 나름의 이해가 되었을 것이다. 따라서 조만식의 사유재산제에 대한 이해는 경제제도의 개혁이나 각종 조합을 결성하는 운동에 어느 정도 고려되었을 것이라 여겨진다. 조만식은 어느 인터뷰에서 "사유재산을 제한하여 일가족이 십만원 이상 치부를 금하고 총 산업기관을 대중화 하겠습니다. 우선 세계적 불황타개책으로는 국제간 개인간을 물론하고 일체의 공사채를 절대로 해방하겠고, 일부국가에서 편재한 금을 약소국가에게 저이자부로 대부하도록 명할 터입니다. 이상의 계획을 실시하기 위하여는 박애주의를 기초로 하여 적법한 법령들을 발포하겠고 이당치세주의(以黨治世主義)로 나가겠습니다"라고 주장하였다.[46] 이러한 주장은 그의 경제관이나 법률관을 이해하는데 중요한 의미를 지니고 있다고 여겨진다.

(2) 소유권의 제한

사유재산제는 개인의 의사를 존중하는 사적자치의 원칙과 함께 자본주의 체제의 근간이 된다. 따라서 이러한 사유재산제를 금지하는 것은 곧 사회주의 내지 공산주의를 지향하는 것이 된다. 따라서 자본주의 체제하에서는 헌법으로 이러한 사유재산제를 보장하는 것이다. 그러나 헌법에서 한편으로는 사소유권을 절대적인 물권으로 보장하면서도, 국가공동체의 유지를 위해 법령으로 제한할 수 있도록 유보조항을 두고 있다. 따라서 조만식이 사소유권의 제한을 주장하는 것은 당시 회자되고 있었던 바이마르헌법이나 일본 제국헌법, 혹은 독일 민법이나 일본 민법에 의해서도 수긍할 수 있는 것이다. 예컨대 그 유명한 바이

46) 조만식, "사유재산제한"; 홍만춘엮음(주 18), 53면.

마르헌법 제153조에서는 “소유권은 보장된다. 소유권은 공공복리를 위해 사용되어야 할 의무를 진다.”고 규정하였다. 또한 당시 조선에서 시행되고 있던 일본 제국헌법 제27조에서도 “① 일본신민은 그 소유권을 침해당하지 아니한다. ② 공익을 위하여 필요한 처분은 법률이 정하는 바에 따른다.”고 규정하였다. 더 나아가 일본 민법 제206조에서는 “소유자는 법령의 제한 내에서 자유롭게 그 소유물을 사용, 수익 및 처분할 권리가 있다.”고 규정하였다. 당시 사소유권을 규정하고 있는 규정들에 따르면 헌법에서 소유권을 보장하면서도, 법률에 의해서 제한할 수 있음을 아울러 규정하였다. 이러한 법률에 의한 제한을 규정하고 있는 헌법 조항에 따라서 민법에서 사소유권의 제한을 구체적으로 규정한 것이다. 이러한 법규에 따르면 조만식이 주장한 사소유권에 대한 제한 자체는 법규 정합적이라 여겨진다. 그러나 그 제한을 구체적으로 ‘일가족 10만원’이라 한 것은 검토가 필요한 주장이라 여겨진다.

조만식은 기본적으로 사소유권을 인정하면서도, 무제한적으로 인정하는 것이 아니라 가족단위로 소유 상한제를 두어야 한다는 것이다. 예컨대 ‘일가족 10만원’으로 사유재산의 상한선을 두도록 제안하고 있다.[47] 1930년대 10만원이라 함은 현재 대략 15억원 정도(?) 될 것이다. 이렇게 소유상한제를 둔 것에 대한 주관적 의도를 파악할 수는 없다. 그 의도가 어디에 있든 사회주의 국가가 아닌 한 소유권 자체에 상한선을 두는 것은 불가능하다. 즉 자본주의를 채택하는 한 불가능한 것이라 여겨진다. 물론 개별적인 소유권의 대상, 예컨대 도시에서 택지소유를 제한한다든가 특정 주식의 보유를 제한하는 것은 가능할 것이다. 그러나 객관적으로 판단할 때 10만원이라는 소유상한제는 과도한 주장으로 여겨진다. 현행 헌법상으로 판단할 때 기본권의 과잉금지원칙

47) 조만식, “사유재산제한”; 홍만춘엮음(주 18), 53면.

에 반하는 것으로 위헌이라 할 수 있을 것이다.

(3) 사유재산제도와 토지개혁에 대한 견해

한일합방 후 1912년의 조선민사령에 의해 조선에도 일본 민법이 그대로 시행되었다. 이에 따라 일본 국민뿐만 아니라 한국 국민들에게도 토지에 대해 현대적인 의미의 절대적인 지배권으로서 소유권이 인정되었다. 다시 말해 일본 민법 제206조에 따라 법령의 범위 내에서 물건을 자유롭게 사용 수익 처분할 수 있는 것이었다. 이러한 현대적인 민법이 시행됨에 따라 한국 내에서 토지소유권자들의 지위는 역설적으로 확고해 지는 반면 소작인들의 지위는 반봉건적인 고율의 소작료에 시달려야 했다. 이러한 법질서 아래서 토지소유자들은 사회적 특권자가 되고, 특수계층의 토지소유자는 무산자에게 일정한 계약에 의해 임의대로 경작을 위탁하게 되어 잦은 소작권의 변동으로 이어졌다. 특히 토지소유자의 독단적인 소작료의 인상이나 소작인의 변경으로 말미암아 소작인의 생활이 불안해지게 되어 이농과 유랑의 비극이 나타나게 되었다. 1920년 이후 대대적인 이농 현상이 나타난 것에서 이를 확인할 수 있다. 당시 소작문제는 가장 폭발력이 강한 농촌문제였고, 이러한 농촌문제가 당시 핵심적인 사회문제였다. 이러한 소작문제가 발생하게 된 직접적인 원인은 토지사유화와 더불어 토지소유 계급과 토지 경작계급 사이의 계급적 의식의 대립이 있었기 때문이라고 보았다.[48] 더 나아가 지주계급의 친일적인 성향 때문에 소작쟁의 운동이 독립운동적인 성격을 지니게 된 것도 한 이유가 되었다. 이러한 이농과 소작문제를

---

48) 홍만춘, 「고당 조만식 사상의 연구노트」(혜림출판사, 2004), 56면.
49) 조만식, "죽기로써 향토를 지켜야 하겠습니다", 「개벽」, 1923.8; 고당기념사업회, 회상록(주 2), 355면.

직시한 조만식은 "죽기로써 향토를 지켜야 합니다. 그래서 조선이라면 우리가 제각기 의거하여 존립할 근기를 지어봅시다"라고 주장하였다.[49] 또한 "농촌사업은 곧 조선사업이오, 농촌운동은 곧 조선운동이다. 청년들아! 제군의 동리를 위하여, 제군의 본향을 위하여 충성을 다하라, 심신을 부어라, 온몸을 바쳐라. 금주 단연 절제생활에서 우리의 땅을 찾자"라고 주장하였다.[50] 조만식이 제창한 이러한 조선물산장려운동은 곤고와 궁핍을 극복하고 농촌으로 돌아가 내 농토를 지키고 내 농산물을 지켜 '내 살림 내 것으로' 해야 한다는 의식개혁 운동으로 나타나게 되었다.[51] 조만식은 농촌문제의 심각성을 바로 인식한 후 농촌연구회 등을 통해 자신의 사상을 전파하였다. 특히 그는 사유재산과 관련하여 앞에서 언급한 바와 같이 소유상한제라는 극단적인 사소유권의 제한을 대안으로 제시하였다. 이러한 과도한 소유권의 제한은 문제될 수 있으나, 농촌의 개혁과 계몽에 대한 견해는 결국 공동체 이익을 우선해야 하기 때문에 합리적인 사적 소유권의 제한으로 귀결되었다.

한편 평남인민정치위원회는 1945년 10월 5일 기관지《평안민보》를 창간한데 이어, 다음날 19개조의 '시정대강'을 발표하였다. 그런데 이 시정대강을 두고 민족진영의 우파인사들과 공산진영 사이에 크게 마찰이 빚어졌다. 특히 문제가 된 조항은 토지정책부분이었다. 공산진영에서 '무상몰수 무상분배'의 토지개혁을 하되, 그에 앞서 소작료를 3:7제로 한다는 조항을 넣자, 오윤선장로가 부위원장직을 사임하는 등 우파 인사들이 크게 반발하였다. 대부분 지주출신의 우파인사들은 수용할 수 없는 과도한 제안이었기 때문이다. 이러한 제안은 일단은 부결되었다.[52]

---

49) 조만식, "죽기로써 향토를 지켜야 하겠습니다", 「개벽」, 1923.8; 고당기념사업회, 회상록(주 2), 355면.

50) 조만식, "농촌청년의 의무", 「조광」, 1937.1; 고당기념사업회, 회상록(주 2), 429면.

51) 홍만춘(주 48), 54면.

52) 장규식, 「민중과 함께 한 조선의 간디」(역사공간, 2007), 235면.

토지개혁은 친일파의 청산과 함께 해방 후 당면한 최대의 사회개혁 과제였다.[53] 땅만 가지고 있다고 해서 생산물의 5할 이상을 소작료로 거두어 가는 것은 사회주의자는 물론 자본주의 경제원리에도 부합하지 않는 봉건적인 유습이었다. 따라서 농민생활의 안정을 위해 농지를 농사짓는 농민에게 돌려주는 토지개혁이 필수적으로 요구된 것이었다. 그러나 '무상몰수 무상분배'로 할 것이냐 '유상매수 유상분배'로 할 것이냐의 방법이 문제였다. 인민정치위원회의 우파인사들은 토지개혁 자체에 거부감을 가졌다. 공산계에서 일방적으로 무상몰수를 주장한 것도 문제였지만 우파인사들이 토지개혁 자체를 거부하는 것은 더욱 큰 문제였다.[54] 조만식은 다른 우파 인사들과 달리 전향적인 입장을 지니었다. 토지개혁은 일제강점기에 기독청년들이 농촌연구회를 조직하여 농촌운동을 주도할 때부터 거론되었던 문제였다. 다만 지주들의 자발적인 의사를 존중하는 가운데 점진적으로 추진하려고 하였을 뿐이다. 아무튼 조만식의 중재로 '시정대강'의 토지정책 조항은 '무상몰수 무상분배'의 토지개혁을 뺀 채 '소작료는 3:7제로 함'이라는 조항과 "일본제국주의자 및 친일분자가 소유한 토지, 회사, 금융기관, 공장, 광산, 탄광, 운수, 교통, 상업소, 기타 일체의 생산기관과 재산을 몰수하여 국유로 함"이라는 내용을 명시하기로 타협하였다.[55] 소작료에 관한 조항은 후일에 조선민주당의 정강에도 포함되었다. 일제 강점기 때 소작료가 통상 5:5 또는 6:4였던 것에 비하면 많이 완화된 것이었지만 사소유권 자체를 부정하는 공산주의 입장에서는 상당한 양보라 할 수도 있을 것이

---

53) 고당은 민주주의를 지지하지만 남한의 민족주의자들과는 다른 견해를 가졌다. 즉 토지에 대해 개인의 소유권을 인정하지만 소작농에게 유리한 토지정책이 필요하다는 점을 강조하였다.

54) 장규식(주 52), 235-236면.

55) 한근조, 「위대한 한국인(12): 고당 조만식」(태극출판사, 1977), 385면 이하; 장규식(주 52), 236면.

다. 그러나 이러한 소작료의 제한으로 대표되는 토지개혁이 얼마나 유약한 것이었는가는 1946년 3월 5일에 "북조선토지개혁법령"에 의해 확인되었다. 공산주의자들은 곧 바로 토지를 무상으로 몰수하여 무상으로 분배하였으며, 후일에는 지주들의 주택과 농기구까지 몰수하였다.[56)]

(4) 소유권에 대한 기본적인 시각

기본적으로 조만식은 기독교 사회주의적 사고를 지니었다고 볼 수 있다. 따라서 토지뿐만 아니라 공동체를 위해 사적 소유의 제한을 주장한 것이다. 이러한 조만식의 주장은 사회주의국가에서처럼 사적 소유 자체를 부정하는 것이 아니기 때문에 현대 헌법상 논의되고 있는 사회국가의 원리로 해석될 수 있는 것이다. 예컨대 국가의 사회 형성을 인정하면서도 국민 개개인의 생활의 자율성을 보장하여 국가와 사회의 상호의존을 통한 공동체의 통합을 이룬다는 것이다.[57)] 국가의 사회 관여는 전면적인 개입이 아니라 보충적인 것으로서, 기본권이나 제도들을 공동체나 공공의 선을 위해 제한하려는 것이라 할 수 있다. 원래 소유권은 그 개념 자체에 제한이 내재되어 있다는 관점에서 보면, 헌법상 보장된 소유권이라 하더라도 법률의 범위 내에서는 당연히 제한할 수 있는 것이기 때문에 조만식의 소유제도에 대한 견해를 제한으로 이해할 때에는 큰 문제가 없을 것이다.[58)] 그러나 사유재산의 범위를 10만원으로 그의 한계를 설정한 것은 자본주의 사회에서는 수용할 수 없는 과도한 제한이라 할 수 있다. 이러한 소유권의 한계를 정하려는 것은

56) 이러한 북한지역에서의 토지개혁에 대해서는 윤철홍, "통일 후 북한의 소유제도 재편 방향", 「법학논총」 제44집, 숭실대학교법학연구소 2019,5, 57면 이하 참조.

57) 이러한 사회국가의 원리에 대해서는 강경근, 「일반헌법학」(법문사, 2014), 121면 이하 ; 성낙인, 「헌법학」(법문사, 2008), 246면 이하.

58) 이러한 소유권의 제한에 대한 구체적인 논의에 대해서는 윤철홍, 「토지소유권의 새로운 이해」(경인문화사, 2015), 3면 이하.

소유권의 과도한 제한으로서 헌법에서 보장한 기본권을 침해하는 위헌적인 것이 될 것이다. 이러한 과도한 제한을 생각한 것은 사회주의적 사고가 크게 작용한 것으로 추측된다.[59)]

5. 사법상 여러 제도들에 대한 견해

(1) 금지 내지 지양해야 할 가정 내의 행위들

조만식은 자녀들에게 정신적 유산이 될 만한 가헌 내지 유훈에 대해 자세히 밝힌 바 있다. 그는 특히 법적인 관점에서 의미 있는 금지해야 할 것으로 다음과 같이 몇 가지 행위를 예로 들었다. 예컨대

> "고리대금, 양조매주업, 채무보증(반드시 어떤 경우든 막론함이 아니다), 축첩하는 일, 문중족인끼리 송사하는 일, 사사로운 일에 원수 맺는 일, 남에게 아픈 일을 하는 일 등"을 예시하여 이러한 행위는 가정 내에서 금하도록 제안하였다.[60)]

우선 가정에서는 고리대금의 거래를 금하도록 제안하였다. 금전을 빌려주는 행위, 즉 금전소비대차계약은 현재도 은행의 이용에서 알 수 있듯이 지극히 자연스러운 것이다. 돈을 빌려주고 빌리는 것은 인간사에서 꼭 필요한 일이기도 하다. 그런데 타인의 금전상의 어려움을 이용하여 고율의 이자를 받는 고리대금의 거래를 금하도록 제안한 것이다. 고

59) 윤철홍, "숭실과 조만식의 법사상"(주 3), 149면.
60) 조만식, "恕·忍·勤", 「조광」, 1935.5; 고당기념사업회편(주 2), 393면.

리대금의 피해는 고려시대 후기부터 만연되어 다양한 제한들이 있었다. 현대 법체계를 갖추기 시작한 1906년에 이식조례가 공표되었다.[61] 이에 따르면 동조례 제1조에서는 약정이율은 연4할을 초과할 수 없도록 하였다. 제2조에서는 이자약정이 없는 경우에는 본액에 대해 연2할로 하고, 제3조에서 이자총액은 원금을 초과할 수 없도록 하였다. 더 나아가 제4조에서는 이식을 원본으로 삼을 수 없도록 하였다. 또한 제5조에서는 약정이율 중 4할을 초과한 초과분은 무효로 하고, 제6조에서 음식료, 고공전보수금이나 가액 50환 미만의 일용품대가에는 이자를 붙일 수 없도록 하였다. 그 후 한일 합방이 행해진 후 조선총독부에서는 제령 제13호로 이식제한령을 발표하여 고리대를 제한하였다. 당시 일제하 '이식제한령'에 의해 연 40%를 초과한 경우에 초과분에 한하여 무효로 하였다. 따라서 연 40%를 넘지 않는 범위 내에서는 허용되었다. 그런데 일제 상인들의 횡포로 오르기 시작한 이율은 1930년부터 지나치게 고율이었다. 이들에게는 이자의 규제에 관한 법률이 그 기능을 발휘하지 못하였다.[62] 연 50%이상의 고율의 이자를 취득하는 경우가 비일비재하였다. 이러한 사실을 알고 있던 조만식은 고리대금의 금지를 제안하였던 것으로 추측된다. 특히 이러한 고리대금의 금지 내지 제한은 성서의 빈자구호법의 대표적인 사례에 해당하는 것이다.[63] 폭리에 해당하는 고리대금을 취득하는 행위를 하지 말라는 것은 성서

61) 법률 제 5 호 관보 광무 10년 9월 28일 제3570호; 舊韓國官報 제13권(아세아문화사, 1974), 808면.

62) 文政創, 「朝鮮農村團體史」, 日本評論社, 1942, 197면; 어인의, "利子規制의 變遷과 利子制限法",「민법학의 회고와 전망; 민법전시행 삼십주년기념 논문집」(한국사법행정학회, 1993), 478면.

63) 구약성서 느헤미야 5장 10-11절, 신명기 23장 19-20절에서는 이자부소비대차를 제한적으로 허용하고 있다. 그러나 레위기 25장 37절, 시편 5 편 25절, 동 제15편 5절, 예레미아서 15장 10절, 잠언 28장 28절, 마태복음 21장 12절, 동 25장 25-28절, 누가복음 6장 34절 등에서는 이자취득을 전면 금지하고 있다.

64) 윤철홍, "숭실과 조만식의 법사상"(주 3), 151면.

상 빈자구호법을 잘 알고 있던 조만식에게는 지극히 당연한 주장으로 여겨진다.[64)]

일반 가정에서는 양조매주업을 금하도록 제안하였다. 당시 많은 국민들은 국가의 허가 없이 개인적으로 밀주를 제조하였다. 조만식은 이러한 경향 때문에 생활이 피폐되는 것을 자주 목격하고, 이러한 술을 담가 파는 행위를 금하도록 요구한 것이다. 일반 가정에서 술을 담가 팔기 위해서는 현행 주세법 등에 따라 세무서장의 면허를 얻어야 하는 등 제한 내지 금지하고 있는 것과 같은 취지라고 여겨진다.

개인적으로 채무를 보증하는 것도 금해야 한다고 주장했다. 당시에도 일반 보증은 사법상 규범으로 시행되고 있던 의용 민법에 의해 당연히 인정되었다. 따라서 이러한 단순보증까지 금하는 것은 아니라고 생각한다.[65)] 여기서 금하도록 제안한 것은 현행의 근보증, 특히 포괄근보증과 같은 과도한 보증이라 할 수 있다. 성서에서도 "보증을 서지 말라"는 표현이 있을 정도로 동서고금을 막론하고 인간사회에는 인적 담보제도로서 보증이 존재하였다. 따라서 신분을 구속하는 정도는 물론이고, 보증을 통해 삶 전체가 파탄에 이르게 되는 과도한 채무를 보증해주는 보증인이 되는 것을 금지하도록 제안한 것으로 여겨진다.[66)]

일반 가정 내에서 후손들에게 축첩하지 않도록 제안하였다. 1912년 제정된 조선민사령에 따라 일본 민법을 한국에서 의용민법으로 시행하면서, 민사 관습법에 대해서는 예외를 인정하였다. 그러나 일제가 식민통치의 안정기에 접어 들자 1923년 이후에는 조선민사령의 개정을 통해 일본 민법이 한국인의 거의 모든 사법 영역에 적용되었다. 특히 처음에는 적용되지 않았던 가족법과 상속법의 영역에도 적용되기에 이르렀다. 당시 일본 민법은 일부일처제를 규정하고 있었다. 예컨대 축첩하

65) 조만식은 반드시 어떤 경우든 막론하고 금지하는 것은 아니라고 밝히고 있다.
66) 윤철홍, "숭실과 조만식의 법사상"(주 3), 151면.

는 행위는 일본 민법 제770조 제1항 제1호의 "배우자에게 부정한 행위가 있었을 때"에 해당되어 재판상 이혼의 사유가 되는 것이었다. 물론 첩계약은 "공공의 질서 또는 선량한 풍속에 위반하는 사항을 목적으로 하는 법률행위"에 해당하여 일본 민법 제90조에 따라 무효였다. 그럼에도 불구하고 당시에 축첩이 상당히 보편화되었으며, 심지어 신여성들 사이에서는 제2부인이라는 말이 회자될 정도로 유행되었다. 이러한 축첩제도는 부부간의 신뢰를 파괴하고 종국에 가서는 가정을 파괴하는 원인이 되었다. 이러한 축첩제도를 금하도록 제안한 것은 시대의 개혁자로서 당연한 주장으로 여겨진다.[67]

누구나 남을 아프게 하는 일을 하지 말라는 것이다. 여기서 '아픈 일'이란 당시 일본 민법 제709조 이하의 불법행위로 해석할 수 있다. 예컨대 동법 제709조에서는 "고의 또는 과실로 인하여 타인의 권리 또는 법률상 보호되는 이익을 침해한 자는 이로 인하여 생긴 손해를 배상할 책임이 있다."고 규정하였다. 또한 제710조에서는 "타인의 신체, 자유 또는 명예를 침해한 경우 또는 타인의 재산권을 침해한 경우의 어느 쪽인가를 불문하고 전조의 규정에 의하여 손해배상의 책임을 지는 자는 재산 이외의 손해에 대해서도 그 배상을 하지 않으면 안된다."고 규정하고 있다. 이와 같이 정신적이든 재산적인 것이든 타인에게 손해를 끼치면 그 손해를 배상토록 규정하고 있었다. 따라서 조만식이 강조한 '아픈 상처를 입히지 말라'는 것은 타인의 재산상의 손해나 정신상의 손해를 야기치 말라는 것으로 이해할 수 있다. 그밖에도 문중 족인끼리 송사하는 일이나 사사로운 일로 원수 맺는 일을 하지 말도록 권면했는데, 이러한 것은 도덕적인 요청이라 할 수 있을 것이다.

---

67) 윤철홍, "숭실과 조만식의 법사상"(주 3), 152면.

(2) 도박에 관한 견해

1930년대 농한기인 겨울철뿐만 아니라 사철 동안 여자는 윷, 남자는 투전으로 생활이 피폐해져, 사회문제화 되었다. 예컨대 "스무살난 놈이 1년 동안 고양살아 번 돈을 정초 잡기에 다 잃어버리고는 하는 말이 '넨장 열 아홉 살 난줄 알지'"라는 말이 회자되었다. 이러한 도박은 농촌뿐만 아니라 '신사도박단'이라는 이름으로 교원이나 교인들이 도박하다 잡혀 신문에 보도되고 있는 현상에 대해 조만식은 한탄하며 비판한 적이 있다. 도박은 사상이 부패한 증거라고 이해한 조만식은 마작이나 투전과 골패 및 화투를 대표적인 도박으로 지적하였다.[68] 그에 따르면 도박의 폐해는 "첫째 들키면 징역살아, 둘째 거기에 미치면 딴 볼일을 못 보아, 셋째 열이면 아홉이 실패해, 넷째 맘보가 나빠져 결국 말하면 인격이 제로"가 된다고 주장하였다.[69] 물론 당시 일본 형법에 도박죄가 있었기 때문에 도박죄의 구성요건을 충족하면 도박죄로 처벌을 받아야 한다. 따라서 도박을 했다고 해서 모두 징역살이 하는 것은 아니지만, 도박의 폐해를 강조한 것으로 틀린 말은 아니었다. 또한 도박으로 인해 다른 일을 하지 못하는 것은 논외로 친다면 1/10의 확률을 위해 투자하는 것은 소위 반사회적인 행위로서 무효인 법률행위이다. 당시 일본 형법과 민법을 배운 바 있는 조만식은 실정법의 위반에 대한 구체적인 조문을 열거하지는 않았지만, 형법상의 범죄와 민법상의 무효임을 주장한 것으로 해석될 수도 있다. 이러한 도박의 가장 마지막의 폐해는 인격이 파탄된다고 여겼다. 그는 도박에 대한 근절책을 법적인 외적 강제보다 도덕적 내적 제재를 강조하였다. 따라서 종교적 제재가 가장 유

68) 「중앙」 1936년 3월 "도박과 조만식: 평양의 깐디 조만식 선생과의 '도박철학' 일문일답기", 236-237면; 홍만춘,엮음(주 18), 126-127면.

69) 「중앙」 1936년 3월 "도박과 조만식: 평양의 깐디 조만식 선생과의 '도박철학' 일문일답기", 239면; 홍만춘엮음(주 18), 129면.

력하다고 주장한 점은 자연법적 사고에 기인한 것으로 여겨진다.

(3) 조합에 대한 견해

경제사상에서 기술한 바와 같이 조만식은 국민경제 및 생활환경의 개선을 위한 방안으로 다양한 형태의 조합 결성을 제안하였고, 실제로 많은 조합을 결성했다. 예컨대 소비조합, 구매조합, 판매조합, 이용조합, 공동경작조합, 저금조합, 신용조합 등의 결성을 제안하였다.[70] 특히 농촌을 살리는 방안으로 이러한 조합을 제안하였다. 그런데 이러한 조합은 오늘날 특별법에 의해 설립되는 농협협동조합이나 신용협동조합, 노동조합과 같은 의미는 아니었다. 후술하는 바와 같이 경제적인 어려움이나 생활환경을 상부상조하여 개선하고자 하는 모임체로서 민법상 계약인 조합을 의미하는 것으로 해석된다.[71]

조만식이 제안했던 조합의 법적 근거는 당시 조선의 사법질서의 규범으로 시행되고 있던 일본 민법 제667조의 조합계약에서 찾을 수 있다. 일본 민법 제667조에서는 "조합계약은 각 당사자가 출자하여 공동사업을 경영할 것을 약정함으로써 그 효력이 발생한다."고 규정하고 있다.[72] 이러한 공동사업은 특별히 어떤 종류나 성질을 제한하지 않는다. 따라서 영리적인 것이든 비영리적인 것이든 묻지 않는다. 그러나 사업은 공동으로 이루어져야 하는 것이다. 여기서 공동이라 함은 조합원 전원이 그 사업의 성공에 대하여 이해관계 있는 것을 말한다. 따라서 일부 조합원만이 이익을 분배받는 것은 조합이라 할 수 없다. 조합원 모두 출

---

70) 조만식, "농촌청년의 의무", 조광 1937.1; 고당기념사업회편(주 2), 428면.

71) 윤철홍, "숭실과 조만식의 법사상"(주 3), 151면.

72) 현행 우리 민법 제 703조에서도 거의 같은 내용으로 "① 조합은 2인 이상이 상호 출자하여 공동사업을 경영할 것을 약정함으로써 그 효력이 생긴다. ② 전항의 출자는 금전 기타 재산 또는 노무로 할 수 있다"고 규정하고 있다.

자하여야 한다. 그 출자는 금전뿐만 아니라 기타 재산이나 노무로도 할 수 있다. 이러한 조합은 공동사업을 경영하기 위하여 결성된 하나의 단체이다. 그러나 이 단체성은 사단법인과 같이 독립성이 강한 것이 아니다. 따라서 그 법적 성질은 특별한 형식을 요하지 않는 불요식의 낙성계약이기 때문에 당사자들의 합의만 있으면 성립되는 것이다.[73)]

조만식은 기회가 있을 때 마다 절약과 검소한 생활을 주장하였다. 이러한 주장을 한 이유는 조선인은 생산이 저능하면서도 소비에는 대담하며, 토지나 가옥을 방매하여 일상용품을 매용하는데 사용하며, 수입을 초과하는 지출을 하기 때문이라고 판단하였다.[74)] 다시 말해 경제생활이 곤핍함에도 불구하고 허영과 사치 및 낭비가 심하다고 판단했기 때문이라고 생각하였다. 이러한 상황에서 국권회복 등은 불가능하다고 생각한 그는 조선물산장려운동과 같은 운동과 다양한 형태의 조합 결성을 통해 극복하고자 한 것이다. 다시 말해 조만식은 상술한 조합을 일제하에 피폐된 농촌공동체와 도시민들의 생활환경을 개선시킬 수 있는 방법이라 생각한 것이다. 인화를 기초로 한 경제단체가 필요한데, 이러한 운동단체들을 법인으로 설립할 수 없기 때문에 조합을 결성한 것이었다. 왜냐하면 당시 일본 민법상 사단법인을 설립하기 위해서는 주무관청의 허가를 받아야만 했다.[75)] 그런데 이 허가는 주무관청

---

73) 윤철홍, "숭실과 조만식의 법사상"(주 3), 152면.

74) 조만식, "생산과 소비와 우리의 각오", 「삼천리」 1936년 11월, 13면; 홍만춘엮음(주 18), 135면.

75) 당시 일본 제국 민법은 현행 우리 민법 제32조와 같이 법인을 설립하려면 주무관청의 허가를 받아야만 했다. 그러나 이 허가는 주무관청의 재량행위이었다. 현행 우리 판례도 같다. 예컨대 "현행 법령상 비영리법인의 설립허가에 관한 구체적인 기준이 정하여져 있지 아니하므로, 비영리법인의 설립허가를 할 것인지 여부는 주무관청의 정책적 판단에 따른 재량에 맡겨져 있다. 따라서 주무관청의 법인설립 불허가처분에 사실의 기초를 결여하였다든지 또는 사회 관념상 현저하게 타당성을 잃었다는 등의 사유가 있지 아니하고, 주무관청이 그와 같은 결론에 이르게 된 판단과정에 일응의 합리성이 있음을 부정할 수 없는 경우에는, 다른 특별한 사정이 없는 한 그 불허가처분에 재량권을 일탈 · 남용한 위법이 있다고 할 수 없다"고 한다(대판 1996. 9. 10, 95누18437).

의 자유재량행위에 속하므로, 주무관청으로부터 쉽게 허가를 받을 수 가 없었기 때문이다. 그러나 여기서 조합은 2사람 이상의 조합원들이 상호출자하는 등 조합원 모두가 힘을 합하여 공동사업을 경영하여 조합원들의 생활환경이나 경제적인 상황을 개선시키는 계약이다. 주무관청의 허가 없이도 조합원의 협의만 있으면 결성할 수 있는 것이기 때문에 당시로서는 가장 적절한 방법이라 판단한 것이다. 조합 결성운동은 사단법인과 조합의 의미를 바로 알고 시작한 운동이라 여겨진다. 더 나아가 헌법상 인정해주고 있던 결사의 자유를 잘 활용한 탁월한 운동방식이라 여겨진다.[76)]

(4) 혼인에 대한 견해

조만식은 1930년대 신식 교육을 받은 여학생들에 대한 혼인관을 다음과 같이 피력한 바 있다.[77)]

> "현대 청년 여자들의 마음에 결혼의 상대자를 생각할 때에는 인격보다도 금전을 표준하여 금전이 있는 자를 위인이야 어떻던지 또는 그의 가정 내용이야 어떠한지를 막론하고 금전을 결혼의 제일조건으로 하려는 경향이 많다. 이것은 단지 향락과 안일을 표준함으로 써다. 그리하여 결혼이 된다하여도 결국 불행의 가정이 되는 바도 많고 심하면 상당한 학교출신의 여자의 몸으로서 당당한 정혼의 주부가 되지 못하는 경우도 종종 있음을 보게 된다. 우리는 권한다. 인격과 인격과의 결합을 생각하고 때 묻은 지전뭉탱이와 분바른 허영덩어리와 결혼이 되

---

76) 윤철홍, "숭실과 조만식의 법사상"(주 3), 152면.
77) 조만식, "향락과 안일을 버리자", 「신가정」 1935년 9월 18일자; 홍만춘엮음(주 18), 110면.

지 않도록 미리 생각하였다가 과연 이상적 가정 진정한 행복의 생활이 되기를 힘쓰라."는 것이다

일제강점기인 1920년대부터 신식학교에서 교육을 받은 신여성들 사이에 '제2부인'이 유행하였다.[78] 즉 신여성들이 자유연애 실현의 방편으로 혹은 기혼남성의 기만적 행동이나 경제적 안정을 추구하는 과정 중에 기혼자, 즉 정실부인이 있는 남성의 제2부인이 되는 풍조가 만연하였다. 자유연애에 의한 것이든 경제적인 안정을 추구하는 이유에서건 정실부인이 있는 유부남의 제2부인이 되는 것은 첩의 변형된 모습이었다. 조만식은 이러한 분위기를 질타하면서, 혼인을 인격과 인격과의 결합이라고 주장하였다. 당시 민사규범으로 시행되고 있던 일본 민법에서는 현행 우리 민법과 마찬가지로 당사자의 의사의 합치에 의해 혼인이 성립하였다. 그런데 이러한 의사의 합치에 허영이나, 금전적인 조건이 합해져 불행해지는 것을 경고하고 있는 것이다. 첩은 물론이고 제2부인이나 금전의 수수를 조건으로 하는 혼인은 민법상 무효가 되었다. 조만식이 이러한 혼인의 무효나 취소사유 내지 이혼의 사유가 되는 혼인들을 구체적으로 적시한 것이 아니라 이상적이고 건전한 결혼을 통해 진정한 행복이 있는 가정을 바라는 자연법적 의미의 혼인관을 제시한 것이라 할 수 있다.[79]

78) 이러한 제2부인이 되는 이유들에 대해서는 이혜선, "1920-1930년대 신여성 '제2부인' 연구", 이화여대 석사학위논문, 15면 이하; 정지영, "1920-30년대 신여성과 첩/제2부인", 「한국여성학」, 22-4호, 2006 참조.
79) 윤철홍, "숭실과 조만식의 법사상"(주 3), 153면.

6. 소결

조만식은 실천적 행동가이었지만, 민족에 대한 바른 의식과 사상을 지닌 선각자였다. 또한 대학에서 법학을 공부한 사람으로서 짧은 기간이지만 대학에서 법학을 강의하기도 하였다. 그러나 다른 분야에서와 마찬가지로 법학 내지 법률에 대한 종합적인 저서를 출간하지 않았다. 또한 자신의 법률관이나 사상을 정리하지도 않았다. 하지만 다양한 기고문과 실천적 현장의 삶에서 그의 법사상을 알 수 있다.

법사상에서 가장 기초적이고 핵심적인 것은 정의관이다. 조만식은 정의에 대해서도 구체적으로 정의하지 않았다. 그러나 그의 실천적 삶에서 정의를 추론할 수 있다. 아리스토텔레스의 정의관을 넘어 사회를 변혁시키는 힘을 정의라 이해할 때, 조만식의 민족사랑은 바로 공동선을 지향하는 변혁적 정의를 실천하는 다른 표현이다. 그의 삶은 우리 민족의 정치, 경제, 사회, 문화 등 모든 상황을 더 나은 것으로 변화시키기 위한 몸부림이었다. 그는 농촌운동과 조선물산장려운동, 학교를 설립하여 문맹퇴치와 실력을 양성하는 운동, 건국준비운동과 통일된 조국건설을 위한 신탁통치 반대운동 등은 사회를 변화 내지 개선시키고자 하는 노력하였다. 이러한 노력은 공리주의적 정의관을 구현하는 것인 동시에 자유주의적 정의의 실현을 위한 것이라 할 수 있다. 조만식의 정의관은 한마디로 사회의 현상을 변혁 내지 개선하려는 것, 즉 변혁적 정의를 의미한다. 자연법적 관점에서 정의를 법의 이념 중 최상위 개념으로서 이해할 때, 조만식의 법사상은 정의 구현을 위한 노력이라 할 것이다. 다시 말해 그의 실천궁행을 다른 식으로 표현한다면 실천을 통한 정의구현이라 할 수 있다.

자본주의와 사회주의를 구별하는 여러 가지 원칙 중 가장 핵심적인 것은 사유재산제, 특히 토지에 대해 사적 소유를 인정하는지 여부이다. 사유재산제는 조만식에게 역시 경제 및 국가체제를 이해하는데 핵심적인 것이었다. 국민 개개인들에게 소유권을 인정해 주는 사유재산제는 자본주의의 기본이다. 조만식은 이러한 사적 소유권을 인정하면서, 바이마르공화국 헌법 제153조에서 규정하고 있는 바와 같이, 소유권을 공공복리에 유익하게 이용될 수 있도록 제한해야 한다고 생각하였다. 그러나 조만식이 제안하였던 한 가정당 10만원을 최고한도로 하는 소유제한제는 과도한 것으로 여겨진다. 기본적으로 이러한 과도한 제한을 생각한 것은 기독교 사회주의적 사상을 지닌 것으로 이해된다. 물론 해방 후 북한 지역의 토지개혁을 공산계열과 협의 할 때 '소작료 3:7제'를 주장한 것을 보면 철저한 사회주의는 아니고, 기독교적 평등사상 내지 사랑을 실천하는 방편으로서 사회주의의 장점을 수용한 것이라 여겨진다. 예컨대 현대 헌법에서 논의되고 있는 '사회국가원리'와 같은 관점이 될 것이다.

조만식의 법사상은 법률저서 등을 남기지 않았기 때문에 그의 단편적인 기고문이나 연설문 혹은 인터뷰 등에서 찾아 볼 수밖에 없다. 예컨대 각종의 운동을 독려하면서 제안한 내용들 속에서 그의 법사상을 추론해 볼 수 있다. 우선 헌법적인 권리에 대해 먼저 언론의 중요성을 강조하였다. 언론은 공기로서 사회의 부패를 막으며, 문화를 증진시키는 공론장의 기능을 강조하였다. 또한 각종의 단체를 결성하여 열악한 상황을 개선하려는 운동은 앞서 기독교적 관점에서 논구한 변혁적 정의의 구현인 동시에 국권회복을 위한 비폭력적 무저항주의에 입각한 민족 독립운동이라 할 수 있다. 이것은 당시 일본 제국헌법에서 제한적으로 인정하고 있던 결사의 자유를 향유한 것이라 할 수 있다. 그는 기본적으로 기독교 사회주의적 사상을 지닌 것으로 추론할 수 있다. 특히 공동체의 유지 발전을 위해 사소유권의 제한을 강조한 것이라 이해할 수 있다.

조만식은 국민들의 일상생활에서 금지되어야 할 행위들을 구체적으로 적시하였다. 예컨대 축첩이나 도박, 고리대금업 등으로 대표되는 행위들은 당시 의용민법으로 시행중인 일본 민법 제90조에 해당되는 것이다. 즉 동조에서는 "공공의 질서 또는 선량한 풍속에 위반하는 사항을 목적으로 하는 법률행위는 무효로 한다."고 규정하였다. 그는 비록 이 규정을 구체적으로 언급하지는 않았지만, 그의 주장은 반사회적 행위에 대한 무효 조항을 반영한 것이라 할 수 있다. 특히 고리대금이나 오늘날 포괄근보증과 같은 과도한 보증을 금지하려는 것은 현대법에서 논의되는 경제적 약자를 보호하려는 정신 내지 성서에서 장려하였던 빈자구호법의 정신을 반영한 것이라 할 수 있다. 그 밖의 다양한 조합계약을 통한 공동체의 체질 개선 활성화와 건전한 혼인 공동체를 희구하는 혼인관 역시 자연법과 기독교적 사상이 반영된 법률관이라 여겨진다.

조만식은 3.1만세 운동시 보안법 위반으로 실형을 산적이 있다. 그러나 법률을 전공한 관계 때문인지는 확신할 수 없으나, 철저한 준법의식을 지닌 '법치주의'를 지향하는 운동가였다. 청년기에 수형 생활하는 동안 자연법적인 관점에서 일제의 법집행에 대해 비판하기도 하였다. 그러나 그는 실정법의 범주 내에서 법에 저항하지 않고, 민족운동을 전개하였다. 법의 이념을 정의와 합목적성과 법적 안정성이라 할 때, 그는 이러한 법의 이념을 구현하기 위해 평생 노력했다고 해도 과언이 아니다. 구습적인 사회현상을 변혁시키는 것을 정의라 할 때, 조만식의 이러한 노력은 정의의 실현을 위한 노력이라고도 해석할 수 있다. 이러한 정의실현과 민족의 유익을 위해 일제나 해방 후 공산당과 결코 타협하지 않았다. 전술한 바 있는 일제강점기 일제의 실정법을 무저항적으로 수용한 것을 일제와 타협으로 해석하지 않는 것은 이러한 민족의 위한 원칙을 놓고 어떠한 경우에도 타협하지 않았기 때문이라 여겨진다. 실정법의 제정 목적과 법적 안정성을 인정하면서 민족의 앞날을 위해 그것을 개선하려고 노력한 것이다. 현장의 운동가들이 필요악처럼 행사할 수밖에 없는 폭력이나 불법행위를 철저히 배제하였다. 법이 함의하고 있는 또 다른 목적인 평화를 몸소 실천한 것이다.

제6장

조만식의 정치사상

1. 서설

조만식은 정치가인가? 이에 대해 답하기 위해서는 '정치가'의 의미를 먼저 개념 규정해야 하는데, '정치' 자체가 매우 다의적인 개념이다. 예컨대 정치란 통치자 등이 사회구성원들의 다양한 이해관계를 조정하거나 통제하면서 국가의 정책과 목적을 실현시키는 일을 의미하기도 하고, 개인이나 집단이 이익과 권력을 얻기 위하여 사회적으로 교섭하고 정략적으로 활동하는 일을 의미하기도 한다. 전통적으로는 '정치'를 좁은 의미와 넓은 의미로 구별하여 사용해 왔다.[1] '정치'를 가장 좁은 의미인 정당 중심의 현실 정치로 해석한다고 하더라도, 조만식이 해방 후 조선민주당을 창당한 다음 초대 당수로 활동한 것은 정치인으로서의 활동이라 할 수 있다. 더 나아가 정치를 국가의 제도와 행정뿐만 아니라 여러 민족과 국가 간의 권력 투쟁이나 한 국가 내에 존재하는 여러 집단에서의 의사결정 등을 포함하는 넓은 의미로 이해한다면, 조만

1) 협의적 개념과 광의적 개념에 대해서는 신정현, 「정치학」(법문사, 2005), 18면 이하.

식은 평생 정치가로서 활동한 것이라 할 수 있다. 예컨대 현실 정치와는 거리가 먼 것이라 할 수 있는 순수 교육자로서 오산학교 시절 교사나 교장으로 활동한 것까지도 정치 교육적 행위라고 할 수도 있다.[2] '정치'를 이렇게 넓게 해석한다면, 조만식은 일제강점기에 대단히 왕성하게 정치 활동을 한 정치가라 할 수 있다. 조선인들을 감시하고 통제해야 하는 조선총독부 입장에서 본다면 더욱 그러하리라 여겨진다.

조만식의 생애는 학창시절을 제외하고는 항상 국민을 위해 국민과 호흡하면서 생활했다. 처음에는 교사로서 청소년들을 지도하였다. 평양 YMCA 총무시절에는 시민들의 애환을 들어주며 그들의 문제를 해결하기 위해 함께 노력했다. 또한 조선물산장려운동 등을 포함한 시민운동과 농촌계몽운동, 특히 신간회운동 등을 전개하였다. 이러한 활동들은 정치학적 관점에서 정치활동으로 볼 수 있는 요소들을 포함하고 있다. 그러나 이렇게 넓은 의미에서 일제 강점기의 정치가로서 조만식을 평가하는 경우에는, 조만식의 조국에 대한 순수한 사상을 오히려 퇴색시키는 면이 없지 않다. 이 때문에 이곳에서는 정치를 좁은 의미로 해석하고자 한다. 넓은 의미에서 오산학교의 교사와 교장으로서 재직한 것이나 순수 시민활동 및 농촌계몽활동 등을 정치활동으로 해석한다면 조만식의 모든 활동이 정치적인 것으로 변질되어 버리기 때문이다. 이러한 이유로 신간회운동을 제외한 운동 중에서 오산학교의 교사와 교장 및 학교 설립과 관련한 활동에 나타난 조만식의 사상은 전술한 교육사상 분야에서 논구하였다. 그 밖의 조선물산장려운동과 농촌계몽운동 등에 대해서는 경제사상 분야에서 이미 살펴보았다. 따라서 이곳에서는 협의의 정치학적 관점에서 제한된 범위, 즉 만보산사건과 신

---

2) 이렇게 넓은 의미로 파악한 견해로는 정연선, "정치인으로서의 조만식", 「고당 조만식선생 사상의 재조명」, 숭실대학교 통일정책대학원, 1997.10.18., 고당 조만식 서거 47주기 기념 세미나(미간행), 44-45면.

간회운동 및 해방 후 평남 건국준비위원회와 조선민주당의 창당 및 그 밖의 활동 등에 나타난 조만식의 사상을 살펴보고자 한다.

2. 만보산사건에서 보여준 조만식의 비폭력적 평화주의 사상

(1) 만보산사건의 발생과 전개 과정

만보산사건은 1931년 4월부터 7월 사이에 중국 길림성 장춘현(長春縣)에서 서남쪽으로 30킬로미터쯤 떨어진 만보산지역의 이통하(伊通河) 일대에서 농수로의 건설을 둘러싸고 조선농민들과 중국농민들 사이에 벌어진 분쟁을 말한다.[3] 1931년 당시 만보산지역에는 학영덕(郝永德)이라는 사람이 일본 세력의 후원 아래 설립한 장농수도공사(長農水稻公司)가 만보산에 거주하는 중국인 지주들로부터 토지를 임차하여, 이 토지를 조선농민들에게 전대해 주는 사업을 경영하고 있었다. 1931년 4월 9일부터 13일까지 180여명의 조선인들이 이 만보산 지역으로 새로 이주해 왔다. 학영덕은 4월 16일에 장농수로공사의 명의로 조선농민들과 이통하 동쪽 생황숙지(生荒熟地) 약 500향을 10년 기한으로 수전경작(水田耕作)하는 전조계약(轉租契約)을 체결하였다. 그러나 조선농민들이 실제로 농사를 지으려고 하자 논농사에 필요한 물이 부족하였다. 이에 따라 4월 18일부터 논농사에 필요한 물을 이통하로부터 끌어드리는 수로개

3) 만보산사건의 발단과 진행 과정 등에 대한 전체적인 사항은 박영석, 「만보산사건연구: 일제 대륙침략정책의 일환으로서의」(아세아문화사, 1978), 80면 이하를 참조 할 것.

설 작업을 시작하였다. 그런데 이 수로개설 작업을 하는 과정에서 중국 농민들의 경작지를 상당 부분 훼손하였다. 중국 농민들은 즉각 전차인인 한국 이주 농민 이승훈 등에게 수로공사의 중지를 요청하였다. 그러나 그곳을 관할하던 일본공사는 수로공사를 계속 강행시켰다. 이에 따라 중국 농민들이 중국 정부에 도움을 요청하자 5월 31일에 중국 경찰 200명이 출동하여 공사를 중지시켰다. 이에 대응하여 일본 당국은 자국민을 보호한다는 미명 아래 6월 3일 경찰을 출동시켜 공사를 다시 진행시켰다. 사건의 확대를 원하지 않았던 중국은 장춘소재 일본영사인 田代重德에게 훼손된 경작지를 보상하는 것으로 사건을 종결하고자 원했다. 그러나 만주지역에서 영향력을 확대하고자 획책하고 있던 일본 당국은 이러한 제안을 거부하면서, 오히려 조선농민 100명을 추가로 분쟁지역으로 보냈다. 조선 농민들의 보호에 적극적인 일본 당국에 비해 느슨하게 대처하고 있던 중국 당국에 실망한 중국 농민 500여명은 7월 1일 농기구와 창을 가지고 마가초구로 가서 조선 농민들이 개설해 놓은 수로를 메워 버렸다. 이에 따라 일본 당국은 경찰력을 동원하여 중국농민들의 활동을 제지하였다. 이 과정에서 일본경찰은 중국 농민들에게 발포하였다. 이에 따라 중국농민 1명이 부상당하고 15명이 체포되었다. 바로 다음날 일본은 헌병대를 파견하여 이 지역을 점령하였다.[4] 7월 7일에는 중국 농민이 매몰시킨 수로를 다시 개통하였다. 이로 말미암아 장마철이 아님에도 불구하고 부근의 중국 농민들의 농지가 침수되었다. 만주점령을 계획하고 있던 일본은 8월 8일에 경찰을 일시적으로 철수하였다. 그리고 나서 일제는 한 달 정도 준비기간을

4) 이러한 사실적인 문제뿐만 아니라 전조계약에는 법률상 瑕疵도 있었다고 한다. 예컨대 조선농민들이 장농수도공사와 전조계약을 체결하기 위해서는, 먼저 동북지방정부 당국으로부터 허가를 받아야 하는데, 학영덕이 이를 무시하고 계약을 체결하였다는 것이다.

거쳐 9월 18일에 만주를 본격적으로 침략하여, 완전히 점령하였다. 이에 따라 만보산지역에서 한국 농민들의 주장이 그대로 관철되었다. 이러한 만보산지역의 농민들 사이 분쟁 자체는 농촌에서 농수사용이나 수로개설과 관련하여 흔히 볼 수 있는 일이었다. 그런데 서로 다른 민족들 사이에 발생된 일이다 보니 민족감정이 발동되어 집단적 분쟁으로 변한 것이다. 다시 말해 처음에는 사소한 농민들의 문제에 불과한 것이었다. 그런데 일본영사관에서 개입하면서 국가 간의 분쟁으로 비화된 것이었다. 1931년 당시 상황은 장춘 田代重德 영사가 본국 외상인 幣原喜中郎에게 보고한 아래에서 소개하는 문서에서도 대략적으로 확인할 수 있다.

> "중국인 학영덕(郝永德)은 소유 삼성보 황무지 500천지에 대해 장춘 조선인 거류민회의 알선으로 작년 중국관헌 또는 지주, 부령선인 등의 압박을 피해 ①피난 온 조선인 이창훈, 김두천, 정찬옥 등 9명과 .... 차지계약을 체결하였다. ②계약을 맺을 때 장춘현장의 승인을 얻어 장차 중국 관헌의 압박을 받지 않도록 수단을 강구할 예정이었다. 삼성보는 장춘에서 하루에 왕복할 수 있는 교통이 편리한 곳에 위치하였다. 그곳에서 ③경영이 잘 될 경우 상당한 규모의 조선인 부락이 건설되어 소작농민의 복음이 되는 것은 물론 이곳 ④장춘과의 관계도 밀접하게 되어 장춘 조선인민회 및 금융회의 사업에도 상당한 영향을 미칠 것이다"[5]

이 보고서에 따르면 학영덕이 여러 가지 약점을 지닌 조선 농민과

---

5) 在長春田代領事 幣原外務大臣宛(1931.4.7.). 「일본외무성문서」(S 14.1.0-1802-1803); 손승희, "지역너머의 만보산사건(1931)", 인문연구 53호, 2007, 94면 이하(재인용)..

전대계약을 체결하면서 중국관헌들로부터 승인을 받아야만 했다. 그런데 승인을 받지 못했다는 점과 다른 문제가 없다면 조선인 농민들에게 여러 가지로 유익할 것이며, 자국의 금융사업에도 도움이 될 수 있을 것이라는 점을 적시하였다.[6] 이러한 보고서에서도 확인할 수 있는 것처럼 일본인들이 이 분쟁에 적극적으로 개입하였다. 특히 만주침략을 노리던 일본은 "조선인을 보호한다"는 명분으로 싸움을 부추겼다. 예컨대 조선인 농민들이 일본 영사관의 보호 아래 중국 농민의 요구를 무시하고 수로개설 공사를 강행하자 1931년 7월 1일에는 중국 경찰까지 출동하여 일본 경찰과 충돌하는 사태가 발생한 것이다. 그런데 이것이 조선 내에서 민족 간의 큰 문제로 비화된 것은 7월 2일에 조선일보가 일본 영사관이 제공한 부정확한 자료를 바탕으로 200여명이 피습되었다는 기사 때문이었다. 7월 2일에는 호외기사까지 발행하는 등[7] 연 이은 부정확한 보도는 조선인들의 분노를 야기하여, 조선에 있는 화교들을 배척하는 운동을 초래하였다. 예컨대 인천을 시작으로 경성, 원산, 평양, 부산, 대전 등지에서 중국인의 상점과 가옥을 파괴하고, 중국인을 구타 학살하는 사건들이 며칠간 계속되었다. 사태가 점차 격화되어 단순히 화교들을 배척하는 정도가 아니라 잔인한 폭력사태로 확대되었다.

(2) 평양에서의 화교 배척운동과 조만식의 역할

조선일보는 1931년 7월 2일부터 4일까지 만보산사건에 대해 집중적으로 보도하였다. 주로 일본 영사관이 제공한 잘못된 내용들이었다. 특히 조선농민의 다수가 '부상'이 아니라 '살상'되어 중국과 일본 경찰들

---

6) 이에 대한 자세한 분석은 손승희, "지역너머의 만보산사건"(주 5), 95면 이하 참조.

7) 이러한 조선일보의 보도는 매우 부적절하고 부정확 것이었다. 이에 반해 동아일보는 아주 다른 시각에서 보도하였다. 이에 대해 자세한 분석은 민두기, "만보산사건(1931년)과 한국언론의 대응",「동양사학연구」, 제65집, 1999, 143면 이하 참조.

이 교전까지 했다고 호외를 발간한 것이 문제였다. 이러한 보도를 통해 잘못된 정보를 접한 국민들 사이에서 폭력적이고 잔인한 화교배척 운동이 발생하게 된 것이다. 전국 각지에서 발생한 중국인 배척운동은 평양도 예외가 아니었다. 다음은 당시 평양에서의 일본 당국의 처리 상황에 대한 목격담이다.[8)]

> "그 사건의 보복으로 평양시민들이 평양에서 상업과 채마 밭을 경영하던 중국인들을 죽이는 복수사건이 어느 날 밤에 일어났다. 처음 일어났을 때에는 일본 경찰들이 못 본척하다가 늦게 서야 일본 기마경찰이 출동하여 구타당해서 흰 옷에 피가 묻은 중국인들을 데리고 남문경찰서로 집결 수용하였다. 그 광경은 처참하였다. 지금도 흰 옷에 피가 묻어 시뻘건 모습과 맨발로 기마순경에 끌려가면서 비명을 지르던 중국인의 모습이 눈에 선하다.
> 평양거리에는 중국 상점에서 꺼내 가지고 나온 포목들이 전차 전선에 걸려 휘날리고 있었다. 그 이튿 날 조만식 선생님은 평양 일본 경찰서장을 만나서 "이런 무책임하고 야만적인 경찰이 어디 있느냐, 당장 사표내고 물러나라"고 강하게 항의하고는 평양 역전에 중국인들을 모아놓고 위로의 말과 사건 전말을 해명하고 구제품을 나누어 주며 이해시켜 사건을 무마시켰다."

만보산사건의 전개과정과 이 목격담에서 확인할 수 있듯이 일제는 만보산사건을 철저히 정치적으로 이용하려고 했다. 이러한 의도를 알게 된 당시 뜻있는 국민들과 동아일보 등 일반 여론은 "한중 친선을 해치는 어떠한 일도 해서는 안된다."는 입장이 주류를 이루었다. 특히 식

8) 김만식, "역사깊은 민족은 망하지 않는다",; 고당기념사업회편, 「고당 조만식의 회상록」(조광출판인쇄소, 1995), 123-124면.

자층에서는 상호간의 폭력적 투쟁은 양 민족의 피해만 초래할 뿐이며, 이를 통해 일본만이 그 야욕을 충족할 것이라 점을 강조하였다. 이 문제가 평양에서도 표면화되자 YMCA 총무와 신간회 평양지회의 회장을 역임 하면서 평양사회에 다소간의 영향력을 행사하고 있던 조만식은 위의 목격담에서처럼 오윤선 장로 등과 함께 위험을 무릅쓰고 거리에 나가 격분한 군중들을 직접 회유하였다. 특히 중국인에 대한 가해행위를 극구 만류한 것이었다. 특히 평양에 거주하는 중국인의 보호에 앞장선 것이다. 이것은 일본의 정치적 야욕을 차단하는 정치행위로 해석되며, 국제 정세와 그 상호 관계에 대한 주관적인 판단 아래 행하였던 것으로 여겨진다. 당시 조만식은 평양 YMCA 총무로서 개별적인 상담 위주로 소극적인 활동을 하고 있었다. 그러던 조만식에게 이 사건은 일반 대중 앞에서 직접 대중을 설득한 첫 번째 사례라 할 수 있다. 또한 이것은 조만식의 반일 투쟁방식이라 표현되는 '비폭력적 평화주의 투쟁' 방식을 대외적으로 구체화한 사건이라 할 수 있다. 특히 이민족인 중국인들이라 하더라도 인간으로서 존엄과 가치를 지닌 존재로서 보호하고 사랑해야 한다는 사상을 드러낸 최초의 사례라 할 수 있다. 이러한 사해동포주의(Cosmopolitanism)적인 정신은 해방 후 평양에서 평안남도 건국준비위원회의 위원장 명의로 발표한 성명서에서 폐망한 "일본인들을 해(害)하지 말라"고 주장한 것과 같은 맥락이라 할 수 있다.

3. 신간회 활동과 조만식의 역할

(1) 신간회의 설립과 그 강령

1920년대부터 민족해방운동이 본격화되었다. 특히 1926년 6월 10일 순종의 인산일을 계기로 일어난 6.10만세 운동에 자극을 받아 국내에 있던 민족주의 세력과 사회주의 세력이 서로 협력해야 할 필요성을 강하게 느끼게 되었다. 이 두 세력은 민족운동의 이념과 방법, 주도세력 등에 따라 여러 갈래로 나누어져 있었다. 이러한 상황을 극복하고자 민족주의자와 사회주의자들이 민족협동전선으로 설립한 것이 신간회였다. 한국 역사상 최초 민족 단일 정당의 성격을 띤 단체라 할 수 있다.[9] 다시 말해 신간회는 1927년 2월 11일에 종로 중앙 YMCA 강당에서 민족 독립을 위해 효과적인 항일투쟁을 수행하기 위한 목적으로 민족주의 진영과 사회주의 진영이 상호 협력을 통해 단일 정당과 같은 단체로서 창립대회를 개최한 것이었다. 이러한 신간회의 삼대강령은 1) 정치적 경제적 각성을 촉구하고, 2) 공고한 단결을 도모하여, 3) 기회주의를 배격한다는 것이었다. 조선총독부의 탄압을 피하기 위하여 이와 같은 추상적인 슬로건을 내세웠다. 이러한 강령의 본질은 기회주의적 자치운동을 일체 배격하고, 자주 독립을 목표로 공고한 단결을 이루어 선명한 민족적 정치투쟁을 전개하겠다는 선언이었다.[10] 이러한 선언 속에는 한국인을 착취하는 기관의 철폐, 이민정책의 반대, 한국인 본위의 교육실시, 한국어 교육실시, 과학사상 연구의 자유 등이 포함되었다.[11]

---

9) 이러한 단체의 성격 등에 대해서는 신용하, 「신간회의 민족운동「(지식산업사, 2017)를 참조할 것.

10) 장규식, 「민중과 함께한 조선의 간디」(역사공간, 2007), 159면.

11) 한근조, 「위대한 한국인(12): 고당 조만식」, (태극출판사, 1977), 259면.

신간회의 초대회장은 이상재가 추대되었으며, 부회장에는 천도교의 구파 중진인 권동진이 선임되었다. 창립한지 얼마 되지 않아 전국 부군(府郡)에 141개소의 지부와 각계 각층에서 4만 여명이 회원으로 가입하였다.[12] 이러한 신간회의 회원에는 전술한 바와 같이 민족주의자와 사회주의자들이 모두 가입하여 명실상부한 거국적이고 통합적인 조직을 이루었다. 신간회는 일제 당국으로부터 허가를 받아 설립한 합법적인 단체였다. 합법적인 단체였기 때문에 오히려 창립 당시부터 일제의 심한 감시와 간섭을 받았다. 이러한 간섭과 제한 때문에 신간회가 설립 목표로 삼았던 언론·출판·집회·결사의 자유의 보장, 치안유지법의 폐지, 조선인 착취기구의 폐지, 일본인 이민정책의 반대, 조선인 본위의 교육과 같은 민족 정체성을 회복하기 위한 정치 투쟁을 제대로 수행할 수 없었다. 4만 여명의 회원을 지닌 거대한 단체임에도 일제의 강력한 통제 내지 간섭으로 원래 목표했던 활동을 거의 수행하지 못했다. 이에 따라 중앙회 중심 활동으로부터 지역 특성에 맞는 지회 중심의 활동으로 전환되었다. 조만식은 신간회 창립 시에 발기인으로 참여하는 등 초기부터 신간회 활동에 적극적으로 활동하였다. 특히 중앙위원 겸 평양지회 회장으로 조직 확대를 위해 노력하였다. 신간회는 조만식이 평소 가지고 있던 "조국이 일제의 압박에서 해방되기까지는 전 민족이 한데 뭉쳐 싸워야 한다."는 생각과 일치하는 것이기 때문에 적극적으로 참여하면서, 평양지회의 활동을 주도하였던 것이다.

(2) 신간회 평양지회의 설립과 활동

1927년 12월 20일에 신간회 평양지회가 결성되었다. 이 평양지회의

12) 신간회의 창립 배경과 조직 등에 대해 자세한 것은 이균영, "신간회연구", 한양대 박사학위청구논문, 1990, 5면 이하 참조.

설립에는 평양지역의 기독교 세력이 적극적으로 참여하였다.[13] 기독교가 한국사회에 수용된 이래 평양 등 관서지역은 어느 지역보다 교세가 급속도로 성장하여 사회, 경제, 문화 영역에서 확고한 지위를 확립하고 있었다.[14] 다시 말해 평양지역은 일찍부터 기독교 중심의 민족 세력이 강했으며, 그 중심에 조만식이 자리하고 있었다. 이러한 현상은 신간회의 본부는 민족주의 세력이 강하고, 지회는 사회주의세력이 강했던 당시 경향과는 상반된 것이라 할 수 있다.[15] 조만식은 신간회 평양지회의 회장과 대표회원으로 선출되었다. 당시 평양지역에 널리 알려진 기독교인들이 중심이 되어 이들의 지역적 명망성과 기독교 조직력 및 다양한 요소를 결집하여 신간회 평양지회를 결성한 것이다.[16] 조만식은 이러한 기독교 인사들을 중심으로 사회주의자들을 참여시켜 활동의 외연을 넓혀 나갔다. 약 300명으로 구성된 신간회 평양지회는 평양 YMCA 건물에 사무소를 두고 강연 등을 통해 민족 단합과 계몽운동에 앞장섰다. 예컨대 조만식은 1928년 신년 소감에서 당면 과제로서 의복개량, 자급자족, 농촌사업, 산업진흥이라고 밝혔다. 이와 더불어 평양에서 활동하고 있는 조선인 상공업자들을 모아 평양상공협회를 창립하기도 하였다. 조만식은 민족자본을 육성하여 경제적으로 자립하는 것을 민족운동의 핵심으로 생각하였다. 이 때문에 이러한 경제인들의 규합에 심혈을 기우렸다.[17] 특히 1927년 12월에는 남산현교회에서 '우리의 각성'이라는 논제로 시국강연회를 개최하여, 국민들을 계몽하는데 힘썼다. 또한 성천 삼덕광산의 붕괴로 인한 광부 압사사건 때에는 한국인 광산주에게 장례비와 가족들의 생활비를 지원해 주도록 조치하였다. 더 나아

---

13) 김권정, "신간회와 조만식", 「애산학보」, 제33집 2007, 70면 이하 참조.
14) 평양지부의 구성 등에 관해서는 한근조(주 11), 265면 이하 참조.
15) 김권정, "신간회와 조만식"(주 13), 70면.
16) 김권정, "신간회와 조만식"(주 13), 71면.
17) 자세한 것은 제5장 "조만식의 경제사상"을 참고 할 것.

가 1928년 12월에 진남포 제련소 인부 폭동사건이 일어났을 때에는 신간회 평양지회에서 노동자들을 선동했다는 이유로 지회의 회원들이 일본경찰에 의해 체포되기도 했다. 그러나 다양한 신간회 활동은 사회주의자들의 격렬한 비판에 직면하였다. 예컨대 계급의식적 사고를 지닌 사회주의 집단에서는 신간회를 소부르조아적 집단이라고 비판하는 동시에 적극적으로 투쟁하지 않는다거나 노농대중의 투쟁의욕을 말살시킨다고 비판하면서, 신간회의 해체를 주장하기에 이르렀다.[18]

(3) 신간회 해체 주장에 따른 조만식의 대응조치들

1929년에 세계공황이 발발하였다. 이러한 공항의 영향이 일제에도 미쳤다. 예컨대 일본 국내에서도 금융공황과 농업공황이 발생하였다. 신간회 역시 이러한 경제공황의 영향을 받을 수밖에 없어 활동이 위축되었다. 다른 한편으로는 신간회의 핵심 세력을 차지하고 있던 사회주의 세력은 민족주의 세력을 중심으로 한 신간회의 활동을 유약한 것으로 오히려 노농대중의 투쟁욕을 저하시킨다고 비판하였다.[19] 이에 따라 양 세력 사이에 주도권 싸움이 격렬하게 나타났다. 더욱이 민족협동전선론이 크게 후퇴하였다. 이에 따라 사회주의 세력은 민족주의 세력과 제휴를 전면 거부하면서 노농중심의 투쟁으로 바꾸었다. 더 나아가 신간회 내 민족주의 세력조차도 일제와 타협하자는 주장들이 대두되었다.[20] 이러한 서로 반목과 비판적인 견해들로 말미암아 신간회 내부에서 조차 신간회를 새로운 단체로 발전시키기 위해 발전적으로 해소하

18) 이러한 신간회의 해소 내지 해체에 대해 자세한 것은 이균영, 「신간회연구」, 한양대 박사학위청구논문, 1990, 181면 이하 참조.

19) 조만식, "신간회 해소 반대론", 삼천리, 2.25; 고당 조만식기념사업회편. 회상록(주), 376면.

20) 이균영, 「신간회연구」 (역사비평사, 1995), 190면 이하 참조.

자는 주장이 나타났다.[21] 이러한 상황 하에서 신간회 평양지회장과 중앙 집행위원을 역임한 조만식은 이와 같은 발전적 해소론을 비판하면서, 신간회의 해소를 반대하였다.[22] 예컨대 조만식은 "신간회 해소 반대론"이라는 글을 통해 강하게 반대하였다. 우선 조만식은 신간회 해소운동을 당시 조선 정세로 보아서 절대로 거척(拒斥)해야 하는 것이라고 하면서, 다음과 같은 점을 고려해야 한다고 주장하였다.[23)]

> "첫째, 신간회를 계급적 파벌적 의식으로 대하지 말 것
> 둘째, 우리는 조선의 정세로 보아 투쟁에 있어서 완급의 작량이 있으리라는 것을 호상 양지하고 무모한 파괴와 결렬을 일삼지 말 것
> 셋째, 조당 자체나 우익단체가 혹 과오 침체 기타 실당한 일이 있을 때에 우리는 수술 또는 편달을 줄지언정 피차 알력하여 어인(漁人)에게 이(利)를 주게 함은 대금물일 것".

신간회의 해체를 포함한 비판들에 대해 조만식은 상기의 글을 통해 '계급적 파벌적 의식'으로 대하지 말라는 점과 신간회 활동 역시 조선의 상황에 따라 완급조절이 필요하다는 점을 서로 인정해야 한다고 주장하였다. 또한 신간회의 활동과 관련하여 여러 가지 과오나 실수가 있더라도 내부에서 수술하거나 지도편달을 통해 해결해야지, 내부에서 알력다툼은 일제에 '어부지리'를 제공하는 것이 될 것이라고 주장했다. 이러한 관점에서 그는 신간회의 활동을 너무 조급하게 평가하지 말고 보다 큰 민족역량의 집중이라는 장기적이고 전략적인 관점에서 신간회를 유지해야 한다는 것이다.[24] 계급적 파벌의식을 넘어서 민족 화합과

21) 김권정, "신간회와 조만식"(주 13), 76면.
22) 조만식, "신간회 해소 반대론", 삼천리, 2.25; 고당기념사업회편, 회상록(주 8), 376면.
23) 조만식, "신간회 해소 반대론", 삼천리, 2.25; 고당기념사업회편, 회상록(주 8), 376-377면.

민족 운동의 역량 구축이라는 차원에서 바라보자는 조만식의 주장은 해체를 주장하는 사회주의 세력을 극복하지 못하였다. 이에 따라 신간회는 일시적인 '해소'가 아닌 종국적인 '해체'에 이르고 말았다.

신간회의 결성을 통한 민족운동에는 우리 민족사에서 최초 통합적인 정당의 한 형태라 할 수 있을 정도로 다양한 이념과 단체들이 참여하였다. 그러나 이러한 다양성이 발전의 동력으로 작용하지 못하고, 오히려 분열의 요소가 되었다. 신간회는 일제의 허가를 통해 설립한 합법적인 단체라는 점은 장점으로 작용하지 못하였다. 이 점이 오히려 일제 강점기의 여러 가지 법적인 제약을 받는 단점으로 작용하였다. 물론 평양지회의 물산장려운동 등과 같은 나름의 투쟁사실이 있음에도 적극적인 투쟁이 없다는 사회주의 세력으로부터 비판을 받아야만 했다. 수년 동안은 선전, 지도 또는 훈련의 시대로 볼 수밖에 없다는 조만식의 주장은[25] 반대론자에게는 공허하게 들렸을 것이다. 조만식의 간곡한 해소 반대의 주장이 있었지만, 사회주의자들이 1919년에 설립된 코민테른의 지시에 의해 신간회의 해체를 주장하여 1931년에 결국 해체에 이르렀다. 이렇게 신간회가 해체되자 조만식은 두 차례나 그 대안을 모색했다. 신간회가 해체된 이후 민족운동을 위한 새로운 민족운동 단체 설립의 필요성을 느낀 조만식은 1931년 5월 본격적으로 단체 결성을 모색하였다. 당시 사회주의 단체들은 민족문제보다 계급문제에 집중하고 있었다. 따라서 이들을 배제하고 민족주의 세력을 결집해야 할 필요가 있었기 때문이었다. 다시 말해 조만식은 민족주의 진영의 단일한 단체를 조직하여 민족 실력양성운동을 전개하여, 대중적 기반을 확립하고자 모색한 것이었다. 1932년 1월 신간회 해소 반대론자였던 안재홍, 서정희, 이종린 등과 범동우회 계열의 이광수, 김성업 등과 함께 '민족단

24) 김권정, "신간회와 조만식"(주 13), 77면.
25) 고당기념사업회편. 회상록(주 8), 376-377면.

체통제협의회(民族團體統制協議會)' 명의로 단체 결성 계획을 발표하고, 각 방면의 인사들로부터 참여를 구하는 활동을 전개하였다. 그러나 이 단체의 결성은 사회주의자들의 극렬한 방해로 좌절되었다.[26] 그러나 이에 굴하지 않고 조만식은 1935년 7월에 평양 민족주의 세력을 규합하여 "조선 사람의 현실에서 생활 권익을 옹호·신장함"이라는 한국인들의 '당면 이익 획득'을 목표로 하는 '건중회'의 결성을 주도하였다. 조만식의 노력으로 이러한 목적의 건중회는 결성되었다. 그러나 친일인사가 회장에 선출되는 등 단체의 활동이 설립 목적에 부합되지 못하고, 왜곡되어 더 이상 참여해야 할 필요가 없었다, 이에 따라 조만식은 이 단체로부터 스스로 탈퇴하고 말았다.[27]

(4) 신간회의 역사적 의미와 조만식의 사상

신간회는 1927년에 설립하여 1931년에 해체되었다. 조만식은 평양지회의 회장과 중앙회 집행위원으로 활동하였으나, 중앙에서 보다도 평양에서 의미 있는 활동을 전개하였다. 경제사상에서 집중적으로 논구했던 바와 같이 당시 민족경제 상황을 변혁시키기 위해 다양한 활동을 전개했는데, 조선물산장려운동을 비롯한 절약 및 절제운동, 기독교 농촌운동도 넓은 의미에서 신간회운동과 궤를 같이 하는 것이었다. 이 신간회운동은 우리 역사상 최초 정당이라 할 수 있을 정도로 단체의 규모나 강령 등을 갖추고 있었다. 비록 신간회가 원래 설립 목적에 부합하는 활동을 하지 못했다고 하더라도, 사상사적 의미는 결코 폄하할 수 없을 것이라 여겨진다. 특히 조만식이 평양지역에서 행했던 다양한 운동에서 보여준 비폭력적 투쟁 내지 운동 방식은 그의 정치사상의 핵

26) 김권정, "신간회와 조만식"(주 13), 78면.
27) 김권정, "신간회와 조만식"(주 13), 78면.

심적인 것이라 할 수 있었다.

비폭력적이고 합법적인 신간회의 운동은 전술한 바와 같이 조만식이 추구했던 변혁적 정의를 구현한 단체로서도 의미 있는 것이었다. 정치적인 단체로써 큰 역할을 하지 못했다 하더라도 경제적인 상황을 변혁하기 위한 노력들은 일제의 탄압 등을 고려해 본다면 결코 폄하될 수 없을 것이라 여겨진다. 평양의 조선물산장려운동과 농촌운동 및 시민들의 다양한 문제를 해결하기 위한 상담운동 등은 거시적인 관점의 평가에서는 미흡한 점이 있었다. 그럼에도 불구하고 개개의 운동과 사건, 그리고 개인들과의 관계에서는 상황을 변혁하기 위한 몸부림이었다. 이것은 결국 단체의 결성과 단체적인 운동을 통한 조만식의 민족 사랑과 나라 사랑을 드러내는 중요한 사례라 평가될 수 있기 때문이다.

4. 평남 건국준비위원회 및 평남 인민정치위원회와 조만식

(1) 평남 건국준비위원회와 조만식의 역할

1) 평남의 건국준비위원회의 출범

일제는 욱일기가 상징하는 것처럼 승승장구할 것 같았지만, 1945년 8월 15일에 연합국에게 무조건 항복하였다. 이에 따라 우리나라에도 해방이 왔다. 대부분의 한국 국민들에게 일제의 패망은 예상하지 못한 갑작스러운 것이었다. 따라서 갑작스런 일제의 패망 후 국가권력의 공백, 특히 치안공백 때문에 악랄했던 일본인들에 대한 테러 등 보복이 예상되는 상황이었다. 이러한 상황 아래 평안남도 도지사 후루가와(吉

川)를 비롯한 일본의 관리들은 불안에 떨었다. 이들에게 명망가이며 지역민들로부터 존경을 받고 있던 조만식의 도움이 절대적으로 필요한 시기였다. 그래서 고향으로 피신해 있던 조만식에게 사람을 보내어 평양으로 올라오도록 했다. 조만식 역시 8.15 해방의 소식을 듣고, 후루가와의 초청과 관계없이 다음날 곧바로 평양의 오윤선 장로집으로 돌아왔다. 그리고 나서 곧 바로 동경 유학시절에 친분이 있었던 서울의 김성수와 송진우 등과 연락을 취하며, 동지들과 함께 평남 건국준비위원회 결성에 착수하였다. 이와 같은 시기에 서울에서는 여운형과 안재홍이 건국준비위원회라는 명칭으로 건국을 준비하고 있었다. 평남 건국준비위원회는 해방 이틀 후인 8월 17일에 백선행 기념관에 모여 위원장 조만식, 부위원장 오윤선, 조직부장 이주연을 비롯한 치안, 선전, 교육, 산업, 재정, 지방, 외교의 9개 분야의 부장과 각계의 무임소 위원을 임명하였다.[28] 참여자 거의 대부분 민족주의 계열에 속하는 자들이었으나, 이주연과 김광진과 같은 사회주의 계열의 인사도 포함되었다. 특히 1945년 8월 22일에는 소외된 인사들을 영입하는 등 참여의 폭을 넓혔다. 그러나 불행하게도 소련군이 평양에 진주하자마자 평남 건국준비위원회는 해체되고, 대신 평남 인민정치위원회가 새로운 정치조직으로 등장하게 되었다.

2) 평남 건국준비위원회의 목적과 의의

조만식은 해방된 지 이틀이 지난 1945년 8월 17일에 평남 건국준비위원회 위원장 자격으로 다음과 같은 성명을 발표하였다.

---

28) 예컨대 위원장 조만식, 부위원장 오윤선, 총무부장 이주연, 치안부장 최능진, 선전부장 한재덕, 교육부장 홍기수, 산업부장 홍정숙, 재정부장 박승환, 생활부장 이종현, 지방부장 이윤영, 외교부장 한기수가 선임되었으며, 무임소위원으로는 김병연, 한근조, 김익진, 김주교, 지창규, 박현숙, 김병서, 김동원, 김광진, 노진설이 임명되었다.

"우리 강산에 이 같이 기쁜 일이 있게 된 데 대하여는 다 같이 경하하는 바이다. 여기에서 특히 건국준비위원회의 본질과 왜명(倭命)에 대하여 간단히 설명하여 동포에게 고하는 말로 하련다.

먼저 몇 가지 말할 것은 36년간의 일본 통치관계가 마침내 금일 와서 분리하게 되었고, 또 소련과 미-영군(米-英軍)이 상륙하는 동시에 해외 정부가 들어오게 되는 바, 유사 이래 미증유(未曾有)의 이런 큰일이 전개되는 이때에 가장 크게 문제될 점은 서로 마찰 충돌할 위험성이 많게 되었다는 것이다. 그러므로 이때에 이 위원회가 생긴 것은 치안유지를 사명으로 하려는 것으로 건국준비위원회라고 하니까 무슨 조각이나 하고 방금 정부가 되는 것 같이 해석하는 경향이 있을지 모르나 그런 것이 아니고 주로 치안유지를 목표로 하는 기관인 것이다.

여기에 관하여 몇 가지 말할 것은 일본인에게 가해(加害)하는 등 사(事)는 절대로 금하여야 되겠다는 것이다. 여기서 가해라는 것은 반드시 육체적인 박해만을 의미하는 것이 아니고 정신상 상대의 인격이나 자존심을 상하는 것도 의미하는 것이다. 생각건대 30여 년간 우리가 피통치자로 지나온 동안에는 민족적 원한과 통분도 물론 없지 않았을 것이나 지금은 우리가 가장 큰 일을 할 때이지 그런 과거의 구구한 일을 추궁할 때가 아니다. 우리가 정치적 속박을 벗어나 자유롭게 건국할 이때 무엇보다도 피차 곱게 분리하는 이상의 좋은 길은 없다.

생각해보자. 가령 조선에 있는 일본인은 군인을 합하여 1백만 내외에 불과한데 그들에게 가해를 하고 보면 일본에 가 있는 7백만 동포의 입장이 어떻게 되겠나요. 그뿐만 아니라 일본인에게 가해를 한다면 그네들이 수수(袖手)하고 가만이 이것을 감수(甘受)하겠는가. 다시 그들과의 사이에 유혈을 보이지 않으면 안될 것이다.

또 만주에 가 있는 조선동포를 생각해 보자. 우리가 자기 땅이 있는 다른 민족을 가해한다면 만주에 가 있는 2,3백만 동포가 만주인에게 피해를 받는 경우를 생각하지 않으면 안될 터인데, 그 얼마나 기막히는 일이랴. 물론 다른 이유도 있지만 주로 이상과 같은 이유로 일본인들에게 절대로 해를 가하여서는 안되겠다는 것을 부르짖는 것이다. 그리고 생명뿐만 아니고 신궁(神宮), 불각(佛閣), 사원(寺院), 건물, 은행, 회사, 점포, 선박, 철도, 교량, 일반시설에 대하여도 절대로 소각 파괴하는 일이 없도록 피차 엄금키로 하자. 그것이 이제 우리의 것이 될 것이 아닌가.

다음은 조선인끼리 동료가 피차 서로 해치지 말아야 되겠다는 것이다. 가령 관공직(官公職), 기타직(其他職)에 있을 때 단체적 또는 개인적으로 쌓인 원한을 이 유사지시(有事之時)에 보복하겠다는 심리가 생기기 쉬우나, 전 동포가 힘을 합하여 손을 맞잡고 큰일을 달성하여야 될 이 때에 동포가 서로 해하는 등의 일이 있어서는 안되겠다. 자유와 광명이 스스로 우리에게 오는 때 무슨 까닭으로 그런 소소한 일에 매어 큰일을 잊어 좋으랴. 아무쪼록 우리 민족의 빛나는 장래를 생각하여 건국이란 위대한 사업에 우리의 전력을 다하여 활동할 때는 바로 이때다. 아무쪼록 가장 중요한 때니, 서로 자숙하여 위선 분리(分離)를 곱게 함으로서, 독립국인으로서의 긍도(矜度)를 뵈이고 오로지 광명과 희망에 찬 나라를 건설하자.

1945. 8.17. 평남 건국준비위원회 위원장 조만식" [29]

평남 건국준비위원회 위원장 조만식의 이름으로 발표된 이 성명서에서 준비위원회의 건립 목적뿐만 아니라 백성들에 대한 사랑 등 조만식의 사상이 잘 드러나고 있다. 비록 일본인이 조선에서 행한 불법 내지 부당성이 아무리 크다 하더라도, 100만에 이르는 일본인들을 복수의

29) 조만식, "과거의 小事는 청산하고 동포여 건국에 돌진하자", 1945년 8월 18일 평양매일신문호외; 고당기념사업회편. 회상록 (주 8), 443-444면.

대상으로 삼아서는 안된다는 것이다. 조만식 등은 치안과 보다 빠른 새로운 국가의 건립을 위해 준비위원회를 결성한 것이다.

이 평남 건국준비위원회의 설립 목적 중 가장 중요한 것은 일제의 패망으로 발생한 치안 공백을 없애기 위한 것이다. 조만식은 이 성명서에서 "무슨 조각이나 하고 방금 정부가 되는 것 같이 해석하는 경향이 있을지" 모르지만 결코 그러한 것이 아니라고 강조하였다. 치안유지를 위해 우선적으로는 일본인들에 대한 가해행위가 있어서는 안된다는 것이다. 조선에는 100만의 일본인이 있다. 그러나 일본에는 700만 명의 조선인이 있으며, 중국에도 300만 명이 있다는 사실을 직시해야 한다는 것이다. 따라서 어떤 경우에도 일본인들에게 가해행위가 있어서는 안된다는 것이다. 이러한 가해행위는 육체적 정신적인 것뿐만 아니라 재산까지 포함되는 것이다. 특히 "신궁(神宮), 불각(佛閣), 사원(寺院), 건물, 은행, 회사, 점포, 선박, 철도, 교량, 일반시설에 대하여도 절대로 소각파괴하는 일이 없도록 피차 엄금키로 하"자고 주장했다. 이러한 주장은 당시 일본 민법 제709조에서 규정하고 있는 불법행위, 즉 타인의 권리나 법률상 보호하고 있는 이익의 침해를 금지하는 것을 염두 해 둔 것으로 이해된다. 물론 철도나 교량 및 일반시설은 곧 우리의 것이 된다는 주장도 일리 있는 것이다.

두 번째로 강조한 것은 동포끼리 화합과 단결하자는 것이다. "관공직(官公職), 기타직(其他職)에 있을 때 단체적 또는 개인적으로 쌓인 원한을 이 유사지시(有事之時)에 보복하겠다는 심리가 생기기 쉬우나, 전 동포가 힘을 합하여 손을 맞잡고 큰일을 달성하여야 될 이때에 동포가 서로 해하는 등의 일이 있어서는 안되겠다."라는 표현에서 그의 주장이 잘 드러났다. 이것은 일제강점기에 일제에 부역한 사람들에 대한 사적인 보복 심리를 경계하고, 전 동포가 서로 힘을 합하여 새로운 국가 건설에 나서자는 것이다. '자유와 광명'이 주어졌는데, 사소한 구원에 사로

잡혀 동포들 사이에 가해행위가 나타나서 안된다는 것이다. 더 나아가 해외에서 돌아오는 동포들에 대한 배려도 포함하였다. 예컨대 평남 건국준비위원회는 그 산하에 '민호단'이라는 단체를 만들어 귀국한 동포들의 숙식을 제공하고 안정적인 정착을 위해 노력하였다.[30)]

이 성명서에는 조만식의 민족사랑, 더 나아가 인류에 대한 존엄과 사랑이 잘 드러나고 있다. 조만식은 어떤 경우에도 권력욕을 드러내지 않았다. 권력욕 자체가 없었다고 해야 할 것이다. 사심 없는 애족 애민 정신으로 평남 건국준비위원회를 결성하고 그 일을 추진해 간 것이다. 조만식은 기독교 정신 아래 인간의 존엄과 가치를 존중하는 민족 운동가였다. 비록 일제강점기에 일제로부터 수많은 고초를 겪었다하더라도 일본에 있는 동포들을 비롯한 해외 동포들을 생각하면서 패망한 일본인들에 대해서도 인간으로서 예우와 사랑을 보여준 것이다. 일본인에 대한 보복 등이 아닌 조국건설에 대한 거시적인 안목과 자유와 광명에 대한 열망 등을 잘 표현주고 있다. 또한 만보산사건에서 보여준 사해동포주의, 즉 인간에 대한 사랑, 평화주의 사상을 잘 드러내 주고 있다.

(2) 평남 인민정치위원회와 조만식

1) 평남 인민정치원회의 성립과 소멸

소련군은 북한지역에 해방군이 아닌 점령군처럼 진주하였다. 1945년 8월 9일 일본에 대해 선전포고한 소련군은 함경도를 거쳐, 해방의 감격을 누리고 있던 1945년 8월 26일에 평양에 진주했다. 이들이 진주하자

30) 이 활동에는 도산 안창호의 8촌 동생인 안기석과 조만식의 질녀 김신옥이 중심이 되었다. 그들은 구호활동뿐만 아니라 민족에게 희망을 주기 위한 일환으로 교회를 세우기도 했다. 이에 대해 자세한 것은 김신옥, 「행함으로 믿음을 온전케 하라: 김신옥의 삶 이야기」(대장간, 2010), 103-106면; 박명수, "평안남도 건국준비위원회의 활동", 「조만식과 해방후 한국정치」(북코리아, 2015), 49면.

마자 행한 수 많은 불미스러운 행동들을 보고 있던 조만식은 치스챠코프에게 "소련군은 해방군인가 아니면 점령군인가?"라고 물었다고 한다.[31] 이 질문에 치스챠코프는 당황하면서 "나는 전투밖에 모르는 순수한 군인이니 정치문제는 곧 평양에 올 전문가 레베데프장군에게 물어보라"고 대답했다.[32] 이후 8월 29일 소련군과 평남 건국준비위원회 및 공산당이 모인 회의에서 레베데프는 "소련군대는 조선 해방을 위해 왔다. 영토 확장에 목적을 두지 않는다. 조선인민이 자유롭고 인간답게 살기를 바랄뿐이다"라고 대답했다. 이 회의에서 조만식은 "기본 정치노선은 민주적이어야 하고, 자본주의에 입각한 경제제도를 채택해야 하며, 교육을 통해 인민을 깨우쳐야 하고, 피압박민족의 한을 자주독립국가로 풀어야 한다. 그리고 모든 것을 위해 종교, 언론집회, 결사의 자유 등이 보장되어야 한다"고 주장했다.[33] 이러한 주장은 소련군의 입장에서는 자신의 본국의 국체와 정체에 부합하지 못하는 것이기 때문에,[34] 헛소리 정도로 들었지 않았을까 하는 생각이 든다. 하지만 그들 역시 조만식의 존재감을 알고 있었기 때문에 형식적으로는 무시하지 못했다. 이러한 만남에서 치스챠코프와 레베데프 등 소련군과 평남 건국준비위원회 및 공산당이 참여한 회의에서 소련군의 강요에 따라 평남 건국준비위원회를 해체시키고,[35] 그 대신 인민정치위원회를 구성하였다.[36]

---

31) 이러한 질문과 레베데프의 회고에 대해서는 고당기념사업회엮음,「민족의 영원한 스승 고당 조만식 전기」(기파랑, 2010), 256면 이하 참조.

32) 김국후,「비록 평양의 소련군정」(한울, 2008), 41면.

33) 박명수, "평남 인민정치위원회의 성격"(주 30), 59-60면.

34) 소련과 조만식과의 갈등이나 부조화에 대해서는 박명수, "소련군정의 정책과 조만식의 갈등"(주 30), 70면 이하 참조.

35) 이렇게 평남 건국준비위원회의 해체 배경에 대해서는 스칼피노 • 이정식공저/ 한홍구옮김,「한국 공산주의 운동사 2」(돌베개, 1986), 402면 이하: 박명수, "평남 인민정치위원회의 성격"(주 30), 59면 이하 참조.

36) 평남 인민정치위원회의 성격이나 활동 등에 대해서는 박명수, "평남 인민정치위원회의 성격"(주 30), 57면 이하 참조.

그 인원 구성은 평남 건국준비위원회의 민족진영 16명과 공산당 계열 16명이었다. 위원장에는 조만식, 부원장에 현준혁과 오윤선으로 정하였다.[37] 소련군 측에서는 1945년 10월 28일에 북조선 5도 행정위원회를 조직했다. 각 국장은 국내파 공산당원을 임명하는 대신에 부국장에는 소련파가 장악하였다. 따라서 공산당이 실권을 장악한 소비에트화가 전개되었다. 이러한 과정 중에 평남 인민 정치위원회의 활동은 그 의미가 날로 축소되었다.

이 평남 인민정치위원회는 공산당의 주도로 인민정치위원회 시정대강 20개 조항 중 제1조는 "조선 인민공화국 수립을 지지한다."고 규정하고, 산업, 경제, 문화, 보건 분야에 걸쳐서도 이른바 신민주주의라는 모택동식 용어를 채용하였다. 하지만 양진영의 이념과 정책상의 갈등과 대립이 심각해졌다. 오윤선 부위원장은 공산당이 제안한 토지정책에 반대한 끝에 부위원장직을 사임하였다. 예컨대 공산당 이주연이 제안한 것에 따르면 "토지를 무상 몰수하여 무상 분배하되 그것이 실현될 때까지 3:7제 소작제를 시행한다."는 것이다. 이러한 공산당의 제안을 오윤선 등 민족계열에서는 수용할 수 없었다. 공산당 측은 조만식의 인격과 권위를 무시할 수 없었기 때문에, 그들의 토지정책을 잠정적으로 철회하고, 정국수습을 조만식에게 위임하였다. 이러한 상황 중에 모스크바 3상회의에서는 한반도를 신탁통치하기로 결정하였다. 이에 따라 북한지역에서도 신탁통치 문제가 전면에 대두되었다. 민족진영과 공산진영은 신탁통치에 대한 찬성과 반대로 나누어져 격렬하게 대립하였다. 이러한 대립의 종국적인 결과는 민족분단을 의미하는 것이었다, 조만식은 어떠한 경우에도 민족분단을 수용할 수 없었다. 공상당 측의 주장을 수용할 수 없었던 조만식은 더 이상 위원장직을 수행할 수

37) 이 위원회의 조직과 구성에 대해 구체적인 것은 박명수, "소련군정의 정책과 조만식의 갈등"(주 30), 72면 이하 참조.

없다고 생각하여 위원장직에서 물러났다. 조만식이 위원장에서 물러난 1946년 1월부터는 인민정치위원회라는 명칭도 절충적인 의미인 '정치'를 삭제한 '인민위원회'로 변경되었다. 구체적인 위원회의 운영도 민족진영이 배제된 공산계가 완전히 장악하였다. 예컨대 각 지방 행정기관에도 공산당의 세포 조직망이 형성되었고, 각급 인민위원회에 소련 한인 2세들이 배치되어, 이들을 통해 검열과 감시 및 통제를 강화하였다. 결국 북한지역에서 민족진영의 인사들은 거의 영향력을 상실하여 공산당의 세상이 되어 갔다. 공산당들의 감시와 검열 및 통제에 따라 표현의 자유가 제한되었다. 이러한 공산당의 억압과 소련군의 행패 등으로 북한 주민들은 새로운 공포정치에 처하게 되었다.

(3) 조선민주당 창당 전까지 해방 공간에서 조만식의 역할에 대한 평가와 의미

조만식이 평남 건국준비위원회 설립의 주된 목적이었던 치안유지는 잘 이루어졌다. 평화주의자였던 조만식의 바람대로 평양을 비롯한 평안도 지역의 치안은 일제 군경의 기능이 마비되었어도 그 전보다 더 안정되었다고 한다. 따라서 일본인들의 보호뿐만 아니라 친일활동을 한 동포들에 대한 사적인 보복도 거의 일어나지 않았다. 이렇게 치안이 잘 유지되고 민족의 화합을 도모한 것은 매우 의미 있는 일이었다. 다시 말해 해방 후 10여 일 동안 북한 지역에서는 역사상 최초이자 마지막이었던 해방 공간으로서 해방의 감격을 노래하고 자유를 만끽하였던 것이다. 오히려 치안유지에 너무 중점을 두다 보니 해방의 기쁨을 축제로 승화시키지 못했다는 비판도 없지 않다.[38] 건국준비위원회는 정식으

38) 오영진, 「소군정하의 북한」,(국민사상지도원, 1952), 34면.

로 행정권을 이양받지 못한 상태에서도 다양한 활동을 전개했다. 그렇지만 10여일이라는 짧은 시간과 민간기구라는 한계가 처음부터 존재하였다. 그러나 우리 민족사, 특히 북한지역의 역사에서 가장 빛나는 10여일이었다고 여겨진다. 이 10여일은 조만식의 사상과 역할 및 능력이 가장 잘 드러난 시간과 공간이었다.

해방 후 10일이 지난 1945년 8월 26일에 소련군이 평양으로 진주한 이후 상황은 완전히 달라졌다. 집회와 결사 및 언론의 자유가 보장되었던 북한지역이 곧바로 표현의 자유가 극도로 제한되고 소련군의 만행을 수인해야 하는 고통의 장소가 되어 버렸다. 조만식은 인민정치위원회에서 민주주의와 자유로운 시장경제를 주장했다. 하지만 소련군과 공산당은 그 세력을 확대하는 과정에서 이러한 주장을 완전히 배제하였다. 따라서 조만식이 추구했던 언론, 출판, 결사의 자유 등이 보장된 민주정치와 자본주의에 입각한 경제제도는 사라지고, 기본권의 제한과 소련군의 공포가 일상화되었다. 다만 조만식에 대한 백성들의 지지와 그의 인격에서 풍겨나는 영향력 때문에 소련군조차도 무시할 수 없는 인물이라는 사실만 존재했다. 소련군과 김일성으로 대표되는 공산당은 북한지역에서 정권을 수립하는데 그를 이용할 구실만을 찾게 되는 형국이었다. 그래서 나타나게 된 것이 소련의 기획에 따른 조선민주당의 창당이라 할 수 있다.[39)]

39) 백학순, 「북한권력의 역사」(한울, 2010), 80면.

5. 조선민주당창당과 조만식의 정치사상

(1) 조선민주당의 창당 목적과 경위

조선민주당은 북한에 진주한 소련군정 당국이 김일성을 통해서 조만식을 설득하기 위한 한 방법으로 창당되었다.[40] 다시 말해 조선민주당은 소련 측의 기획과 협조 아래 창당되었다. 김일성은 "지금 공산당도 대중의 지지를 받지 못하고 있으니 선생님을 지지하는 대중을 집결시켜서 좋은 정당을 조직해 주시오. 그것이 하나의 튼튼한 정치적 안정세력이 되는 것입니다. 이외에 이 혼란된 시국을 수습할 방도가 없습니다. 이것은 소련군정 당국의 희망안이자 저의 희망입니다. 선생님이 정당을 조직하시면 저도 도와드리겠습니다."하고 간청하였다[41]고 한다. 이러한 간청과 민심이반, 공산당을 견제할 수 있는 민주주의를 지향하는 복수정당의 필요성 등 여러 가지 시대 상황을 고려하여 조만식은 10월 하순 창당 작업에 들어갔다. 동지들과 함께 1945년 11월 3일에 조선민주당을 창당하였다. 소련군정 당국이 조만식에게 정당 창당을 권유한 이유를 다음과 같이 설명하고 있다:

> 공산당과 소련군의 행패가 심해 북한지역의 민심이 극도로 이탈하여 이에 대한 대비책을 강구해야 한다는 점과 형식적으로나마 복수정당 제도를 마련하여 소련군정이 북한에서 민주주의를 채택하고 있다는 것을 세계에 보여주고자 한 것이었다.[42]

---

40) 조선민주당의 창당 배경에 대해 자세한 것은 백학순(주 39), 80면 이하 참조.
41) 고당기념사업회편. 회상록(주 8) 210면.
42) 중앙선거관리위원회, 「대한민국정당사」 제1집(1945-1972), (보진제, 1973), 1217면.

이러한 소련군정과는 달리 조만식은 조선민주당의 창당을 통해 자주 민족의 독립, 남북통일, 민주주의 확립을 도모하고자 한 것이다. 특히 조만식은 이러한 대원칙에 따른 실천적 원칙이라 할 수 있는 반탁운동, 정당조직, 행정제도, 토지개혁 등은 남북한이 동시에 똑같이 이루어져야 한다고 생각하였다. 그러나 북한지역의 부분적인 조선민주당의 조직은 남북통일이라는 대원칙에 반하는 등 조만식의 기본적인 생각과 거리가 먼 것이었다. 그럼에도 불구하고 38선이 고착되어가고, 소련의 전횡을 막는 동시에 공산당을 견제하기 위해서는 정당을 창당한 것이 나을 것이라는 판단 아래서 김일성의 간청을 수용한 것이었다.[43] 조선민주당의 창당 작업에는 조만식을 비롯한 이윤영, 한근조, 김익진, 우제순, 조명식, 이종현 등이 적극적으로 활동하였다. 창당발기인에는 105명이 참여하였다. 창당일을 11월 3일로 정한 것은 광주학생사건을 기념하려고 하는 뜻이었으며, 105명을 발기인으로 한 것은 일제가 조작했던 '105인 사건'을 기리기 위한 것이었다. 또한 중앙상무집행위원회 위원을 33인으로 한 것은 3.1독립선언의 민족대표 33인을 고려한 것으로[44] 조만식의 아이디어였다.[45] 이렇게 창당한 조선 민주당은 위원장에 조만식, 부위원장에는 이윤영과 최용건이 맡았다. 조선민주당은 창당 3개월만에 50만명의 당원을 확보하는 등 국민의 열렬한 지지를 받았다. 당시 평양지역에서 조만식이 차지하고 있던 사회적 지위에 따라 조선민주당의 초대 당수였던 점을 고려해 보면, 조선민주당의 선언문과 정강 및 정책 등에 그의 정치사상이 반영된 것은 자연스러운 것이다. 따라서 조선민주당의 선언문과 강령 및 정책들을 살펴보고, 그것을 통해 구현하고자 했던 조만식의 정치사상을 논구해 보고자 한다.

---

43) 이러한 조만식과 김일성과의 관계에 대해서는 백학순(주 39), 76면 이하: 박명수, "조만식과 김일성"(주 30), 95면 이하 참조.

44) 북한연구소, 「북한민주통일운동사－ 평안남도편－」 1990, 244면.

45) 박명수, "조선민주당의 창당과 민족주의 반격"(주 30), 121면.

(2) 조선민주당과 조만식의 정치사상

정치인으로서 조만식이 지닌 정치사상의 핵심은 1945년 10월에 발표한 조선민주당선언문과 강령 및 정책에서 확인할 수 있다.

1) 조선민주당의 창당 선언문과 그 핵심 내용

조선민주당의 창당 선언문은 다음과 같다.

"선 언 문[46)]

침략자 일본 제국주의와 제국주의의 철쇄는 철저히 분쇄되었다. 세계사의 정상적 발전은 3천만 동포로 하여금 과거 36년간의 굴욕적 고난을 완전히 보복케 하고 찬란한 반만년의 역사는 어김없이 유구한 장래의 발전이 약속되었다.

우리는 이 세기적 사실인 민족의 자유와 해방을 맞이하매 무량한 환희와 감격에 넘치는 한편 오늘이 있기를 기대하고 海內 海外에서 악전고투한 민족적 선구자 제현의 사의를 불금하는 바이다.

우리는 죄악의 원자인 일본 제국주의자와 파시즘을 근본적으로 타파하고 인류 평화와 세계문화를 보전함에 위대한 공헌이 있었고 더욱이 조선의 해방을 위하야 최대의 우의와 조원을 아끼지 않은 蘇·美·中·英 등 연합 제국에 대하여 절대한 경의와 감사를 표현한다.

우리는 朝鮮 建國의 일대 장애물인 일체의 파벌을 근절하고 政治·經濟·文化·思想·생활의 각 부분에서 일본 제국주의를 구축 소탕하자. 그리하여 확고한 민족적 자각과 열렬한 애국정신 밑에 분산된 각계 대중의 총의 총력을 결집 통합하야 大同團結을 요하는 동시에 목적과 취지가

46) 북한연구소, 「북한민주통일운동사– 평안남도편–」 1990, 245–246면.

같은 단체와는 우의적으로 상교하여 중앙정부의 신속한 출현을 기대한다.

우리는 대중을 본위로 한 민주주의 정체로서의 自主 獨立國家를 수립하자. 그럼으로써 종래의 모든 전제와 구속을 철저히 배격하는 동시에 국민 일반의 생활과 교양을 향상시키며 특히 근로대중의 복리를 급속히 증진시키기를 도모한다.

우리는 민족 문화를 부흥 상양하야 세계문화에 공헌하고 국제평화의 대헌장을 준수하야 평화를 애호하는 세계 각국과 친선 수호를 도모함으로써 인류 역사의 발전에 기어코자 함을 자에선언한다.

단기 4278년 10월 일

朝 鮮 民 主 黨"

2) 조선민주당의 강령(綱領)

강령은 다음과 같이 6개항으로 구성되었다.

1. 국민의 창의에 의하여 민주주의 공화국의 수립을 기함.
2. 민권을 존중하여 민생을 확보하야 민족전체의 복리증진을 도모함.
3. 민족문화를 앙양하야 세계문화에 공헌함.
4. 종교, 교육 노동, 실업, 사회각계 유지와 결합을 요함.
5. 반일적 민주주의가 당파와 우호 협력하야 전민족의 통일을 도모함.
6. 소련 및 민주주의 제 국가와 친선을 도모하야 세계평화의 확립을 기함.

3) 조선민주당의 핵심 정책

조선민주당의 정책은 다음과 같이 12개항으로 구성되었다.

1. 국민은 언론 출판, 집회, 결사 및 신앙의 자유와 선거 및 피선거권을 보유함. 민족 반역자는 5대 자유와 공권을 박탈함.
2. 의회제도와 보통선거제의 실시.
3. 보건교육의 기회 균등.
4. 문화 및 사회사업기관의 확충.
5. 문화인 및 과학기술의 육성과 우대.
6. 국제무역의 진흥과 국내 상업의 발전 촉진.
7. 물가와 통화를 적정조절하야 국민생활의 안정기도.
8. 소작제도의 개선, 자작농 창정의 강화, 농업기술의 향상.
9. 규정 간편한 세제의 확립.
10. 노동운동의 정상적 발전을 조성함.
11.노사문제의 일치점을 득하야 생산의 지장이 없기를 기함.
12. 실업자의 대책수립, 공장법, 생명보험, 보건보험, 최저임금제의 제정.

4) 조선민주당의 핵심 사상

조선민주당의 창당에 주도적인 역할을 하고, 초대 당수로 활동한 조만식의 사상이 이 창당 선언문에도 잘 반영된 것으로 보인다. 자신도 많은 고초를 겪었음에도 불구하고 "해내 해외에서 악전고투한 민족적 선구자 제현"들과 연합국들에게 감사하는 마음을 선언문에 담은 것은 평소 그의 기독교 사상에 기인한 것으로 보인다. "범사에 감사하라"는 말은 누구나 쉽게 실천할 수 있을 것 같지만, 자기편의 이익을 위해 첨예한 당파적 투쟁이 난무하는 정치계에서는 감사를 직접 표현하기가 쉽지 않은 것이다. 그러함에도 불구하고 민족적 선구자들뿐만 아니라 연합국에도 감사를 전하였다. 또한 "일체의 파벌을 근절하고 정치·경제·문화·사상·생활의 각 부분에서 일본 제국주의를 구축"하고, "각계 대중의 총의 총력을 결집 통합"하여 "민주주의 정체로서의 자주 독립국가를 수립하자"는 것이었다. 더 나아가 국제평화와 인류 역사의 발전에 기여하면서, 민족문화를 부흥시켜 세계문화의 발전에도 공헌하자는 것이 선언문에 나타난 핵심적인 사상이었다.

이러한 조선민주당의 창당선언문에서 강조한 정신을 구체적으로 구현하기 위한 강령과 정책에서도 조만식의 사상을 엿볼 수 있는데, 다음과 같이 그 특징을 요약할 수 있다.[47]

첫째로 새로운 자주 독립국가의 건설을 위하여 우리 민족의 각계 대중이 일체의 파벌을 초월하여 대동단결하여야 한다는 것이다. 선언문에서 일체의 파벌을 근절하고, 각계 대중의 총의 총력을 결집 통합해야 한다는 것을 강조하고 있음을 확인할 수 있다. 이에 따라 특정 정파나 계급을 대변하는 정당이 아닌 각계각층이 참여 가능한 민족주의적 '대중정당'을 지향하였다는 점이다.

둘째로는 현대 서구 유럽의 헌법에서 규정하고 있는 사회국가원리에 입각한 복지국가 및 기본권을 보장하는 자유민주적 기본질서를 지향하고 있다는 점이다. 이러한 원리는 국민의 창의에 따른 민주공화국의 수립, 인권존중과 국민의 복리 증진, 민족문화의 창달에 공헌하는 것을 강령으로 채택한 것에서 확인할 수 있다. 이를 구체적으로 실현하기 위한 정책의 방향은 국민의 자유권적 기본권을 보장하고, 의회제도와 보통선거제도를 실시하며, 국민에게 기회를 균등하게 제공한다. 또한 노사간의 화합을 통한 경제정의를 구현하며, 보험제도를 확충하고, 최저임금제를 제정하겠다는 것이다.

셋째로는, 우리 민족의 상황과 국제 정세를 고려하여 세계평화와 사

47) 박명수 역시 거의 같은 관점에서 선언문 등에 나타난 특정을 1) 민족주의를 근거로 대동단결을 강조한 점, 2) 건전한 시민계급의 중요성을 언급한 점, 3) 약자의 배려를 포함한 점, 4) 조속한 중앙정부의 설립을 강조한 점을 들고 있다. 이에 대해서는 박명수, "조만식과 김일성"(주 30), 110-120면 참조.

해동포주의를 지향하였다는 점이다. 예컨대 내부적으로는 민족문화를 창달하고, 외부적으로는 세계문화 발전에 공헌하여 세계평화의 확립에 기여하는 것을 강령으로 채택한 것이다. 조만식은 만보산사건이 발생했을 때 국내에서 핍박을 받고 있던 중국인들에게 폭력을 행사하지 못하도록 하면서 평화적인 해결을 도모했다. 또한 일제가 패망한 후 불안에 떨고 있던 일본인들에게 "해를 가해서는 안된다."고 강조했던 것에서 확인할 수 있었던 것처럼 인간 자체에 대한 존엄과 가치를 강조하였다. 더 나아가 이러한 정신을 한 단계 승화시켜 세계 문화 창달과 평화를 희구한다는 것을 표명하는 것은 자연스러운 것이었다. 더욱이 4대 강국에 의해 해방된 우리 민족의 입장을 고려하면 더욱 그러했다.

넷째로는, 조속히 통일된 중앙정부를 설립하는 것, 즉 통일한국을 지향하였다는 점이다. 예컨대 선언문에서 "확고한 민족적 자각과 열렬한 애국정신 밑에 분산된 각계 대중의 총의 총력을 결집 통합하야 대동단결을 요하는 동시에 목적과 취지가 같은 단체와는 우의적으로 상교하여 중앙정부의 신속한 출현을 기대한다."고 선언하고 있다. 이를 위해 "반일적 민주주의가 당파와 우호 협력하야 전민족의 통일을 도모"해야 함을 명정하였다. 특히 조만식은 개회사에서 "조선민주당의 형성이 통일된 한국의 중앙정부를 촉진하게 될 것이다"라고 까지 말했다.[48] 조만식은 평남 건국준비위원회를 창립할 때부터 통일 한국을 모색하였다. 이러한 통일한국을 지향하는 조만식의 견해와 소련군정 및 김일성계의 견해는 다른 것이었다. 그럼에도 불구하고 이들이 이것을 동의한 것은 당시에는 세력이 미미하고, 자신들의 약점 때문에 조선민주당의 창당이 자신들의 정권 수립에 도움이 될 것이라고 믿었기 때문이다.

---

48) "Intelligence Summary Northern Korea, For Period 15 December – 31 December 1945", 3; 박명수,"조선민주당의 창당과 민족주의의 반격"(주 30), 120면(재인용).

이러한 사상이 반영된 강령과 정책은 공산계열의 견해를 반영할 수밖에 없는 상황이었기 때문에 여러 가지 한계를 안고 있었다. 예컨대 일제강점기에 최대 지주였던 조선총독부 소유의 토지 등에 대한 개혁을 언급하지 않았고, '소작제도의 개선'과 '자작농 창정' 만을 제안하고 있다는 점이다. 이러한 '소작제도의 개선'이라는 모호한 표현을 사용한 것은 조선민주당에 절대 다수의 우익세력이 가입되어 있어, 그들의 의사를 반영한 것으로 보수적 정당이라는 정치색을 보여준 하나의 증거로 여겨진다. 예컨대 평남 인민정치위원회의 토지개혁의 내용에서 우익인사들의 3:7제 반대 움직임에, 반해 공산계열에서는 3:7제 내지 전면적인 '무상몰수 무상분배'를 주장하여 우익측과 대립하고 있었던 것을 감안하면, 정책에서는 상호협의에 따라 최소한의 표현을 담은 것이라 여겨진다.

(3) 조선민주당의 활동과 반탁운동

조선민주당은 이상에서 언급한 바와 같이 민족의 자주독립, 남북통일, 민주주의 확립을 창당의 기본원칙으로 삼았다. 조선민주당은 이러한 원칙을 관철하기 위해 구체적인 당의 강령과 핵심정책들을 정하여 시행하고자 노력하였다. 이러한 분위기에 공산당의 전횡뿐만 아니라 심정적으로 공산당을 싫어하던 국민들이 앞 다투어 조선민주당에 가입하였다. 지역에 따라서는 공산당을 압도하는 곳도 나타났다. 이에 따라 공산당과 충돌뿐만 아니라 표면상 정략적으로 조선민주당의 창당을 종용하였던 소련과 견해가 대립될 수밖에 없었다. 특히 1945년 12월 16일부터 27일까지 개최된 모스크바 3상회의에서는 한국에 대해 미국과 소련, 중국, 영국의 감시 아래 5년간 신탁통치를 한다고 결정하였다.[49] 주지하는 바와 같이 3상회의 한국 조항은 미국의 번즈 국무장관과 소련의 몰로토프외상의 합의에 의해 이루어진 것이었다.[50] 이 신탁통치는 조선민주당의 창당 원칙과 강령 등에 반한 것으로 결코 찬성할 수 없는 사안이었다. 상황이 이러함에도 불구하고 소련군 당국은 신탁통치에 찬성해 줄 것을 요구하였다. 예컨대 1945년 12월 30일 소련 진주군 치스챠스코프사령관은 조만식을 사령부로 불러 다음과 같이 요구하였다.[51)]

"모스크바 3상회의에서 결정한 한국에 대한 5개년 간 신탁통치안은 한국을 독립국가로 만드는데 있어서 가장 정당한 국제적 지도노선이오, 따라서 당신이 영도하는 조선민주당은 다른 정당 사회단체와 함께 모스크바 3상회의 결정을 지지한다는 태도를 표명해 주시오".

이러한 요청에 조만식은 "이 문제는 내가 개인적으로 가부의 대답을 할 성질의 것이 아니오. 당의에 따라서 하겠으니 당으로서 필요한 절차를 거쳐서 결정할 때까지 시간의 여유를 주시오"라고 말하였다. 조만식은 당으로 돌아와 당의 최고 간부와 당 중앙 집행위원회를 소집하여 토의한 결과 다음과 같이 세 가지 사항을 결의하였다.[52)]

1. 조선이 완전 독립국으로서 자유정부가 출현되지 못하는 것을 유감으로 생각한다.
2. 신탁통치는 찬성할 수 없다.
3. 우리 당으로서는 국내 정세의 추이를 정관성찰(靜觀省察)한 뒤에 완전한 태도를 표명하기로 한다.

---

49) 모스크바 협정과 한국 관련 사항들에 대해서는 신복룡, 「한국분단사연구」(한울아카데미,2006), 298면 이하 참조.
50) 이 회의 내용에 대해 자세한 것은 조기제, "해방정국의 전개와 모스크바 3상결정", 「진주교육대논문집」 제33집, 1989, 29면 이하 참조.
51) 고당사업회엮음, 「고당 조만식: 민족의 영원한 스승」(기파랑, 2010), 338면.
52) 김병연, 「고당 조만식」(평남민보사, 1966), 237면.

해방 직후 조만식뿐만 아니라 거의 대부분의 한국인들은 즉각적인 자주독립을 원했다. 따라서 이러한 분위기에 반하는 결정을 할 수 없었던 조선민주당 중앙집행위원회는 공개적으로 신탁통치를 반대한다고 결정한 것이다. 조선민주당이 확고한 태도를 보여준 것이다. 조선이 완전한 독립국으로서 자유정부가 출현되지 못하게 방해하는 것을 유감으로 생각한다는 선언은 신탁통치를 위해 진주한 소련군에게 선전포고를 한 것과 같은 것이었다.[53] 조만식은 1946년 1월 2일에 소련군 사령관에게 조선민주당의 신탁통치 반대 의견을 정식으로 통고하였다. 이에 따라 공산당은 1월 3일부터 조선민주당을 제외한 모든 어용단체를 동원하여 '모스크바 3상회의'와 '신탁통치의 지지'를 선동하였다. 더 나아가 소련군은 1월 5일 오전 11시에 평남 인민정치위원회 회의에서[54] 신탁통치를 찬성하는 결의를 하도록 강요하였다. 이에 대해 조만식은 "나의 민족적 양심이 이 문제를 경솔하게 다루는 것을 허락하지 않을 뿐더러 충분히 토의하기 전에 표결에 부칠 수 없다"고 주장했다. 이렇게 신탁통치를 강력히 반대하는 조만식을 설득할 수 없게 되자, 결국 그 동안 유지해 오던 위원장직으로부터 사퇴하도록 압박하였다. 이러한 강요와 위원장을 계속하는 것이 아무런 의미가 없다고 생각한 조만식은 위원장직을 사퇴하기로 하고, 사퇴에 앞서 다음과 같은 내용으로 발언하였다.

"1. 신탁을 찬성하거나 반대하거나 모든 의사는 우리 한국인의 자유이어야 한다. 그런데 신탁통치를 찬성만 하라는 것은 도대체 무슨 뜻인가? 아무리 군정이라 해도 언론이나 의사표시를 제한하는 것은 민주주의 원칙에 어긋난다.

53) 고당기념사업회편. 회상록(주 8), 237면; 정연선(주 2), 55면.

54) 32명의 인민위원회에는 공산당 측 12명 전원이 참석한 반면, 민족진영에서는 김병연, 이윤영, 박현숙 등 4명이 참석했다고 한다.

2. 무슨 구실을 붙이더라도 신탁통치라는 것은 어떤 나라가 남의 나라 정치에 대해서 간섭하는 것이다. 그렇기 때문에 우리나라의 주권과 이익을 주장하는 것은 당연하다. 후원제 통치라고 변명하지만 그 내용이 신탁통치와 완전히 다르지 않는 이상 결국 마찬가지가 아니냐.
3. 우리나라의 완전독립을 진실로 원조하려는 호의라면서 신탁통치는 왜 강요하는가? 카이로 선언이나 포츠담 선언에서도 우리나라에 신탁통치를 실시한다는 조건이 있었다는 말을 듣지 못했다. 모스크바 3상회의 결정은 이런 의미에서 잘못된 국제협정이다." [55)]

이 발언은 신탁통치에 대한 조만식의 견해를 잘 드러내 주고 있다. 발언의 순서에 따라 세 가지 사항을 주장하고 있다. 첫째로, 신탁통치의 찬성을 강요하는 것은 표현의 자유를 제한하는 것이다. 신탁통치에 대한 찬성이나 반대의 의사표시는 우리 한국인의 자유이어야 한다. 그런데 신탁통치를 찬성만 하라는 것은 아무리 군정이라 해도 표현의 자유를 제한하는 것이다. 이것은 민주주의 원칙에 반한다는 것이다. 이러한 언론 내지 표현의 자유는 조선일보의 사장을 지낸바 있었기 때문에 누구보다도 그 중요성을 잘 알고 있는 민감한 것이었으리 여겨진다. 자유민주주의의 원칙에 따라 표현의 자유를 강조하면서, 신탁통치를 반대한 이러한 견해는 후일 미국 측 역시 소련 측에게 계속 강조한 사항이었다.[56)]

둘째로, 후견제 통치 역시 신탁통치에 대한 다른 표현일 뿐 본질적으로는 동일한 것이라는 것이다. 무슨 구실을 붙이더라도 신탁통치라는 것은 어떤 나라가 남의 나라 정치에 대해 간섭하는 것이다. 이 때문에 자주 독립국을 지향하는 우리나라가 주권과 이익을 주장하는 것은 너

---

55) 홍성준, 「고당 조만식」(평남민보사, 1966), 242면 이하 참조.
56) 박명수, "신탁통치를 둘러싼 소련당국과 조만식의 갈등"(주 30), 173면.

무나 당연하다는 것이다. 이러한 비판을 피하기 위해 '후원제 통치'라고 주장하지만 그 내용이 신탁통치와 다르지 않기 때문에 후견제 통치 역시 수용할 수 없다는 것이다.

셋째로, 신탁통치의 결정은 잘못된 국제조약을 근거로 한 것이기 때문에 수용할 수 없다는 것이다. 우리나라의 문제를 다룬바 있는 카이로 선언이나 포츠담 선언에서도 우리나라에 신탁통치를 실시한다는 조건이 없었는데, 모스크바 3상회의에서 잘못된 결정하였다는 것이다. 예컨대 카이로선언에서는 "자유롭고 독립된 나라"의 건설을 약속했고, 얄타회담에서도 전후 새로 설립되는 정부를 가능한 한 빠른 시일 내에 자유선거에 의해 세워야 한다고 선언하였다. 신탁통치는 이러한 정신에 반한다는 것이다.[57] 이 최후 발언을 끝내고 위원장직의 사임을 선언한 후 조만식과 민족주의자들이 퇴장하였다. 조만식이 퇴장함에 따라 조만식위원장의 사표를 수리함과 동시에 홍기주목사가 임시 위원장이 되어 신탁통치의 찬성을 가결하였다. 이후 조만식은 대외적이고 공식적인 활동무대에서 더 이상 볼 수 없게 되었다. 위원장의 사임과 동시에 회의장에서 나오자 소련군은 그를 연행하여 고려호텔에 연금하였다.

(4) 조만식의 실권(失權)과 조선민주당의 변화

상술한 바와 같이 조선민주당의 당수였던 조만식은 자신의 의지뿐만 아니라 당원들의 견해를 반영하여 소련군정이 제안한 신탁통치를 정면으로 반대하였다. 이에 따라 자의반 타의반 모든 공적 직함을 내려놓게 되었다. 이러한 조만식의 실권은 조선민주당의 노선변화에 결정적인 역할을 하게 되었다. 조만식계열의 민족계열 인사들은 조만식 없이

57) 박명수, "신탁통치를 둘러싼 소련당국과 조만식의 갈등"(주 30), 173-174면 참조.

는 조직이라고 말할 수 없을 만큼 미약하였기 때문이다. 결국 조만식계열의 인사들은 집단 탈당하거나 월남하는 것으로 대응하였다. 이에 따라 비조만식계열의 인사들은 소련군정에 적극적으로 협력하면서 새로운 권력 창출을 도모하였다. 이러한 새로운 지도부들은 북한 정권수립과 민족통일전선, 김일성체제에 명분을 부여하고 정권을 곤고히 하는데 일조하였다. 결국 조선민주당의 활동은 소련군정과 김일성계 인사들에게 민족통일전선 활동의 정당성을 부여해 주는 역할을 하게 된 것이다. 조선민주당은 결국 북한 사회의 단결력과 의사의 통일성, 정책결정의 효율성을 가져다주는 도구로 전락했다.[58]

소련군에 의해 고려호텔에 연금 상태에 있던 조만식은 초기에는 제한적이지만 지인들과 왕래할 수 있었다. 이 기간 동안 조만식은 김병조 등과 광복단이라는 비밀결사대를 만들어 반공집회와 시위, 열차 폭파 등과 같은 테러 활동을 계속하였다. 하지만 얼마가지 못해 이영조와 김병조 등 핵심인물들이 체포되어 이 운동도 와해되었다. 조만식의 연금 상태가 계속되는 동안 북한의 상황을 외부로 알리기 위한 노력의 일환으로 1947년에 기독교자유당이 창설되고, 평양 기독교 면려청년회의 활동 등이 있었다. 그러나 이러한 활동들은 오히려 소련군에게 탄압을 강화하는 계기가 되었다.[59] 이에 따라 북한지역 내 민족주의 내지 민주진영의 모든 정치적인 활동이 위축되고, 차츰 김일성을 중심으로 하는 공산당의 세상으로 변해갔다.

---

58) 이러한 조선민주당의 변화와 북한의 반탁운동에 대해서는 박명수, "신탁통치 반대 이후 조선민주당의 변화와 북한의 반탁운동"(주 30), 224면 이하 참조.

59) 이에 대해 자세한 것은 박명수, "제2차 미소공동위원회의 재개와 조만식"(주 30), 248면 이하 참조.

6. 미소공동위원회와 조만식과 관계

(1) 개설

미군측은 태평양전쟁이 진행되는 동안에도 한국의 상황을 상당히 구체적으로 파악하고 있었다. 예컨대 여러 가지 정보를 종합한 미국 측에서는 북한, 특히 평양지역에서 활동하고 있던 조만식의 존재를 상당히 높이 평가하였다.[60] 다시 말해 조만식을 당시 한국을 대표하는 지도자 중의 한명으로 인식하였다. 이러한 평가는 전후에도 계속되었다. 미소공동위원회가 활동하고 있던 시기에 브라운장군이 평양에서 조만식을 만나 남북한의 종합적인 상황을 청취한 것에서 확인할 수 있다. 또한 이러한 조만식의 인물됨은 미소공동위원회 위원으로 활동하고 있던 번스(Arthur C. Bunce)에 의해 더욱 분명하게 확인되었다.[61] 번스는 "우리 생각으로는 그 당시 남북한에서 선거가 실시되면 틀림없이 자유민주주의 정권이 수립되리라는 자신이 있었다. 특히 북한에서 자유선거가 실시되었다면 북한에서는 조만식이 대통령으로 당선되었을 만큼 인기가 대단했다. 그는 북한 주민의 약 90%의 지지를 받고 있었다. 그리고 공산당은 10%밖에 지지를 받지 못했다"고 증언하였다.[62] 그렇다면 이러한 시기에 조만식은 어떤 생각을 갖고 있었을까? 다시 말해 일제강점기가 끝나고 민족의 자주 독립국가의 건설을 위해 평남 건국준비위원

60) 예컨대 대한민국을 이끌어갈 지도자 세 사람 중 한사람으로 파악하였다.

61) 번스에 대해서는 안종철, "해방 전후 아더 번스(Arthur C. Bunce)의 활동과 미국의 대한 정책", 「미국사연구」 31호, 2010, 139-167면; 박명수, "브라운의 조만식 인터뷰"(주 30), 268면 이하 참조.

62) 동아일보 1972.4.6.일자; 송남헌, 「한국현대정치사 1」(성문각, 1986), 295면 중에서 발췌.

회 위원장과 조선민주당 당수를 거처, 소련군에 의해 외부활동을 차단 당하고 있는 연금 상태 아래서 그는 과연 무슨 생각을 하고 있었을까? 연금 상태에서 벗어나 "남한으로 가는 것은 하늘의 도움이 있어야 한다"고 생각하고 있던 조만식은 약간의 체념 상태에 있었다고 볼 수 있다. 따라서 이 같은 물음은 당시 그의 사상, 특히 정치사상을 정리하는 데 중요한 요소가 될 것이라 여겨진다. 1947년 7월 1일에 행해진 브라운 장군과의 대화는 이러한 의미에서 매우 중요하게 여겨진다. 왜냐하면 자신의 미래를 담보할 수 없는 상황에서 비록 브라운 장군의 질문에 대한 대답으로 행한 것이고, 제한적인 것이라 하더라도 조만식이 직접 자신의 목소리로 밝힌 것이기 때문이다. 다시 말해 조만식의 한국 정치 상황에 대한 판단과 인물에 대한 평가 및 토지개혁 등에 대한 구상 등에 대해 그의 견해를 직접 밝혔기 때문이다. 이하에서는 이 대담의 내용과 그 의미를 검토해 보고자 한다.

(2) 브라운과의 대담의 주요 내용

1) 대담의 성사과정

1947년 7월 1일 미국 측은 조만식이 연금되어 있는 고려호텔로 찾아가 무개차에 조만식을 태우고 평양 시내를 거쳐 평양역에 정차중인 미군의 특별열차에서 기다리고 있던 브라운 장군에게 안내했다. 이 대담의 자리에는 미소공동위원회 위원으로 활동 중인 번스가 동석했다. 그는 일제강점기에 함흥지역에서 수년 동안 농촌운동을 한바 있었다. 또한 1946년에 이미 조만식을 만난 바 있는 인물이다. 그는 한국에 대해 누구보다 잘 알고 있었다. 평양시민들은 조만식이 모습을 드러내자 이를 보기 위해 순식간에 길가에 도열하였다고 한다. 이러한 조만식의 모습은 결과적으로 최후 모습이었기에 평양사람들에게 매우 인상적인 것이었다고 전해지고 있다.[63] 대담은 장시간 동안 이루어져, 중간에 점심을 함께 하기도 하였다. 대담의 내용은 연금 상태에 있는 조만식의 상태와 평양의 정치적인 상황, 신탁통치와 조선민주당의 입장, 북한의 우파정당에 관한 문제, 그리고 남한의 정치 상황과 남한 정치지도자들에 대해 물었다. 그밖에도 토지제도 등 구체적인 제도들에 대한 조만식의 견해가 개진되었다.

2) 정치 상황과 정치인 및 제도 등과 관련된 주요 내용

가. 평양의 정치 상황에 대한 질문과 대답

조만식은 평양의 정치상황에 대한 질문에 대해 자세히 모른다고 답하면서도, 공산당 밖의 사람들은 현 공산당 정부에 순종하지 않는다고 대답했다. 그러자 브라운은 얼마나 많은 북한 사람들이 공산당에 속해 있는가를 물었다. 이에 대해 공산당의 선전에 따르면 수백만이라고 하지만, 그러한 사람들조차도 강요에 의해 공산당에 속해 있다고 대답했다. 또한 브라운은 전날 있었던 미소공동위원회를 환영하는 대회에 관하여 자발적인 모임이었는가를 물었다. 이에 대해 대부분 강요에 의해 시골에서 올라왔다고 답했다. 이에 대한 구체적인 사례를 묻자 조만식은 거의 모든 학교 선생들은 공산당조직에 참여하도록 강요당하고 있는데, 만약 거부한다면 직장을 더 이상 유지하기 어려우며, 미래를 보장받을 수도 없다고 했다.

나. 신탁통치에 관한 질문과 대답

브라운은 당시 핵심 쟁점인 신탁통치에 대해서도 질문했다. 조만식은 신탁통치에 반대하였기 때문에 자신이 호텔에 연금되었다고 밝혔다.

---

63) 조영암, 「고당 조만식」(정치문화사, 1953), 69-70면.

북한 공산당은 신탁통치를 지지하고 있으나, 조선민주당은 "신탁통치가 한국 민족에게 진실로 무엇을 뜻하는지를 알지 못하여 침묵하고 있다"고 대답했다.

브라운은 대화가 한참 진행된 다음, 미소공동위원회의 운영과 관련한 대담이 행해진 후 신탁통치에 대해 어떤 생각을 갖고 있는지 조만식에게 다시 물었다. 이에 대해 조만식은 신탁통치의 기본원칙은 1945년 9월 19일 미국의 발표와 같다고 말했다. 이것은 트루먼대통령이 행한 '한국 해방에 대한 성명'을 의미한 것으로, 이 성명에는 "이 해방의 순간에 우리 앞에 놓여있는 어려운 과제에 대해 진지하게 생각한다. 위대한 국가를 세우는 일이 지금 미국, 중국, 영국 그리고 소련의 도움으로 시작되었다. 그리고 이 네 나라는 한국이 자유롭고 독립되어야 한다는데 동의하고 있다"고 되어 있다.[64] 이러한 원칙론을 개진한 다음, 자신의 지식과 경험에 비추어 볼 때, 자신은 소련이 참여하는 신탁통치는 받아들이기는 매우 어렵다. 자신의 희망은 한국이 미국의 도움만이 아니라 소련의 도움까지 받아야 하는 상황이 되지 않는 것이다. 그러나 그것을 피할 수 없다면, 신탁통치가 임시정부의 수립 이후에 실시된다면 여기에 대해 예 혹은 아니오를 말하기는 매우 어렵다. 그러나 결과적으로 한국은 미국과 소련의 신탁통치 아래 놓이게 될 것이라고 생각한다고 말했다.[65]

다. 조선민주당과 우파 정당의 존재에 관한 질문과 답변

조만식은 현재 조선민주당에 대해서는 자세히 알지 못한다. 또한 당

---

64) Ministry of Foreign Affairs Republic of Korea, Documents on Korea- United States Relations 1943-1971, P.5; 박명수 "브라운의 조만식 인터뷰"(주 30), 264면 재인용.

65) "Interview with Ch o, Man Sik- 1947.71 at Pyongyang"; 정용욱·이길상편, 「해방전후 미국의 대한정책사 자료집(9)」(다락방, 1995), 666-667면.

의 주요 인사들이 월남하였다는 점과 조선민주당 부당수가 소위 열성자 대회를 소집하여 조만식과 그 추종자들을 반동으로 몰아 축출하였다는 점, 그 후부터 이들에 의해 조선민주당이 움직이고 있다. 더 나아가 자신은 이 당에 대해 어떠한 일도 하지 못하고 있는 상황이라고 말했다. 북한의 우파 정당의 존재에 대한 질문에 대해서도, 조만식은 아무것도 알지 못한다고 대답하였다. 그리고 이에 첨언하기를 북조선의 소련사령부가 10일 전에 우파정당을 설립하라고 해서, 몇몇 사람들이 우파 정당을 설립하기 위해 노력하였으나, 7, 8일 전에 이들이 모두 체포되었다고 했다. 북한에는 이런 종류의 정당을 창당하려는 기독교 목사들이 있었으나, 지금은 그들 대부분이 경찰에 의해 체포되고 말았다. 현재 지도자로 입증된 사람들은 대부분 기독교목사들이지만, 이들 역시 모두 체포된 상태로 자신과 함께 일하는 지도자는 없다고 했다.[66]

라. 미소공동위원회에 관한 질의와 응답

브라운은 미소공동위원회와 협의 할 남한의 조선민주당 대표로 조만식이 지명되었다는 것을 알고 있느냐고 묻자, 조만식은 모른다고 대답했다. 브라운은 소련이 서울로 가는 것을 허락한다면, 조선민주당 대표로서 미소공동위원회와 협의하기 위한 활동을 할 수 있는가를 물었다. 이에 대해 조만식은 "그것은 내가 희망해 왔던 것이며, 이것 외에 다른 바람이 없다"고 대답했다.[67] 그러자 브라운은 만약 소련이 그런 목적으로 서울 가는 것을 허락하지 않는다면, 평양에 있는 미소위원회와 협의할 용의가 있는가에 대해 물었다. 이에 대해 조만식은 서울로 가기 원한다고 대답했다. 그러자 브라운 다시 서울로 가는 것이 허락되지 않는

66) "Interview with Cho, Man Sik- 1947.71 at Pyongyang"; 정용욱·이길상편(주 65), 661-662면

67) "Interview with Cho, Man Sik- 1947.71 at Pyongyang"; 정용욱·이길상편(주 65), 662면.

다면 미국과 소련 측이 함께 있는 평양에서 이 위원회와 협의할 용의가 있느냐고 묻자 조만식은 대답하기 어렵다고 말했다. 그 회의에 참석하는 것 자체는 어렵지 않으나, 자신의 의견을 밝힌다면 잠시는 안전할지 모르나 결국 신분상 어려움이 있을 것이기 때문이라 했다. 따라서 자신의 소망은 서울로 가는 것이라고 대답했다.[68] 평양에서는 자신의 의사를 자유롭게 표현할 수 없기 때문이라는 것이다.

마. 남한의 정치상황과 국체에 관한 질의와 응답

남한의 정치 상황에 관한 질문에 대해, 조만식은 자세한 것은 모르지만 한국 사람들은 남한이든 북한이든 민주적인 정부가 수립되기를 원한다고 말했다. 그러자 브라운은 조만식이 말하는 민주주의가 무엇이며, 북한사람들도 민주주의를 원하는가에 대해 물었다. 이에 대해 조만식은 소련도 민주주의라는 말을 사용하고 있지만, 그 내용은 완전히 다른 것으로, 북한사람이 원하는 것은 소련식 민주주의가 아니라고 말했다. 조만식은 현재 북한의 공산당원은 15% 미만으로, 현 정권이나 소련식 정권을 지지하는 사람은 15%를 넘지 못하며, 나머지 85%는 미국에서 실시하는 민주주의의 원칙에 근거한 정부를 지지할 것이라고 대답했다.[69]

또 다른 남한의 정치 상황에 대한 질문에 대해, 조만식은 당시 남한의 거의 모든 정당과 시민단체들이 미소공동위원회와 협의를 위한 지원서를 냈으며, 그들은 모스크바 협정 3항을 달성하기 위해 협조하고 있다는 사실을 알고 있다고 대답했다. 이에 대해 브라운이 일부 우파

68) "Interview with Cho, Man Sik- 1947.71 at Pyongyang";정용욱 • 이길상편(주 65), 662면.
69) "Interview with Cho, Man Sik- 1947.71 at Pyongyang";정용욱 • 이길상편(주 65), 663면.

인사들이 미소공동위원회에 참여하기를 거부하고 있다고 말했다. 이에 대해 조만식은 단체대표가 아니라 개인적으로 반대하는 사람이 있지만, 그것은 매우 피상적인 것이라고 말했다. 이승만과 김구가 이 협의에 참여하지 않는 것은 사실이지만, 아마도 복잡한 문제가 있을 것이다. 그 구체적인 내용을 상상할 수는 있지만 그것을 말하는 것이 지혜로운 것인지에 대해서는 판단하기 어렵다고 했다.[70]

이승만과 김구가 미소공동위원회에 참여하지 않는 이유에 대해 묻자, 조만식은 다음과 같은 3가지 이유를 들었다.[71] 첫째, 이들은 미소공동위원회가 성공할 것인지를 의심하고 있다. 비록 미국과 마셜장군이 미소공동위원회에서 언론의 자유를 강조하고 있지만, 소련은 그런 자유를 수용하는 정부를 인정하는 것이 매우 어려울 것이다. 따라서 그들은 미소가 행복한 결론에 이를 것이라고는 기대하기 어렵기 때문이다. 둘째, 만일 정부가 세워지면 누가 지도자가 될 것인지도 중요한 문제이다. 셋째, 지금까지 신탁통치를 반대했는데, 영향력 있는 지도자로서 즉각 입장을 번복하기는 어려울 것이다.

바. 토지개혁에 관한 대화

조만식은 브라운에게 토지개혁이 현재 가장 중요한 일임을 강조했다. 조만식이 토지문제를 제기한 것은 북한에서 소련군정의 주도하에 토지개혁이 상당한 성과를 거두고 있어서, 남한에서도 이에 상응하는 조치를 시급히 취해야한다는 것을 강조하기 위함이다. 조만식은 총선이 실시되기 전에 토지개혁이 이루어져야 한다는 것이다. 자리에 동석했던

---

70) "Interview with Cho, Man Sik- 1947.71 at Pyongyang";정용욱 • 이길상편(주 65), 664-665면.

71) "Interview with Cho, Man Sik- 1947.71 at Pyongyang";정용욱 • 이길상편(주 65), 665-666면.

번스도 자신이 오랫동안 주장해 왔던 지주에 대한 보상과 함께 소작인의 15년 상환계획을 말했다. 조만식은 번스의 주장에 동의했다. 조만식과 번스의 토지개혁은 혁명을 주장하는 공산주의자들과 기득권을 유지하려는 보수파 사이에 절충적인 견해였다.[72] 조만식과 번스의 토지개혁은 상당부분 공통점이 있었다. 번스는 과거 조만식을 "북한의 온건 좌파의 지도자"(the Leader of North Korea Moderater Lefts)로 설명한 바 있다.[73]

(3) 브라운과의 대담에 나타난 조만식의 사상

여운형과 김규식에 대한 평가와 이승만과 김구가 미소공동위원회를 반대하는 이유 등에 대한 남한 정치인에 대한 평가도 있었다.[74] 그러나 남북한 정치 상황에 대한 의견 교환이 주류를 이루었다. 특히 신탁통치에 대한 개인적인 견해와 미소공동위원회에 대한 견해는 당시 조만식의 사상을 추론할 수 있는 중요한 언급이라 여겨진다. 그러나 가장 중요한 내용은 토지개혁의 필요성을 강조한 것이라 여겨진다.

신탁통치에 대한 조만식의 견해는 트루만의 성명에서 표현하고 있는 핵심 내용을 환기시켰다는 점에서 의미를 찾을 수 있다. 다시 말해 한국은 자유로운 의사표시, 즉 표현의 자유가 보장된 상태에서 자주독립국가의 설립이 전제되어야 한다는 것이다. 특히 여기서 문제되는 것은 조만식을 연금되게 만든 신탁통치를 반대하는 견해에 변화가 있는 것인가 하는 점이다. 단순히 트루만의 원칙을 강조한 것에서는 그 변화를 알 수 없다. 그러나 여기서 주목하는 것은 소련이 참여하는 신탁통

72) 박명수, "브라운의 조만식 인터뷰"(주 30), 268면.

73) "Report of the Visit of Arthur C. Bunce with Chancellor Balasanov in Pyonyang", P. 518; 박명수,"브라운의 조만식 인터뷰"(주 30), 268면 재인용.

74) "Interview with Cho, Man Sik- 1947.71 at Pyongyang"; 정용욱·이길상편(주 65), 666면 이하 참조.

치는 받아 들릴 수 없지만, 미국에 의한 신탁통치는 수용할 수 있다는 바람이다. 차선책으로 모색한 것이라 여겨진다. 특히 신탁통치가 임시정부를 수립한 이후에 실시된다면 여러 가지 상황 상 결국 신탁통치를 부정하기 어려워질 것 같다는 비관적인 생각을 하고 있었다는 점도 주목된다. 일단 자주 독립국을 지향하는 임시정부가 수립된다면, 단기간의 신탁통치도 수용할 수 있다는 것이다. 어쩌면 이것은 북한지역에서 악화되어가는 상황을 정확히 인식하고 있다는 증거일 것이다.[75)]

조만식은 미소공동위원회에 참석과 관련하여 소련군정을 극도로 불신하였다. 당연한 것이라 여겨지지만, 만약 평양에 개최된 미소공동위원회에서 자신의 견해를 밝혔을 때, 신분상 어려움에 봉착할 수 있다고 생각하여, 남한으로 갈 수 있기를 희망한 것에서 확인할 수 있다. 특히 조만식의 능력을 높이 평가한 미군 측에서 당연히 남한으로 데려가기를 희망하고 있었다. 이승만과 김구가 미소공동위원회에 반대한 이유에 대한 설명도 인상 깊은 것이었다.

조만식에 따르면 대한민국에서 새로 수립하는 국가 체제는 민주주의이어야 하는데, 소련식 민주주의가 아니라 '미국식 민주주의'라는 점을 분명히 밝혔다. 명치대학에서 법학을 공부한 조만식은 기본권이 보장되는 자유민주적 기본질서와 시장경제를 표방하고 있는 미국식 대통령제를 모델로 생각하고 있었다는 것이다. 물론 조선민주당의 강령과 정책 등에서 확인할 수 있는 바와 같이 사유재산제를 인정함과 동시에 그에 대한 제한이나 복지정책과 근로자의 권리의 보장 등을 추구하는 등 현대적 의미의 사회국가 원리가 작동되는 그러한 민주주의를 희망한 것이다.

대담 중 가장 중요한 것은 토지개혁과 관련된 부분이라 할 수 있다.

---

75) 이에 대해 브라운과의 회견에서 조만식이 신탁통치에 대한 입장을 바꾼 것이라 설명하는 견해도 있다(정용욱, 「존 하지와 미군 점령 통치 3년」, (중심, 2003), 218면.

1946년 소련군정 주도하에 북한에서 행해진 토지개혁을 부분적으로는 긍정적으로 평가하였다. 다시 말해 조선총독부 소유 토지를 국유화 조치한 것은 정당한 것으로 남한도 빨리 토지개혁을 실시하라는 것이다. 물론 모든 토지를 국유화하라는 것은 아니다. 국유화 할 것은 국유화하고 개인에게 불하해야 할 것은 불하하여 사유재산권을 인정해야 한다는 것이다. 번스는 조선의 토지제도는 농민에게 가혹한 것이나, 개인의 소유권을 부정하는 소련식 개혁에 대해서는 반대했다. 번스는 조선에 공산주의를 막기 위해 토지개혁을 통해 농민의 마음을 얻어야 한다고 생각했다. 번스는 이러한 토지개혁은 기독교적 정신으로 가능하며, 이것이 이루어질 때 공산화를 막을 수 있다고 생각했다. 그에 따르면 공산주의는 결코 인간의 핵심, 심령을 변화시킬 수 없으며, 인간의 자유와 개성을 살릴 수 없다고 했다.[76]

7. 소결

조만식은 넓은 의미에서뿐만 아니라 좁은 의미에서도 정치가라 할 수 있다. 일제강점기에는 교육계에서 교육 및 학교경영을 통해 일제에 대항하였다. 평양 YMCA 총무로서 활동은 순수 시민운동적 성격을 지니었다. 하지만 시민들의 정치의식을 제고시키기 위한 점에서는 이 역시 정치행위의 범주에 포함시킬 수 있다. 물론 한국의 최초 정당이라 평가되는 신간회에서의 활동은 식민지 국가에서 할 수 있는 고도의 정치행위라 할 수 있다. 또한 해방 후 조선 민주당의 활동은 가장 전형

76) 안종철, "해방 전후 아더 번스의 활동과 미국의 대한 정책"(주 61), 148- 152면; 황윤희, "번스의 내한 활동과 한국 문제인식", 「숭실사학」 23호, 2009, 160면.

적인 정당정치행위이며, 평남 건국준비위원회 활동과 인민정치위원회의 활동 역시 행정행위의 일종이라 할 수 있다. 하지만 이것 역시 정치행위라 할 수 있다. 물론 조만식은 좁은 의미의 정치적 관점에서 볼 때 성공적인 정치활동을 했다고 볼 수 없다. 집권을 한 것도 아니고, 조선민주당의 강령과 정책을 관철시킨 것도 아니다. 그러나 정치인으로서 그의 삶은 늘 시대정신을 창출해 내며, 우리 민족이 나아갈 방향을 제시해 주었다는 점에서 높이 평가되는 것이다.

이러한 정치인로서 조만식의 어떤 정치 철학 내지 사상을 지니고, 그 오랜 시간 활동해 왔는가. 조만식의 사상 근저에는 두 가지가 존재했다. 그는 평생 우리 민족을 사랑하고 나라의 앞날을 걱정한 진정한 민족주의자로서 민족주의 정신과 만보산사건이나 평남 건국준비위원회의 활동에서 확인할 수 있는 바와 같이 모든 인간의 존엄과 가치를 존중하는 사해동포주의(Cosmopolitanism)를 지니고 있었다. 이러한 大義를 추진하는 과정에서 그는 다양하고 구체적인 원칙들을 수립해 나갔다. 예컨대 만보산사건에서는 중국과의 분쟁으로 비화될 수 있는 위험 앞에서도 비폭력적인 '평화주의적 사상'에 입각하여 민족 간의 분쟁을 해결하였다. 그는 국적에 따라 차별하지 않은 진정한 인간에 대한 사랑을 지닌 평화주의자였다. 또한 동경 유학시절에 지역감정을 야기 시킬 수 있는 분파적 활동을 막기 위해 했다는 "고향을 묻지 맙시다"라는 말이나 해방 후 정국에서 조국 분단의 위험 앞에서 통일을 염원한 통합주의적 민족주의를 지향하였다. 더 나아가 신탁통치를 반대하는 결의에서 확인할 수 있듯이 민족자결주의 내지 완전한 자주국가의 건설을 지향하였다.

조만식은 전술한 바와 같이 평생 동안 민족운동과 정치활동을 하면서 어떤 경우에도 혼자하려 하지 않았다. 단체의 결성을 통해 단결된 힘으로 모든 운동을 효과 있게 추진하였다. 소위 결사의 자유를 아주 잘 활용하였다고 볼 수 있다. 한국에서 최초 정당이라 할 수 있는 신간회 운동과 해방 후 조선민주당 창당뿐만 아니라 조선물산장려운동 및 국민들의 건강 증진을 위한 체육관련 단체의 결성, 농촌계몽을 위한 단체 결성 등은 당시 일본 민법과 헌법에서 제한적으로 보장된 단체 설립의 자유를 활용한 것이라 할 수 있다. "사람이 사람인 것은 사람과의 관계에 있다"고 주장했던 독일의 단체법연구가 오토 폰 기르케(Otto von Gierke)와 같이 사람들의 결합을 통해 소기의 목적을 달성하고자 하였다. 왜냐하면 그는 '天時地利人和'라고 생각하였기 때문이다. 조만식은 민족부활이나 자주독립을 위해 인화를 바탕으로 단합된 힘이 필요하다는 것을 알고 있었던 공동체정신에 충실한 정치가였다. 다시 말해 조만식은 국가와 민족공동체를 위한 '공동체주의자'라고 할 수 있다.

비록 소련의 기획아래 창당되었다는 비판도 있지만, 조만식의 주도하에 조선민주당이 창당되었다. 이러한 조선민주당의 창당은 앞서 언급한 결사의 자유를 구현하여 단체를 결성한 결과라 할 수 있다. 그는 조선민주당의 창당 선언문에서 "일체의 파벌을 근절하고 정치·경제· 문화·사상·생활의 각 부분에서 일본 제국주의를 구축"하고, "각계 대중의 총의 총력을 결집 통합"하여 "민주주의 정체로서의 자주 독립국가를 수립하자"고 주장하였다. 또한 국제평화와 인류 역사의 발전에 기여하면서, 민족문화를 부흥시켜 세계문화의 발전에도 공헌하자고 하였다. 조만식은 민족 통일사상에서 정당정치를 지향하는 정당 민주주의 사상가라 할 수 있다. 더 나아가 그의 정치사상은 국민을 위한 자주 민주국가를 지향하면서도 세계평화와 인류문화의 발전에 공헌하기를 희구하는 열린 정치가였으며, 자유민주적 기본질서에 부합하는 복수정당제를 지지하는 정당정치인이었다.

조만식은 자유민주주의를 지향하였다. 소련군에 의해 연금상태에서 행한 브라운과의 대화에서 조만식은 소련식이 아닌 미국식의 민주주의를 원한다고 밝힌 바 있다. 대학에서 법학을 전공한 조만식은 새로 수립되는 한국도 미국식 대통령제를 원한다는 것이다. 자유 시장경제체제 아래서 삼권이 분립되어 상호 견제와 균형을 이루고 있는 미국식 민주주의를 생각한 것이다. 조만식이 발표한 젊은 시절의 글과 말에는 사유재산제를 제한한다든가 소작제를 폐지하는 등 사회주의적 요소들이 다수 포함되어 있었다. 그러나 그는 신학문을 시작과 함께 기독교인이 되었기 때문에 완전한 사회주의자가 될 수 없었다. 따라서 사회주의의 요소라 할 수 있는 보편적 복지나 기본권의 제한 등과 같은 것들이 그의 사상의 근저에 있었다 하더라도, 자유 시장경제를 추구했음을 알 수 있다. 따라서 그의 언행을 종합해 보면 소위 기독교사회주의 사상에 가깝다고 할 수 있다. 이것을 현대 헌법적 표현에 따르면 사회국가 원리에 충실한 민주주의자였다고 할 수 있다.

많은 이들은 정치인이 아닌 자연인 조만식을 '인화의 사람'이라 평한다. 동경유학시절에 장로교회와 감리교회를 통합하여 동경한인교회를 설립하였다. 또한 출신지별로 나뉘어져 있던 유학생사회를 통합하여 '조선유학생친목회'를 결성하기도 하였다. 더 나아가 평양 YMCA 총무로 재직할 때에는 평양지역민들을 하나로 묶어 시민사회를 조직화하였으며, 1927년에는 '비타협적' 민족주의자와 사회주의자 사이에 계급과 이념을 뛰어넘는 민족 협동전선으로 신간회의 출범에 기여하기도 하였다. 그렇다면 이러한 인화의 사람으로 평가되는 조만식을 정치적인 관점에서는 어떻게 정리할 수 있는가. 소련군에 의해 연금당하고 있을 때 남쪽으로 피난할 수 있는 기회가 있었음에도 불구하고, "천만 북한 동포들을 두고 남하할 수 없다"는 그의 고백은 정치인으로서 그의 사상을 그대로 보여주고 있다. 말로만 국민과 나라를 위한 것이 아니라 언제나 민중과 함께하는 지도자였다. 민중의 참지도자이자, 실천궁행하는 실천적 지도자였다. 또한 공산당과 결코 타협하지 않는 철저한 자유주의 신봉자였다. 다시 말해 그는 일본제국주의와 공산당과는 결코 타협하지 않는 지조 있는 정치인이었으며, 어떤 경우에도 폭력을 사용하지 않는 비폭력적 평화를 유지하였던 평화주의 정치인이자, 말로만 떠드는 것이 아닌 어떤 경우에도 정도와 원칙을 실천하는 실천궁행의 정치인이었다.

제7장
맺음말

조만식은 일제강점기인 1913년에 일본명치대학을 졸업하고 곧 바로 오산학교 교사로 사회생활을 시작하였다. 3.1운동을 기점으로 민족운동가로 변신한 후 시민운동가로서 그리고 한 때는 언론인으로, 종국에는 정치인으로 치열한 삶을 살았다. 예수를 영접한 이후 평생 동안 초심을 잃지 않은 모범적인 신앙인이었다. 교사시절에는 학생들과 인격적으로 소통한 참 교육자였으며, 시대의 아픔을 시민과 함께 이겨내려고 노력한 시민운동가였다. 또한 민족의 앞날을 걱정하며 다양한 문제를 선도적으로 해결해 나간 민족의 선각자이었다. 더 나아가 원칙과 정의를 위해에 결코 불의와 타협하지 않은 용기 있는 정치가였다. 이러한 조만식을 위해 우리나라 최고의 민족 시인인 소월은 "제이 엠 에쓰"[1)]라는 시에서 "아름답다. 큰 사랑은 죽는 법 없이/ 기억되어 항상 내 가슴속에 숨어 있어/ 미쳐 거츠르는 내 양심을 잠재우리./ 내가 괴로운 이 세상 떠날 때까지."라고 노래한 바 있다. 조국을 위해 큰 사랑을 베풀다 순직한 조만식의 삶은 아름답다. 그의 큰 사랑은 우리 민족의 가슴속에 항상 기억되리라 여겨진다. 그의 애국 애족의 방식이라 할

1) 제이 엠 에스는 조만식의 영문약자이다. 이 시에 전문은 고당기념사업회편, 「고당 조만식 회상록」(조광출판주식회사, 1995), 346-347면 참조.

수 있는 사상은 어떻게 표현되고, 이해되어야 하는가에 대해 분야별로 나누어 살펴보았다.

기독교 복음은 생명력이 있어 사람을 변화시킨다. 복음을 진실로 받아드리면 경천애민의 사상을 갖게 된다. 조만식은 복음을 알고 난 후 새로운 삶으로 거듭났다. 특히 소명의식을 갖게 되었다. 조만식이 애국애족의 삶을 살게 된 것은 이러한 복음의 힘이라 할 수 있다.

예수를 믿고 변화된 삶을 살았던 조만식은 우선 예수 그리스도의 대속의 피를 강조하였다. 이것은 그의 신앙이 보수적인 터전 위에 있음을 의미한다. 특히 조만식이 숭실학교에 입학할 당시 한국 기독교는 보수적 신앙관에서 벗어나지 못했다. 하지만 당시 숭실학교 교장이었던 베어드목사의 가르침에 따라 조만식은 영혼 구원뿐만 아니라 사회 구원을 중시하였다. 그렇기 때문에 기독교인은 무슨 일을 하든지 복음을 앞세우고 큰 소망을 품고 진실된 마음으로 봉사해야 한다고 생각하였다.[2] 다시 말해 조만식의 기독교 사상은 소위 '예수천당 불신지옥'으로 표현되는 한국의 보수 신앙을 넘어 사회변혁을 꿈꾸는 기독교적 정의관에 입각하여 민족을 변화시키고자 노력하였다. 그의 신앙은 자신의 인격 속에서 육화되어 실천적인 삶으로 나타났다. 다시 말해 예수 그리스도의 인격을 자기의 인격으로 체화하여 그대로 실천하려고 노력한 것이다.

조만식은 칼빈주의적 신앙관을 받아드린 것으로 여겨진다. 따라서 신앙에서 하나님의 주권과 은혜를 강조하면서도 인간의 책임과 실천을 중요시하였다. 이러한 칼빈주의적 신앙생활은 근검절약과 직업을 중시하는 생활에서도 찾을 수 있다. 소위 프로테스탄트 윤리는 정직과 신의, 근면과 절제, 절약으로 요약되는데, 그의 삶은 바로 이러한 사상을

2) 조만식, "기독교인의 생활(4)", 「기독신보」 1935.10.2; 홍만춘엮음, 「고당 조만식 자료집」(한국기독교역사연구소, 2008), 108면.

그대로 대변해 주는 것이었다. 예컨대 말총머리와 검은 두루마기로 표현되는 일상생활과 조선물산장려운동으로 표현되는 국민운동은 바로 이러한 신앙적인 자세를 실천한 것으로 여겨진다.

기독교 사상의 핵심은 사랑이다. 이웃과 국민, 더 나아가 사회에 대한 사랑이 가장 보편적인 사랑의 형태라 할 수 있다. 그런 의미에서 사회에서 정의구현도 중요한 사랑의 덕목이라 할 수 있다. 기독교적 정의는 고아나 과부, 장애자 등 약자와 소외된 자들의 눈물을 닦아 주는 것을 포함한다. 조만식이 전 생애를 통해 전개한 운동은 언제나 현재에 안주하지 않고, 교육과 농촌의 계몽 및 시민운동을 통해 보다 나은 삶으로 개혁을 유도하는 운동이었다. 소위 변혁적 정의를 추구한 삶이며, 복음에 의해 변화된 삶을 구체적으로 실천한 삶이었다. 실천적 신앙인의 표본이라 할 수 있다.

조만식은 대학을 졸업한 후 이승훈선생이 설립한 오산학교의 교사로 사회생활을 다시 시작하였다. 그 후 오산학교의 교장을 역임하는 등 교육현장에서 학생들을 지도하다, 3.1운동 이후에는 시민운동을 하면서 숭실대학에서 시간강사로 잠시 재직하였다. 그러나 교육현장에서 학생들을 교육할 수 없는 상태가 되자 숭인상업학교의 설립과 운영 및 민립대학 설립운동에 관여하기도 하였다.

조만식의 교육계 활동 역시 우리 민족사에서 중요한 의미를 지닌 것이라 평가할 수 있다. 그의 제자들의 면면을 보면 그의 교육가로서 활동을 짐작할 수 있다. 조만식은 보수적 기독교의 편협한 교육관이 아닌 통합적인 관점에서 실천궁행의 삶을 몸소 보여준 실천적 교육가였다. 또한 바른 신념과 원칙을 지닌 참 교육자였다. 그는 민주적인 사고를 지닌 교육자로서, 권위 있는 교육자였지만, 결코 권위주의자는 아니었다. 또한 그는 늘 민족중흥을 꿈꾸며 민족의 미래를 걱정하는 미래지향적인 교육자였다.

조만식의 가르침을 가정과 학교와 사회로 나누어 요약해 보면 다음과 같다. 한 가정의 부모들에게는 자녀를 교육할 때 부모 자신이 먼저 용서(恕)와 인내(忍) 및 부지런하게(勤) 살면서, 아름다운 언행과 심사를 몸소 실천하여 자녀들로 하여금 자연스럽게 모방할 수 있게 하며, 종교적 믿음을 정신적 유산으로 전하도록 했다. 또한 학생들에게 사람과 국가를 사랑하는 마음, 국가의 동량으로 성장하기 위해 실력을 기르도록 노력하며, 큰 꿈을 가지기를 권면했다. 사회활동하고 있는 청년들에게 생의 존재 의미를 확실히 하며, 절제된 생활 속에 반드시 자기 생활을 유지할 수 있는 직업을 가지고, 봉사하며 살아 갈 것을 권면했다.

조만식은 교육의 현장에서 직접 학생들을 가르친 것은 7년 정도에 불과하다. 이렇게 짧은 기간 동안, 그것도 열악하기 그지없는 환경에서 어찌 그리 큰 역량 있는 제자들을 배출할 수 있었는지, 경탄해 마지하지 않을 수 없다. 이러한 결과는 전인격과 혼신의 노력이 일구어낸 결정체라 여겨진다. "사랑은 모든 것을 극복한다"(amor vincit omnia)라는 격언이 있다. 조만식은 스스로 이러한 표현을 하지 않았지만 그의 교육사상 내지 정신에 이러한 '사랑'이 내재해 있음은 쉽게 확인할 수 있다. 제자들에게 자기와 국가와 민족에 대한 사랑을 늘 강조하였다. 따라서 조만식 역시 사랑은 모든 것을 극복한다고 믿고 있지 않았을까? 예수의 가르침을 따르며 사랑을 실천한 사랑의 교육자였다. 조만식의 모든 교육활동은 우리 민족을 일제로부터 해방시키려는 대원과 함께 민족의 갱생이라는 소망함을 함의한 것이라 여겨진다. 물론 그러한 정신 속에서는 '진리'와 '봉사' 내지 사랑의 실천이 내재한 것은 더 이상 언급할 필요가 없을 것이라 여겨진다.

조만식의 경제사상 역시 다른 사상과 마찬가지로 기독교를 제외하고는 이해할 수 없을 정도로 기독교 신앙의 영향에 의해 이루어졌다. 그는 고아나 과부 등 소위 가난한 자들을 사랑하고 긍휼을 베푸는 것이

기독교인의 신앙생활의 요체라 믿었다. 이러한 신앙관이 잘 나타나는 분야가 바로 경제 분야이다. 조만식의 핵심적인 활동과 사상이 이러한 경제 분야, 특히 농촌운동에서 잘 나타났다.

조만식의 경제사상은 개인과 가정 및 국가공동체의 '곤핍'한 상황(stutus quo)을 슬기롭게 타개하기 위해 정책적 제안과 실천운동에서 나왔다. 미시적으로는 개인들이 허영과 사치에 빠진 경우에는 근검한 생활과 절제생활로서 극복해야 하며, 거시적으로는 국가 등 공동체가 구성원들을 대동단결시켜 국난을 극복하자는 것이다. 이러한 거시적인 조만식의 경제운동은 경제적 집결과 인적 단합이 필요함을 강조하면서 무엇보다도 건전한 단체를 조직하여 민족의식을 계발하고 훈련해야 한다고 주장하였다. 조만식이 국가의 곤핍을 극복하기 위해 가장 먼저 제안한 것이 평양의 조선물산장려운동이다. 조만식 주도의 평양 조선물산장려운동은 민간차원의 보호무역운동, 소비자운동, 민족부활 운동의 성격을 아울러 지니었다.

조만식은 물산장려운동의 일환으로 근검 저축운동뿐만 아니라 기독교절제운동을 전개하였다. 비록 저축하고 절제하자는 소극적인 운동이지만, 당시 국가부채로 나라 전체 경제가 피폐되어 있는데, 지도층 인사뿐만 아니라 농민층에서도 허례와 허영으로 과소비가 만연하여 이를 극복하기 위한 절제운동의 제안은 시의 적절하였고, 또한 소기의 성과도 있었다고 평가된다.

조만식의 경제사상은 농촌운동에서 그 특징을 가장 잘 보여준다. 국민 80%에 달하는 농민들이 빈곤에 허덕였다. 이러한 농촌을 위해 장기적으로는 실력 있는 인재를 양성하고, 단기적으로는 농업 관련 제도들을 개선하여 농업 진흥을 모색했던 그의 경제사상은 복음 실천의 전형을 보여주는 것이었다. 농촌을 살리기 위한 다양한 사업을 전개하고 배민수와 유재기 및 최문식과 같은 농촌운동가를 키워낸 것은 인재를 양성해야 한다는 주장이 공허한 것이 아니었음을 보여주는 것이었다. 이러한 농촌운동은 점진적인 실력 양성을 통한 농촌진흥 운동인 동시에 민족 부활 운동이라 할 수 있다.

대학에서 법학을 전공한 조만식은 실천적 행동가이었으며, 민족에 대한 바른 의식과 사상을 지닌 선각자였다. 그는 숭실대학에서 짧은 기간이지만 법학을 강의하기도 하였다. 그러나 그는 다른 분야에서와 마찬가지로 법학 내지 법률에 대한 저서나 논문을 출간하지 않았으나, 그의 법사상을 추론할 수 있는 다양한 기고문을 남기었다.

법사상에서 가장 기초적이고 핵심적인 것은 정의관이다. 조만식은 평생 정의개념을 구체적으로 정의하지 않았다. 그러나 그의 실천적 삶에서 정의를 추론할 수 있다. 조만식의 민족사랑은 바로 공동선을 지향하는 변혁적 정의를 실천하는 것이다. 농촌운동과 조선물산장려운동, 건국준비운동과 통일된 조국건설을 위한 신탁통치 반대운동 등은 사회를 변화 내지 개선시키고자 하는 노력은 바로 공리주의적 정의관을 구현하는 것인 동시에 자유주의적 정의의 실현을 위한 것이라 할 수 있다.

국민 개개인들에게 소유권을 인정해 주는 사유재산제는 자본주의의 기본이다. 조만식 역시 이러한 사적 소유권을 인정하면서, 공공복리에 이용될 될 수 있도록 제한이 가능하다는 생각을 지니고 있었다. 그러나 조만식이 제안하였던 한 가정당 '10만원'을 최고한도로 하는 소유상한제는 과도한 것으로 여겨진다. 그는 기본권 중에서 표현의 자유를 특히 강조하였다. 표현의 자유가 민주주의 요체라고 주장하였다. 기본권은 공익 등을 이유로 제한할 수 있는데 이러한 제한은 현대 헌법에서 논의되고 있는 '사회국가원리'와 같은 관점이 될 것이다.

조만식은 각종 단체를 결성하여 국권회복을 위한 비폭력적 민족운동을 전개하였다. 이것은 일본 제국헌법상 제한적으로 인정되던 결사의 자유를 선용한 것이라 할 수 있다. 더 나아가 조만식은 고리대금이나 오늘날 포괄근보증과 같은 과도한 보증을 금지하자고 주장했다. 이것은 현대법에서 논의되는 경제적 약자를 보호하려는 정신 내지 성서상 빈자구호법의 정신을 반영한 것이라 할 수 있다.

조만식은 3.1만세 운동시 보안법 위반으로 복역한 사실이 있다. 그러나 법률을 전공한 때문인지는 확신할 수 없으나 철저한 '법치주의'를 지향하는 운동가였다. 청년기에 수형 생활하는 동안 자연법적인 관점에서 일제의 법집행에 대해 비판하기도 하였다. 그러나 그는 철저하게 실정법의 범주 내에서 법에 저항하지 않고 민족운동을 전개하였다. 법의 이념을 정의와 합목적성과 법적 안정성이라 할 때, 그는 이러한 법의 이념을 구현하기 위해 평생 노력했다고 해도 과언이 아니다. 실정법의 제정 목적과 법적 안정성을 인정하면서 민족의 앞날을 위해 그것을 개선하려고 노력한 것이다. 현장의 운동가들이 필요악처럼 행사할 수밖에 없는 폭력이나 불법행위를 철저히 배제하였다. 법이 함의하고 있는 또 다른 목적인 평화를 몸소 실천한 것이다.

한국의 최초 정당이라 평가할 수 있는 신간회에서 조만식의 활동은 식민지 국가에서 할 수 있는 고도의 정치행위였다. 또한 해방 후 조선민주당의 활동은 가장 전형적인 정당정치 행위이며, 평남 건국준비위원회 활동과 인민정치위원회의 활동 역시 행정행위의 일종으로 이것 역시 정치행위라 할 수 있다. 정치인으로서 조만식은 늘 시대정신을 창조해 내며, 우리 민족이 나아갈 방향을 제시해 주었다.

조만식은 평생 우리 민족을 사랑하고 나라의 앞날을 걱정한 진정한 민족주의자인 동시에 만보산사건이나 평남 건국준비위원회의 활동에서 확인할 수 있듯이 모든 인간의 존엄과 가치를 존중하는 사해동포주의(Cosmopolitanism)자였다. 이러한 사상을 실천하는 과정에서 그는 다양하고 구체적인 원칙들을 수립해 나갔다. 예컨대 만보산사건에서는 중국과의 분쟁으로 비화될 수 있는 위험 앞에서도 비폭력적인 '평화주의적 사상'에 입각하여 민족 간의 문제를 해결하였다. 그는 국적에 따라 차별하지 않은 진정한 인간에 대한 사랑을 지닌 평화주의자였다. 또한 동경 유학시절에 "고향을 묻지 맙시다"라는 말이나 해방 후 정국에서 조국 분단의 위험 앞에서 통일을 염원한 통합주의적 민족주의를 지향하였다. 더 나아가 신탁통치를 반대하는 결의에서 확인할 수 있듯이 민족자결주의 내지 완전한 자주국가의 건설을 지향하였다.

비록 소련의 기획아래 창당되었다는 비판도 있지만, 조만식의 주도하에 조선민주당이 창당되었다. 그는 조선민주당의 창당 선언문에서 "일체의 파벌을 근절하고 정치·제·문화·사상·생활의 각 부분에서 일본 제국주의를 구축"하고, "각계 대중의 총의 총력을 결집 통합"하여 "민주주의 정체로서의 자주 독립국가를 수립하자"고 주장하였다. 또한 국제평화와 인류 역사의 발전에 기여하면서, 민족문화를 부흥시켜 세계문화의 발전에도 공헌하자고 하였다. 조만식은 민족 통합적 사상에서 정당정치를 지향하는 정당 민주주의 사상가라 할 수 있다. 더 나아가 그의 정치사상은 국민을 위한 자주 민주국가를 지향하면서도 세계평화와 인류문화의 발전에 공헌하기를 희구하는 열린 정치가이었으며, 자유민주적 기본질서에 부합하는 복수정당제를 지지하였다.

조만식은 자유민주주의를 지향하였다. 조만식은 새로 수립되는 한국도 미국식 민주주의를 원했다. 다시 말해 자유 시장경제체제 아래서 삼권이 분립되어 상호 견제와 균형을 이루고 있는 형태의 민주주의를 생각한 것이다. 조만식이 발표한 젊은 시절의 글과 말에는 사유재산제를 제한한다든가 소작제를 폐지하는 등 사회주의적 요소들이 포함되어 있다. 그러나 그는 기독교인이었기 때문에 완전한 사회주의자가 될 수 없었다. 따라서 사회주의의 요소라 할 수 있는 보편적 복지나 기본권의 제한 등과 같은 것들이 그의 사상의 근저에 있었다하더라도, 자유 시장경제를 추구했음을 알 수 있다. 그의 언행을 종합해 보면 소위 기독교사회주의 사상에 가깝다고 할 수 있다. 이것을 현대 헌법적 표현에 따르면 '사회국가원리'에 충실한 민주주의자였다고 할 수 있다.

조만식은 공산당과 결코 타협하지 않는 철저한 자유주의 신봉자였다. 다시 말해 그는 일본제국주의와 공산당과는 결코 타협하지 않는 지조 있는 정치인이었으며, 어떤 경우에도 폭력을 사용하지 않는 비폭력적 평화주의 정치인이자, 정도와 원칙을 실천궁행하는 실천적 정치인이었다.

조만식은 부분이 전체이고, 전체는 어느 부분과도 모순되지 않는 언행일치의 삶을 살았다. 개개의 사상에서 보여주는 조만식의 모습은 부분적인 것임에도 언제나 조만식의 전체 모습을 그려볼 수 있게 했다. 왜냐하면 그의 삶은 총합을 계산하는 것이 아니라 삶 전체가 한 폭의 그림을 그리는 것과 같았기 때문이었다. 조만식은 분단 조국의 통일을 앞당기는 인화와 통합을 바탕으로 통일된 자주 독립 국가의 수립을 희구하였다. 또한 사소유권과 표현의 자유 등을 포함한 개인의 기본권이 보장된 자유 민주주의 국가를, 그리고 이웃의 아픔을 슬퍼하며 서로 사랑을 나눌 수 있는 민족 공동체와 경제적 약자를 보호하고 여러 가지 모순에 빠져있는 현상을 개혁하려는 변혁적 정의가 실현되는 정의로운 공동체를 꿈꾸었다. 더 나아가 건전한 인간중심의 교육과 법의 이념이 바르게 구현되는 사회를 소망하였다. 조만식이 꿈꾸었던 세상은 21세기를 지나는 현재도 이루어지지 못한 상태이다. 그의 꿈이 온전히 그리고 조속히 실현될 수 있기를 소망한다. 또한 이러한 조만식의 꿈이 온전히 실현될 수 있도록 노력해야 하는 것은 이 시대를 살아가는 우리 모두의 책무라 여겨진다.

1. 고당 조만식 주요 논설

"新年의 新意見 - 죽기로써 鄕土를 지켜야 하겠습니다", 『개벽』31, 1923년 1월.

"饑謹救濟 有産猛醒 - 재산가의 참된 동정 무엇보다 첩경", 『동아일보』 1925년 1월 1일.

"내 것은 내 힘으로", 『조선일보』 1927년 2월 14일; "기독교와 실생활", 『청년』 1927년 2월.

"평양인사의 평양관", 『동아일보』 1928년 1월 1일.

"건설중의 대평양, 상공진흥책은 여하", 『동아일보』 1928년 9월 27일.

"조선기독교학생의 태도와 사명", 『청년』 1929년 9월

"평양인사 신년 소감 - 신사업 세 가지 가능", 『동아일보』 1930년 1월 1일.

"전조선 주요도시 16처 인사의 지방문제관", 『동아일보』 1930년 4월 4일.

"평양사회단체: 평양 신간회와 나", 『등대』 12, 1930년 9월.

"'한글'보급은 조선민족의 의무", 『조선일보』 1930년 11월 20일.

"축복된 평양의 비약적 대 발전, 제산과 사회 양사업으로", 『조선일보』

1931년 1월 2일.
"조선운동은 협동호 대립호, 신간회 해소운동 비판 - 어인에 이를 줌은 대금물", 『삼천리』 12, 1931년 2월.
"오직 우리의 경제적 단결체", 『동아일보』 1931년 4월 14일.
"생활개신과 소비절약", 『동광』 20, 1931년 4월.
"세계 십대인물 공천", 『동광』 29, 1932년 1월.
"세계개조 사안", 『신동아』 1932년 1월.
"전쟁시비론"-"國際聯合軍隊를 둘 것", 『신동아』 1932년 2월.
"제삼자의 엄정한 비판과 고언- 천도교 영도급의 흉도문제", 『신동아』 1932년 6월.
"향락과 사치의 껍데기를 벗자", 『동아일보』 1933년 1월 5일.
"우리의 기대하는 지도자", 『종교시보』 1933년 2월.
"토산애용의 근본의 의", 『농민』 1933년 6월.
"사장을 사퇴함에 제하여", 『조선일보』 1933년 7월 18일.
"빛은 농촌으로부터! 이동좌담회: 하기계몽운동에 대한 제씨의 의견", 『신동아』 1933년 7월.
"조선기독교의 해부", 『농민생활』 1933년 11월.
"각계 제선생의 축사", 『종교시보』 1933년 12월.
"조선체육회와 제휴, 과거와 현재의 공로를 무시", 『동아일보』 1934년 4월 15일.
"간듸, 인물과 최근운동", 『삼천리』 1934년 6월.
"서양인 처음 보던 인상", 『신동아』 1934년 6월.
"각계 인사의 축사문- 축사", 『태평양』 1934년 11월.
"반월도를 제공한다면(1), 조만식 씨와 대화", 『태평양』 1934년 11월.
"승패를 초월해 도덕을 직히라", 『조선일보』 1935년 1월 1일.
"신년의 기원: 긴급한 다섯 가지", 『신동아』 1935년 1월.

"나의 당부", 『소년중앙』 1935년 1월.
"명사 제씨의 학생시대 회고", 『신동아』 1935년 4월.
"아관(我觀) '장개석 간 트로츠키' 이 세 인물은 이제는 과거사상의 인물이 되었는가, 또는 재기가 기대되는가?", 『삼천리』 1935년 9월.
"기독교인의 생활(1)", 『기독신보』 1935년 9월 11일.
"기독교인의 생활(2)", 『기독신보』 1935년 9월 18일.
"기독교인의 생활(3)", 『기독신보』 1935년 9월 25일.
"기독교인의 생활(4)" 『기독신보』 1935년 10월 2일.
"향락과 안일을 버리자", 『신가정』 1935년 9월 18일.
"신년의 기원: 중심기관의 재조직", 『신동아』 1936년 1월.
"청년이여 앞길을 바라보라", 『삼천리』 1936년 1월.
"우리의 제일주의는? - 중심단체 조직", 『삼천리』 1936년 2월.
"이것을 고치자 - 虛榮과 濫費", 『중앙』 1936년 2월.
"도박과 조만식: 평양의 깐디 조만식선생과의 도박철학 일문일답기", 『중앙』 1936년 3월.
"생산과 소비와 우리 각오", 『삼천리』 1936년 4월.
"평양인의 평양관, 언론기관과 중심단체 필요", 『동아일보』 1936년 6월 3일.
"청년과 사회봉사", 『삼천리』, 1936년 11월.
"창간 1주년기념 각계 명사의 축사", 『조광』 1936년 11월.
"그들의 청년학도시대", 『조선일보』 1937년 1월 6일.
"曺晩植氏 訪問記", 『白光』 1937년 2월.
"白光 발간 축사-충실한 내용을!", 『白光』 1937년 10월.
"기독청년의 이상", 『삼천리』 1937년 10월.
"농촌청년의 임무", 『조광』 1937년 10월.
"再婚의 老新郞 조만식 씨 心境打診", 『白光』 1937년 2월.
"名士設問-조만식", 『白光』 1937년 2월.

“월남 이상재 선생 추도사”, 『조광』 1937년 3월.

“恕·忍·勤”, 『조광』 1937년 5월.

“責任一半은 社會에”, 『동아일보』 1937년 10월 2일.

“생활개선책은? 백 가지 이론보다도 한가지의 실행부터”, 『조선일보』 1937년 10월 2일.

“自由公正한 筆鋒 建國經 傳하라”, 『중앙신문』 1945년 11월 1일.

2. 고당 조만식 사상 관련 주요 자료

(1) 조선물산장려회 설립취지서

우리 조선반도는 천부의 흙이요 부원(富源)의 땅이라. 반만년 장구한 세월에 간단없이 물자를 공급하고 사업을 부여하여 종족이 번식하고 문화가 계발되었도다.

생장력 많은 지미(地味)는 농업을 흥케 하고, 무진장의 광물을 포용한 지질(地質)은 공업을 성장케 하며, 사통오달한 위치는 상업을 융성케 하고, 기후와 풍토는 원예와 임업, 목축업에 적절하며 하해(河海)와 항만은 어업과 운수에 더없는 호조건이고 식산(植山)하므로 축적하고, 홍업하므로 치부케 하였으니 단연코 삼천리 근역(槿域)은 이천만 민족의 보고인 태창(太倉)이라 하리로다. 아니 낙원이요 에덴이라 하겠도다.

우리는 가히 고루거각(高樓巨閣)에서 금의옥식(錦衣玉食)으로 행복과 안락의 생활을 누릴 수 있음을 의심치 않을 것이다. 그러나 시문(試問)하노니 과연 그러한가. 아니다. 사실은 이에 반하여 보고(寶庫)와 태창(太倉)에서 헐벗고 굶주림의 궁경(窮境)을 면치 못하고 낙원과 에덴에서 고난의 참상을 피치 못하게 되었도다. 이것이 과연 어떠한 이유이며 곡절인가. 우리는 놀라움과 탄식과 한탄을 금할 수 없음이라.

우리는 매일 보기도 하고 웃기도 한다. 우리 동족 중에는 남부여대(男負女戴)하며 부로휴유(扶老携幼)하고 조상 대대의 고국강산을 버리고, 산천이 생소하며 풍토가 다른 만리이역으로 떠나는 자 하루에도 천백이니 수십년 내에 백만이 될 것이 아니겠는가.

또한 이 땅에 잔류한 자도 그 산업이 날로 쇠하고 달로 퇴하여 빈(貧)에 빈을 더하고 약(弱)에 약을 가하게 되나니 이 어찌 도외시하며 등한시할 바요. 실로 심히 연구를 요할 문제라 하노라.

생각건대 개인과 단체를 물론하고 경제력의 여유 유무 즉 부(富)와 빈(貧)은 생활상에 고(苦)와 락(樂)의 차이가 있을 뿐만 아니라, 지식상 우(優)와 열(劣)을 일으키고 따르게 되며, 세력상의 강(强)과 약(弱)을 생성하여 부자는 우(優)하고 강하나 빈자(貧者)는 열(劣)하고 약하여 필경 우승열패(優勝劣敗)케 되나니, 그렇다면 과연 우리 민족은 우승자인가 열패자인가. 우리는 누누이 이를 설명코자 아니하고 다만 우리의 빈약한 원인이 무엇인가를 말하고자 한다.

이에 대하여 물론 근대에 이르러 정치, 교육, 제도, 습관이 부패하고 해이하여 농공상(農工商)을 천시하고 오직 사(士)만 존숭하여 당쟁의 유일의 정략으로 하고 의문(儀文)을 최선의 교육으로 하였으니 이는 모두 빈약의 원인이 될 것은 의심치 아니한지라. 그러나 이것들은 모두 원인(遠因)이오 근인(近姻)은 아니라.

이에 우리는 일대 근인이 있음을 간파하였으니 즉 자작자급(自作自給)치 아니함이라 하노라. 바꾸어 말하면 조선물산을 장려함이오 또 바꾸어 말하면 보호무역을 의미함이니 이것이 우리 조선인에게 가장 큰 문제라 하노라.

현금 구미각국은 저토록 상공업이 발달되었음에도 자유무역주의를 행하는 나라는 하나도 없고 모두 보호무역주의를 행하나니 이것으로 미루어 보건대 선진이오 부강한 나라도 그처럼 국산을 장려하고 무역을 보호하거든 하물며 뒤떨어지고 빈약한 조선이라오.

그런고로 우리는 조선 물산을 장려하지 아니치 못하리라 하노니, 이를 실천함은 다음과 같은 실익이 있으리라 확신하노라.

1. 경제계의 진흥이니, 대체로 조선은 해마다 거액의 수입이 초과되어 경제계가 점차로 위미(萎靡)되고 쇠퇴하는지라, 그런고로 국산을 장려하여 수입초과의 해(害)를 방지하므로써 경제의 진흥을 도모함이오.

2. 사회의 발달이니, 경제는 인류생활의 기본이오 원체(元體)라, 경제의 성하고 쇠함은 우리의 생활상 만반(萬般) 사업에 그 영향이 파급치 않는 것이 없나니 그런고로 국산을 장려하여 경제계의 융성을 기하는 동시에 사회발달을 도모함이오.

3. 실업자 구제책이니, 농공상(農工商)은 물론라고 타화(他貨)의 세력으로 인하여 조선인 실업자가 다수 발생함은 실로 천(千)으로 계(計)하여 백(百)을 산(算)할 수 없는 지라, 그런고로 국산을 장려하여 실업자를 취직케 함이 사회구제상 막대한 효과를 거둘 것이오.

4. 국산을 애중(愛重)하려 함이니, 이는 정신상 큰 문제라, 근대 조선인은 숭외배외심(崇外拜外心)이 성하여 국산이 우미(優美)할지라도 탁(濁)하다느니 진(陣)하다느니 하여 이를 헌지기지(獻之棄之)하고 타화는 아무리 조열(粗劣)한 것이라도 청(淸)하니 신(新)하니 하여 애지호지(愛之好之)한다. 그것이 어찌 물질뿐이리오. 천사만반(天事萬般)이 모두 그리 하노라. 그런고로 국산을 장려하여 우선 국산애중(愛重) 사상을 발하도록 하고 아울러 자중자애심을 함양케 함이오.

5. 근검풍(勤儉風)과 용감성(勇敢性)으로 변화케 함이니, 근대 조선인은

유약하고 나타(懶惰)하여 사치와 허영을 숭상(崇尙)함이 날로 더 하는지 라, 그 원인이 나변(那邊)에 있는가 함에 대하여 여러 가지의 원인이 있을 줄 알거니와 나약하고 경박하여 타화를 선호 수요(需要)하는 것이 원인이 하나됨을 인정하지 않을 수 없을 것이라.
그런 고로 견(堅)하며 후(厚)하며 질박(質朴)한 국산을 장려하여 이를 사용케 하므로 근실(勤實)과 검소(儉素)의 미풍을 낳게 하는 동시에 용감하며 쾌활한 인성으로 화하게 함을 도모함이라.

이를 여행하여 실효를 거두고자 함에 가장 필요한 것은 공덕심과 공익심이라 함이니 대개 우리가 법령이나 정책으로는 이와 같은 문제를 해결할 권리 또는 처지가 아닌즉 자위상(自衛上) 불가불 공덕심과 공익심에 의하지 아니치 못할 것이라. 가령 국산이 설혹 타화보다 품질상 또는 가격상으로 개인 경제상 다소 불이익한 점이 있다 할지라도 민족 경제상 이익에 유의하여 이를 애호하며 장려하여 수요(需要)하며 구매치 아니치 못할 것이라.

그런고로 우리는 의복 음식을 위시하여 가장집물(家藏什物)이며 일용품에 이르기까지 부득이한 물품 외에는 철저히 본취지를 실천궁행하고 한 걸음 더 나아가 상공업에 착수 역행(力行), 직접으로 실업계의 진흥과 융창(隆昌)을 도모하고 간접으로 일반 사회의 발전과 진보를 기하여 근역(槿域) 삼천리가 이천만 민족의 참된 낙원, 참된 에덴이 되기를 지성으로 갈망하는 바로이다.

1920년 8월 23일

임시 사무소 평양부 남문통 서정목

야소교서원에서

발기인 일동

(2) 조선일보 취임사

현대에 있어서 신문의 사명은 중대한 바 있다. 더욱이 조선의 현실은 신문으로 하여금 일층 임무의 중요성을 느끼게 한다. 정치, 경제, 사회 등 각 방면의 사건을 유루(遺漏)없이 신속 보도하여 민중의 안목이 되는 것은 물론이거니와 나아가서는 문화의 보급 진전에 공헌하여 민중 권일의 옹호신장에 노력하는 등 그 공기(公器)로서의 본분은 막대하다. 본보는 이 숭고한 사명을 수행하기 위하여 창간 이래 십유여 년을 진성갈력(盡誠竭力)하였거니와 금잔에 사무를 혁신함에 있어서도 오로지 이 책임의 완수를 목표로 하여 매진코자 하는 바이다. 이 목적을 달성함에 있어서 본사가 이에 내부조직의 완고며 재정기조의 확립에 유루없이 계획을 수립하여 새 출발의 제일보를 금일로써 밟게 된 것은 독자 제현과 함께 축하하는 바이다. 비재(菲才)의 본인 등이 경영의 중임을 맡게 되었으니 어찌 송구함을 자금(自禁)하리요. 오직 훼예(毁譽)를 염외(念外)에 두고 일신을 희생하여 흥폐(興廢)를 민중과 더불어 함으로써 기대의 만분의 하나라도 갚고자 하거니와 본보의 발전은 오직 제위의 후원에 있는 바이니, 배전의 편달 애호가 있기를 갈망하는 것이다. 속간의 보(報)를 들고 사해의 동지로부터 열렬한 격려의 사(辭)를 접하였음은 감격을 불금하는 바이며, 또 사무쇄신(事務刷新)에 임하여 종종의 편의를 주신 여러분께 만강(滿腔)의 사의를 표하는 바이다.

癸酉 1933년 4월 26일 조선일보사 사장 조만식

부사장 방응모

(3) 과거의 소사는 청산하고 동포여 건국에 돌진하자

1) 건국준비위원회의 사명

우리 강산에 이같이 기쁜 일이 있게 된 데 대하여는 다같이 경하하는 바이다. 여기에서 특히 건국준비위원회의 본질과 왜명(倭命)에 대하여 간단히 설명하여 동포에게 고하는 말로 하련다.

먼저 몇가지 말할 것은 36년간의 일본 통치관계가 마침내 금일 와서 분리하게 되었고, 또 소련과 미-영군(美-英軍)이 상륙하는 동시에 해외정부가 들어오게 된 바, 유사 이래 미증유(未曾有)의 이런 큰 일이 전개되는 이 때에 가장 크게 문제될 점은 서로 마찰 충돌할 위험성이 가장 많게 되었다는 것이다. 그러므로 이때에 이 위원회가 생긴 것은 치안유지를 주안적 사명으로 하려는 것으로 건국준비위원회라니까 무슨 조각(組閣)이나 하고 방금 정부가 되는 것 같이 해석하는 경향이 있을지 모르니 그런 것이 아니고 주로 치안유지를 목표로 하는 기관인 것이다.

여기에 관하여 몇 가지 말할 것은 일본인에게 가해(加害)하는 등 사(事)는 절대로 금하여야 되겠다는 것이다. 여기에서 가해라는 것은 반드시 육체적인 박해만을 의미하는 것이 아니고 정신상 상대의 인격이나 자존심을 상하는 것도 의미하는 것이다. 생각컨대 30여 년간 우리가 피통치자로 지나온 동안에는 민족적 원한과 통분도 물론 없지 않았을 것이나 지금은 우리가 가장 큰 일을 할 때이지 그런 과거의 구구한 일을 추궁할 때가 아니다. 우리가 정치적 속박을 벗어나 자유롭게 건국할 이때 무엇보다도 피차 곱게 분리하는 이상의 좋은 길은 없다.

생각해 보자. 가령 조선에 있는 일본인은 군일을 합하여 1백만 내외에 불과한데 그들에게 가해를 하고 보면 일본에 가있는 7백만 동포의 입장이 어떻게 되겠나요. 그뿐만 아니라 일본인에게 가해를 한다면 그네들이 수수(袖手)하고 가만이 이것을 감수(甘受)하겠는가. 다시 그들과의 사이에서 유혈을 보이지 않으면 안 될 것이다.

또 만주에 가있는 조선동포를 생각해 보자. 우리가 자기 땅이 있는 다른 민족을 가해한다면 만주에 가있는 2, 3백만 동포가 만주인에게 피해를 받는 경우를 생각하지 않으면 안될 터인데, 그 얼마나 기막히는 일이랴, 물론 다른 이유도 있지만 주로 이상과 같은 이유로 일본인에게 절대로 해를 가하여서는 안되겠다는 것을 부르짖는 것이다. 그리고 생명뿐만 아니고 신궁(神宮), 불각(佛閣), 사원(寺院), 건물, 은행, 회사, 점포, 선박, 철도, 교량, 일반시설에 대하여도 절대로 소각 파괴하는 일이 없도록 피차 엄금키로 하자. 그것이 이제 우리의 것이 될 것이 아닌가.

다음은 조선인끼리 동포가 피차 서로 해치 말아야 되겠다는 것이다. 가령 관공직(官公職) 기타직(其他職)에 있을 때 단체적 또는 개인적으로 쌓인 원한을 이 유사지시(有事之時)에 보복하겠다는 심리가 생기기 쉬우나, 전 동포가 힘을 합하여 손을 맞잡고 큰 일을 달성하여야 될 이때에 동포가 서로 해하는 등의 일이 있어서는 안 되겠다. 자유와 광명이 스스로 우리에게 오는 때 무슨 까닭으로 그런 소소한 일에 매이어 큰 일을 잊어 좋으랴, 아무쪼록 우리 민족의 빛나는 장래를 생각하여 건국이란 위대한 사업에 우리이 전력을 다하여 활동할 때는 바로 이때다. 아무쪼록 가장 중요한 때니, 서로 자숙하여 위선 분리(分離)를 곱게 함으로서, 독립국인으로서의 긍도(矜度)를 뵈이고 오로지 광명과 희망에 찬 나라를 건설하자

1945. 8. 17

평양건국준비위원회 위원장 조만식

(1945. 8. 18 평양매일신문 호외)

(4) 조선민주당의 창당 선언문과 강령

1) 조선민주당의 창당 선언문

선 언 문

침략자 일본 제국주의와 제국주의의 철쇄는 철저히 분쇄되었다. 세계사의 정상적 발전은 3천만 동포로 하여금 과거 36년간의 굴욕적 고난을 완전히 보복케 하고 찬란한 반만년의 역사는 어김없이 유구한 장래의 발전이 약속되었다.

우리는 이 세기적 사실인 민족의 자유와 해방을 맞이하매 무량한 환희와 감격에 넘치는 한편 오늘이 있기를 기대하고 海內 海外에서 악전고투한 민족적 선구자 제현의 사의를 불금하는 바이다.

우리는 죄악의 원자인 일본 제국주의자와 파시즘을 근본적으로 타파하고 인류 평화와 세계문화를 보전함에 위대한 공헌이 있었고 더욱이 조선의 해방을 위하야 최대의 우의와 조원을 아끼지 않은 蘇·美·中·英 등 연합 제국에 대하여 절대한 경의와 감사를 표현한다.

우리는 朝鮮 建國의 일대 장애물인 일체의 파벌을 근절하고 政治· 經濟·文化·思想·생활의 각 부분에서 일본 제국주의를 구축 소탕하자. 그리하여 확고한 민족적 자각과 열렬한 애국정신 밑에 분산된 각계 대중의 총의 총력을 결집 통합하야 大同團結을 요하는 동시에 목적과 취지가 같은 단체와는 우의적으로 상교하여 중앙정부의 신속한 출현을 기대한다.

우리는 대중을 본위로 한 민주주의 정체로서의 自主 獨立國家를 수립하자. 그럼으로써 종래의 모든 전제와 구속을 철저히 배격하는 동시에 국민 일반의 생활과 교양을 향상시키며 특히 근로대중의 복리를 급속히 증진시키기를 도모한다.

우리는 민족 문화를 부흥 상양하야 세계문화에 공헌하고 국제평화의 대헌장을 준수하야 평화를 애호하는 세계 각국과 친선 수호를 도모함으로써 인류 역사의 발전에 기어코자 함을 자에선언한다.

단기 4278년 10월 일

朝 鮮 民 主 黨"

2) 조선민주당의 강령(綱領)

1. 국민의 창의에 의하여 민주주의 공화국의 수립을 기함.
2. 민권을 존중하여 민생을 확보하야 민족전체의 복리증진을 도모함.
3. 민족문화를 앙양하야 세계문화에 공헌함.
4. 종교, 교육 노동, 실업, 사회각계 유지와 결합을 요함.
5. 반일적 민주주의가 당파와 우호 협력하야 전민족의 통일을 도모함.
6. 소련 및 민주주의 제 국가와 친선을 도모하야 세계평화의 확립을 기함.

(5) 미소공동위원회 위원 브라운 장군과의 대화

INTERVIEW WITH CHO, MAN SIK - 1 July 1947, at Pyongyang.
(through an interpreter, Mr. Hur.)

Mr. Cho Man Sik states that he is held in protective custody, that he cannot meet even with his own family. At present he lives in a Korean hotel named Koryu.

BUNCE: The same hotel he lived in when I met him last year?

CHO: Yes, the same.

BROWN: How is he treated?

CHO: He lives with his second son and with his son inlaw, and he pays for his living there.

BROWN: If he lives with his second son and his soninlaw, do they live inthe hotel, too?

CHO: Yes.

BROWN: Is he guarded?

CHO: Presently there are three detectives living at the same hotel, so in case they have anything to do outside they may ask permission from the detectives.

BROWN: Is he permitted to go out and go around the city as he pleases?

CHO: No.

BROWN: Does he have ample food?

CHO: Yes, just the ordinary. The hotel treats him as the other guests.

BROWN: Does he have proper medical attention?

CHO: Since he enjoys good health he has no great difficulty there.

BROWN: Is there anything that he needs that he does not have, materially?

CHO: No.

BROWN: Ask if he can tell us about the political situation in Pyongyang.

CHO: He does not know in detail but people outside of the Communist Party do not like to obey the regime.

BROWN: To what extent do the Koreans in North Korea belong to the Communist Party?

659

CHO: Since he is out of communications with the outside he cannot estimate accurately. According to propaganda of the Communist Party, there are millions and millions but even those people are forced to join the party somehow or other.

BROWN: Did he see the demonstrations yesterday?

CHO: Yes.

BROWN: Was it a voluntary demonstration?

CHO: Yesterday many parties joined the demonstrations from the countryside, so they were largely forced to join the demonstrations.

BROWN: How were they forced to join?

CHO: How to take one illustration. Almost all teachers are forced to join some kind of Communist organization. If they don't join the organization they cannot maintain their jobs and they may be very much insecure for the future, so naturally the teachers who belong to the Communist Party or some other branch in that party are forced to go out to the demonstrations like that. On Sundays they forbid the children to go to Church.

BROWN: How long has he been held in custody by the Russians?

CHO: 12 months.

BROWN: Why are they holding him in custody?

CHO: Well, the problem was about the trusteeship. Since they have no Chosen Democratic Party they kept silence because they did not know what trusteeship really meant. Now, the Communist Party in the north supported that decision, but since they did not know what trusteeship ment for Korea they have to keep silence about that program. That is the reason why he is held in custody.

BROWN: Did they arrest him because he refused to make a statement on trusteeship?

CHO: Well, he used to live at the hotel and it was January 5th last year. They did not make any statement; from that day on detectives and police came to the hotel and have prevented him from going out. But since he had a toothache he went out to the dentist four or five times.

660

BROWN: Does he have any fear of their taking action against him for coming here and talking to me?

CHO: No.

BROWN: Is he still head ofthe Chosen Democratic Party?

CHO: Actually he does not know anything about it because last year many prominent members ofthe party fled to Seoul and he was arrested, preventing him from doing anything about political party. There was a man who was in official position, Vice Chairman of the police force inPyongyang and somehow he held conference which was called Enthusiastic Faction Conference in which they expelled Mr. Cho Man Sik and his followers on the acquisition that they were reactionaries. Since thattime the headquarters of the political party have been taken over by this new faction and since that time he has nothing to do with the political party.

BROWN: Are there any rightist political parties in North Korea that he knows about?

CHO: He knows nothing about it. About 10 days ago the Soviet Command in North Korea commanded someone to organize rightist political parties, so some people came out organizing some rightist political parties but they arrested him about 7 or 8 days ago and there were many christian ministers who were interested in forming that kind of political party but most of them have been arrested by the police. Two ofthem are the leaders.

BROWN: Does he know of any rightist political leaders in Pyongyang. Any rightist political leaders whose names he can give me whom I might talk with?

CHO: There may not be leaders who may work with him because most of them have fled to the South and those who may prove leaders are ministers, but those ministers are all arrested by the police so it is very hard for him to name anyone.

BROWN: Does he know that he has been designated as the representative of the Chosen Democratic Party of South Korea to consult with the

661

Joint Commission?

CHO: No.

BROWN: Is he willing to act as representative ofthat party in consulting with the Joint Commission if the Russians will permit him to come to Seoul for that purpose?

CHO: That is what he has desired. He has no other desire than that.

BROWN: Ask him if he will be willing to consult with the Committee in Pyongyang if the Russians will not permit him to come to Seoul for that purpose.

CHO: Very willing to go to Seoul ----

BROWN: If the Russians will not let him come to Seoul will he then be willing to consult with a committee in Pyongyang - a mixed committee of Americans and Russians?

CHO: Well, it is very difficult for him to decide. It is not a matter of great difficulty to sit down in the conference but even if he sits down and if he speaks out his mind for the moment he may be safe but after that he may be in danger. His desire is to go to Seoul.

BROWN: Ask him if he knows anything ofthe political situation in South Korea.

CHO: He cannot know in detail but he knows the general trend of the political situation.

BROWN: What does he think ofthe general trend of politics in Korea - North and South.

CHO: The general trend is that people are desiring to have a democratic government established.

BROWN: What does he mean by that. Do the people of North Korea desire a democratic government?

CHO: Yes, they do.

BROWN: Do they have a democratic government under the Russians?

CHO: The name is the same but the actual content is different.

662

BROWN: So then the people of NorthKorea desire a different form of democracy than that the Russians are giving them?

CHO: Of course. People in the Communist Party all desire a democratic government which is different from that of the Soviet Union.

BROWN: To what extent do North Koreans support the Russian form of democracy.

CHO: It is for him hard matter. The n..ers of the Communist Party, by roughly speaking, cannot be above 15 percent. He says that those who support the present regime andthose people who support a government more like the Soviet Union will be within 15 percent. The remaining 85 percent will support a government based upon the principle of democracy prevailing in America.

BROWN: What kind of a leader is Kim, Il Sung.

CHO: Kind of a puppet.

BROWN: How about Kim, Doo Bong.

CHO: He is obeying Ki , Il Sung.

BROWN: Is Ki , Il Sung loyal to the Russians.

CHO: Yes, he is. He is more Russian than the Russians?

BROWN: Is Kim, Doo Bong loyal to the Russians.

CHO: About his true conviction he is doubtful. He does not know but he has heard that to maintain present position he has to be loyal to the Russians.

BROWN: In general are the Korean leaders following the Russians loyal to the Russians?

CHO: He says that on principle and inorderto get position and livelihood they are loyal to the Russians.

BROWN: Would Kim, Il Sung actually support a Communist government in North Korea.

CHO: Yes.

BROWN: Would the other Korean political leaders likewise support a Communist government in Korea?

663

CHO: We cannot find anyone among those who have been rightists but we can find some who have been so to speak neither left nor right. They have joined in supporting the present regime in order to get position, in orderto get power and in order to get livelihood.

BROWN: Does he know Pak, Heun Young?

CHO: He did not know him but he has come to know him just by name.

BROWN: Does he know whether or not Pak, Heun Young ever comes to Pyongyang?

CHO: He does not know.

BROWN: Does he know any of the leftist leaders of South Korea?

CHO: He knows Hur, Hun; Lyuh Woon Hyung.

BROWN: To what extent are leftists leaders of South Korea tied in with leftist leaders of NorthKorea?

CHO: He mentioned that the leftist leaders in South Korea are under the guidance of the leaders in North Korea. For one concrete example - leftist groups in the South opposed the Moscow Decision trusteeship at first but since they received direction from the North they began to support the Moscow Decision and supportthe trusteeship.

BROWN: Is he familiar with the political situation of South Korea.

CHO: He understands that almost all parties and social organizations in the South have submitted their applications for consultation and he understands that they are cooperating with the Joint Commission in orderto fulfill the 3rd paragraph of the Moscow Decision.

BROWN: Does he know that certain rightist political parties have refused to cooperate with theJoint Commission?

CHO: Yes, he understands that there are some people who are not in cooperation with the Joint Commission as individuals not as representatives of political parties or social organizations. Even so far he understands it very superficially.

BROWN: Does he know specifically that Dr. Syngman Rhee and Mr. Kim Koo, two ofthe great rightist leaders, will not join with the work of the Joint Commission.

664

CHO: Yes.

BROWN: Does he know why?

CHO: He does not know why but there must be something delicate and he has some imagination but he does not know whether it is wise to speak it or not.

BROWN: Tell him I would regard and the rest would regard as confidential anything he might tell us, and if he has any information that might help the Joint Commission - the American Delegation of the Joint Commission - I would like very much to have it.

CHO: First of all, he wishes to ask one question from you. That is to say, what is the relationship between Mr. Kim, Koo and Dr. Synman Rhee on one part and Dr. Kimm, Kiusic on the other?

BROWN: As far as I know, Mr. Kim, Koo and Dr. Synman Rhee are working together in their opposition to the present work ofthe Joint Commission and they are basing their opposition on the contention that the Joint Commission will support the trusteeship provision ofthe Moscow Decision. As far asI know, Dr. Kimm, Kiusic has taken the position that the Joint Commission should be supported in it present efforts and that the time to talk about trusteeship is after the Joint Commission consults with the provisional government as to the terms of aid and assistance to be rendered Korea. I would like to add also that Kimm, Kiusic has personally told me that he will support the Joint Commission and he has been nominated by six groups as their representative. Tell him also that Mr. Kim, Sung Soo has come out in support of the Joint Commission in this stage of its work and that the registration in South Korea is approximately 65 percent right as against approximately 35 percent left.

CHO: He thinks that one ofthe most difficult problems facing the Joint Commission is that of land reform (or policies).

BROWN: Ask him now if he knows why Dr. Synman Rhee and Mr. Kim, Koo are not supporting the work ofthe Joint Commission. . .

665

CHO: He mentioned three points. First - They may doubt the success ofthe Joint Commission. According to General Marshall, this Commission will proceed on the principle of freedom of speech. If the Joint Commission will accept the free expression of all people it will be very hard for Russia to recognize that kind of government, so they may doubt the work of the Joint Commission will come to a happy conclusion or not. That is the first point. Now as to the second point: He doesn't think it is competition, but if a government will be established there is a great question who will head the government. As to that there may be some delicate situation and difficulty. The third point: They have opposed trusteeship so far. As great political leaders it will be very hard to change their principles right away.

BROWN: Tell Mr. Cho that that is the best political analysis I have heard any Korean politicalleddor give yet. Ask how he feels about the trusteeship issue.

CHO: He thinks that the basic principle of trusteeship was similar to the American of 19 September 1945. Apart from the history of that story, he speaks this because this place is before you - in another place he would not say it. If Korea will be aided and helped by America alone, almost all Koreans will be led to be assisted and aided. The Japanese used to say they would not surrender to Russians although they would be glad to surrender to America. That principle can be applied to the principle of trusteeship. Judging from his own experience and from his knowledge of the Soviet Union, it will be very hard for him to support a trusteeship in which the Soviet Union will take part. His desire is that Korea should not be helped and assisted by America along with the Soviet Union, but if it is unavoidable and if trusteeship begins after the formation of the provisional government it is very hard for him to say yes or not. But his conviction is that eventually Korea will be aided and assisted -

666

that is to say, under the trusteeship of US and the USSR.

BROWN: Tell Mr. Cho that I appreciate his frankness in his reply and that I apologize if I have caused him any embarrassment. We Americans have one objective, that is to give Korea the kind of government desired by the Koreans and to avoid any interference with the sovereignty of that government by any power. We believe that Korea will need some aid and assistance in order to rehabilitate their industries and to put thecountry back as a nation of the family of naions; that in working out the degree of aid and assistance to be rendered Korea with the Russians that the American Delegation will make every effort to see that Korea is aided and assisted to the extent which it requires while atthe same time seeing that the minimum interference is had with the sovereign powers of Korea as a nation.

CHO: He knows that. He feels that.

BROWN: I would like to ask one other question. Is Lyuh, Woon Hyung a Communist.

CHO: He is sorry for him from an analysis of his personality, but hethinks that he is a kind of fellow to be optimistic. He is going to grasp the general trend and he is inclined to rely upon the trend of political activities on the young men, so probably he recognized that the general trend is toward the left so he is going to grasp that kind of chance. In his opinion he used to be a nationalist so at present he may be 65 percent communist and 35 percent nationalist.

BROWN: Would he be a dependable man to place ina provisional government position.

CHO: First of all, he does not understand getting jobs inthe provisional government through election or through appointment. If important positions will be appointed by the Joint Commission he thinks that if the Soviet Union is supporting him he will get a position.

667

BROWN: How does he explain the fact that Dr. Kimm, Kiusic and Mr. Lyuh, Yoon Hyung are associated together in the Coalition Committee?

CHO: For the benefit of the nation they may think that extreme rightists and extreme leftists will not do for Korea so there is only one way left, that is the mutual way. For that mutual way they may have come to a kind of cooperation between them. Probably it is international trend - that is to say, expelling the extreme right and at the same time expelling the extreme left. That is shown in China by the statement of General Marshall.

BROWN: Does he believe that Dr. Kimm, Kiusic would be a desirable man in the provisional government of Korea.

CHO: He has not met him personally so far so he does not know much about him, but judging from the present conditions in Korea if Kim, Koo and Dr. Syngman Rhee will not cooperate with the Joint Commission Kimm, Kiusic may be a man who is needed and desired for the future of Korea.

BROWN: Is Kimm, Kiusic a rightist?

CHO: It is very difficult for him to say for certain because he has had no personal contact with him. The other day he read an article written inthe Tong-A Ilbo concerning the attack onhim for misappropriating funds and that paper reported that he has had some connection with Kim, Won Bong. So, for him to say it is very hard, but he appears to be a rightist, but he thinks that even in Chungking days there may have been some differences of opinion between Mr. Kim, Koo and Dr. Kimm, Kiusic.

BROWN: Tell Mr. Cho that we hope to see him in Seoul working in the interest of his nation before too long. Ask if there is any way by which the American Command can bring that desirable condition about.

CHO: As a private individual he does not know what you can do but if he can go to Seoul he will think it is the grace of god. If the Soviet Command will prohibit him fromgoing here he will think it is fate.

668

General Brown asked Mr. Bunce if he had any questions that had not been asked. Dr. Bunce said he had not except what he thought the land reform problem was going to be. They decided, however, that this question would be too involved to take up at thistime.

BROWN: Tell Mr. Cho that I have done all the talking., that again I apologize if I have caused him any embarrassment, that he has assisted me greatly. Ask him if there is anything he can inform me of that has notbeen covered that in his opinion I should know.

CHO: Nothing particular. His desire is that he be brought to Seoul as soon as he can.

General Brown asked Mr. Cho if he would have lunch with him, to which Mr. Cho replied that he was overwhelmed with thanks. After getting permission fromthe Russianswho had brought Mr. Cho and who had been waiting throughout the interview (two cars of them), Mr. Cho departed with General Brown.

Mr. Cho, Man Sik had lunch with the members of the American Delegation at the quarters frnished General Brown. The conversation followed general social lines until after lunch when Mr. Cho again on his own violition re-opened the question of the general election. He again stated his opinion that the most urgent issue facing Korea was the land reform issue, and that land reform must be had before the provisional government could be successfully formed. He discussed in some detail with Dr. Bunce the land question. Dr. Bunce will be requested to add the result of this discussion to this paper.

ACW Mr Cho emphasized the need to have a land reform program before an election. He stated that the farmers wanted to own their own land. Bunce outlined the 15-year sale program developed a year ago and Mr. Cho agreed with the approach and agreed that Korean landlords should be compensated for land taken from them for distribution to the farmers.

- 11 -

669

3. 고당 조만식 연보

1883년 2월 1일(음력 1882년 12월 24일) 평양에서 창녕 조씨 경학과 진강 김씨 경건 사이에 외아들로 출생. 1남 2녀(조보패, 조은식) 가운데 둘째. 부친 조경학은 평안남도 강서군 반석면 반일리 내동(안골 창녕 조씨 동족촌락)의 향반 중소지주 출신으로, 평양 상점에서 회계장부를 정리하는 서사 노릇을 하다가 독립하여 물산객주(위탁판매업)를 자영.

1888년~1896년 평양 관후리에 있는 서당에 나가 후낭 장정봉 밑에서 한문 공부. 한정교·김동원 장로와 동문수학. 조장손(曺長孫)이란 애칭으로 불리며 날파람의 명수, 평양성 석전의 열렬한 응원꾼으로 개구쟁이 어린시절을 보냄.

1895년 두 살 연상의 박씨와 첫 결혼.

1897년~1904년 평양 종로거리에 무명과 베를 파는 백목전을 차리고 상업에 종사. 이후 서당 동창생 한정교와 동업으로 지물포 경영. 상인들 사이에서 술 잘하는 대주가로 명성을 떨침.

1898년 첫 아들 칠승 출생. 정신미숙아로 1907년 사망.

1902년 부인 박씨와 사별. 안주 태생 전주 이씨 의식(당시 17세)과 재혼.

1904년 3월 러일전쟁을 피해 가족과 함께 대동강 중류 베기섬으로 피난. 이 무렵 친구 한정교의 전도로 기독교에 입교.

1905년 평양 숭실학교에 입학하고 금주단연을 단행. 베어드 교장의 지도를 받으며 민족구원의 신앙을 내면화.

1908년 3월 숭실학교를 졸업하고 일본으로 유학, 동경 세이소쿠영어학교[正則英語學校]에 입학해 영어와 그밖의 기초과목을 공부함.

1909년 5월 동경 한인교회 조직(초대 목사 한석진). 김정식·오순형과 함께 영수로 추대. 동경 대한(조선)기독교청년회(YMCA) 회장 역임.

1910년 3월 25일(음) 장녀 선부 출생.

4월 메이지대학[明治大學] 전문부 법학과 입학.

1911년 7월 백남훈·김영섭 등과 함께 장로교와 감리교 연합의 동경 조선인교회 설립. 가을 송진우·안재홍 등과 함께 동경 조선유학생친목회 창립, 1912년 봄 일본 당국에 의해 강제 해산.

1913년 3월 메이지대학 전문부 법학과 졸업.

4월 평북 정주 오산학교 교사로 초빙.

1914년 5월 20일(음) 장남 연명 출생.

1915년 5월 오산학교 교장에 취임.

1916년 5월 15일(음) 차녀 선희 출생.

1919년 2월 오산학교 교장 사임.

3월 4일 도인권과 함께 중국 상해로 망명을 시도하다 평남 강동군 열패에서 체포되어 평양형무소에서 투옥.

1920년 1월 가출옥으로 평양형무소 출감.

4월 평양금주동맹회 창립.

7월 평양 조선물산장려회 발기, 임시회장으로 발기인대회를 주재.

9월 오산학교 교장으로 다시 부임, 3.1 운동 직후 잿더미로 변한 학교 재건.

1921년 3월 평양YMCA 창립. 오산학교 교장을 그만두고 평양으로 돌아와 평양 YMCA 초대 총무에 취임(회장 김득수, 부회장 김동원).

10월 평양YMCA 회관에서 평양고아구제회와 평양고아원 설립.

12월 평양YMCA를 중심으로 평양실업저금조합 설립. 이듬해 여름부터 '대동강'이란 상표를 붙인 잉크제조 판매.

1922년 6월 평양 조선물산장려회 창립, 회장에 취임.

4월 5일(음) 차남 연창 출생.

12월 평양 산정현교회 장로로 장립. 김동원·오윤선 장로와 이 교회 '3장로'로 20여년을 두고 평양의 기독교계와 일반 사회를 지도.

1923년 2월 평양 조선물산장려회 주최로 평양 시내를 돌며 조선물산장려 선전 캠페인 전개, 이후 매년 음력 설날 연례행사로 정착.

3월 서울에서 조선민립대학기성회 발기총회 개최, 중앙집행위원 겸 지방순회위원으로 활약.

4월 평양숭덕학교를 모체로 숭인학교를 설립.

5월 1일부터 숭실대학에서 시간강사로 "법제와 경제" 강의를 시작함.

1925년 2월 평양YMCA 회관에서 관서체육회 창립.

오산학교 교장에 세 번째 취임.

6월 30일에 숭실대학의 시간강사직을 사임.

11월 오산학교 5년제 고등보통학교로 승격.

1926년 6월 6.10만세운동.

8월 오산고보 교장직 사임.

10월 김능수·김병연·한근조 등과 함께 평양절약저금식산조합 창립.

12월 조선YMCA연합회 도시부 위원에 선임.

1927년 1월 민족협동전선 신간회의 발기인으로 참여, 2월 서울 중앙YMCA 회관에서 창립총회 개최.

3월 백선행기념관(평양공화당) 착공. 숭인학교 교장취임. 여름 평양YMCA 농촌사업에 착수.

12월 신간회 평양지회 설립, 회장에 추대.

1928년 9월 숭인학교 교장직 사임.

12월 오윤선·김동원·김성업 등과 평양의 조선인 상공업 지도기관으로 평양상공협회 설립.

1929년 5월 백선행기념관 개관식 사회. 서울에서 기독교 사회운동가를 망라한 협동전선으로 기독신우회 창립, 발기인과 평의원으로 참여.

6월 조만식을 따르는 청년학생들이 중심이 되어 평양에서 기독교농촌연구회 조직.

8월 20일 장녀 선부 정재윤과 결혼, 신랑신부가 조선산 한복을 차려 입고 결혼예식 거행.

11월 3일 광주학생운동.

1930년 2월 평양YMCA 회관을 채관리에서 설암리 123번지로 이전, 평양상공협회와 신간회 평양지회도 같은 장소에 사무실 마련.

3월 평양협동저금조합 조직.

4월 숭인학교를 숭인상업학교로 개편하고 실질적으로 학교를 경영.

4월 14일(음) 부친 조경학 옹 향년 74세로 별세.

12월 백선행기념광네서 신간회 평양지회 제4회 정기대회 개최, 집행위원장 조만식의 해소 반대 입장 표명에도 찬성 18표·반대 13표로 해소 지지를 표결.

1931년 3월 관서체육회 제3대 회장에 취임.

4월 관서협동조합경리사 설립, 이사장에 취임.

4월 19일(음) 모친 김경건 여사 향년 67세로 별세.

5월 민족협동전선 신간회 전체대회를 개최하여 해소를 결의.

7월 만보산사건에 격분한 평양 군중이 시내 중국인 상점과 가옥을 파괴하고 130여명의 화교를 타살하는 사건 발생, 평양 각 단체 연합성명을 발표하고 오윤선 장로 등과 함께 거리로 나서 사태를 수습함.

1932년 4월 29일 윤봉길 상해 홍코우공원 의거, 도산 안창호 체포되어 국내압송.

5월 평양장로회신학교에서 조선기독교절제운동회 조직, 공동회장에 선임.

10월 평양YMCA 총무 사임.

11월 서울로 활동무대를 옮겨 조선일보 제8대 사장에 취임.

1933년 3월 평북 정주출신의 광산사업가 방응모가 조선일보의 판권을 인수.

6월 조선일보의 주식회사 창립총외 개최, 자본금 30만원의 주식회사로 전환.

7월 조선일보 사장 사임, 후임에 방응모 취임.

1935년 11월 평양 기독교계 사립학교장 신사참배거부사건 발생.

12월 18일 부인 이의식 여사 향년 50세로 별세.

1936년 5월 평양에서 을지문던 묘산수보회(墓山修保) 설립, 회장에 취임.

8월 10일 차녀 선희 강의홍과 결혼.

1937년 1월 8일 서울 천향원에서 개성 호수돈여학교 교사 전선애여사(당시 34세)와 결혼.

4월 평양경찰서로 불려가 조선물산장려회, 관서체육회, 을지문덕 묘산수보회의 해산을 강요받음.

6월 16일 동우회사건으로 평양에서 체포되어 서울로 이송되었다가 28일 풀려남.

7월 7일 노구교사건, 중일전쟁 발발.

1938년 2월 2일 3녀 선영 출생.

3월 10일 도산 안창호 사망, 장의위원장으로 장례식 주관.

7월 국민정신총동원조선연맹 결성, 지방연맹과 직장연맹, 애국반 반상회 설치.

9월 조선예수장로회 제27회 총회에서 신사참배결의안을 통과

1940년 2월 창씨개명 제도 강행, 조만식은 끝내 거부함.

2월 6일 3남 연홍 출생.

3월 신사참배 반대로 산정현교회 예배당 폐쇄.

10월 국민총력조선연맹 결성, 평남지부 고문 제의 거절.

1941년 12월 일본 하와이 진주만 기습, 태평양전쟁 발발.

1942년 11월 14일 4남 연수 출생.

1943년 8월 14일 맏사위 정재윤 변호사 향년 41세로 별세.

가을 일제가 학도지원병제를 실시하며 둘째 아들 연명의 학병지원을 강요, 고당의 반대에도 불구하고 연명은 끝내 학병 지원.

1944년 초엽 매일신보에 고당의 학병권유 시국강연 광고, 병을 핑계로 평양기독병원에 입원하여 위기를 모면.

4월 21일 산정현교회 주기철 목사 평양형무소에서 순교.

1945년 4월 일제의 회유와 압박을 피해 선대의 고향인 평남 강서군 반석면 반일리 안골에 은거.

1945년 8월 15일 해방.

8월 17일 동지들의 권유로 8월 17일 새벽 평양으로 귀환, 평안남도 건국준비위원회 결성, 위원장에 취임.

8월 26일 소련군의 종용에 따라 공산진영과 연립으로 평남인민정치위원회 수립, 위원장에 피선.

10월 28일 북조선 5도행정국 발족, 조만식 위원장 취임 거절.

11월 3일 평양에서 조선민주당 결성, 당수에 선임(부당수 이윤영, 최용건), 수개월만에 50만 당원 확보.

12월 27일 신의주에서 대규모 반공·반소 학생시위 발생(신의주학생사건)

12월 30일 소련군사령관 치스차코프 대장이 모스크바 3상회의 결정지지 입장 표명을 요구.

1946년 1월 5일 평남 인민위원회 전체회의 자리에서 3상회의 결정 반대, 당일 소련군에 의해 평양 고려호텔에 연금.

2월 5일 조선민주당 열성자협의회가 개최되어 조만식 규탄선언문을 채택하고 강양욱을 임시당수로 선출.

1947년 7월 2일 미소공동위원회 미측 대표로 평양을 방문한 브라운 소장과 현안들에 대해 대담함.

1948년 8월 15일 대한민국정부 수립.

9월 9일 조선민주주의인민공화국 수립.

11월 27일 전선애 여사 등 가족 월남.

1950년 6월 북한정권 조만식과 김삼룡 이주하의 교환 제의.

6월 25일 6·25전쟁 발발.

10월 북한 인민군의 평양 후퇴과정에서 사망.

1970년 8월 15일 건국공로훈장 대한민국장 추서.

1976년 1월 사단법인 고당 조만식선생 기념사업회 설립.

1984년 6월 12일 고당기념관 건립(서울 중고 저동 2-4).

1991년 11월 5일 동작동 국립묘지에서 고당 조만식선생 추모식을 거행하고 선생이 전선애 여사에게 건네준 두발을 유해삼아 국가유공자 제2묘역에 안장.

4. 참고문헌

제1장 참고문헌

고당기념사업회편, 「고당 조만식 회상록」(조광출판인쇄주식회사, 1995).

국토통일원, 「미군정보고서」(제1권:1945.9-1946.1), 1989.

김요나, 「고향을 묻지 맙시다」(엠마오, 1987).

박명수, 「조만식과 해방후 한국정치」(북코리아, 2015).

정병준, 「우남 이승만 연구」, (역사비평사, 2005).

한근조, 「위대한 한국인(12) : 고당 조만식」 (태극출판사, 1977).

Olver W. Holmes, Letter to Lewis Einstein, July 23 1960. The Essential Holmes, ed. Richard Posner (Cambridge: Harvard University Press, 1991).

제2장 참고문헌

고당기념사업회편, 「고당 조만식 회상록」(조광출판인쇄주식회사, 1995).

고당기념사업회편, 「민족의 영원한 스승 고당 조만식 전기」(기파랑, 2010).

고범서, "기독교적 정의", 「정의의 철학」(대화출판사, 1977).

김승태, "일본의 신도의 침투와 1910-1920년대의 신사 문제", 「한국기독교와 신사참배 문제」(한국기독교역사연구소, 2003).

김요나, 「고향을 묻지 맙시다」(엠마오, 1987).

리처드 베어드/ 숭실대학교 뿌리찾기위원회 역주, 「윌리엄 베어드(William M. Baird)」(숭실대학교 출판국, 2016).

송삼용, 「하나님이 보낸 사람 민족의 지도자 고당 조만식」 (생명의 말씀사, 2006).

숭실대학교 120년사편찬위원회편, 「민족과 함께한 숭실 120년」(숭실대학교 기독교박물관, 2017).

숭실대학교 100년사편찬위원회, 「숭실대학교 100년사」 (1) 평양 숭실편, (숭실대학교, 1997).

숭실대학교, 「숭실대학교 90년사」, 1987.

아리스토텔레스/정명오역, 「니코마코스윤리학」 「세계사상대전집」(31권)(대양서적, 1972).

이만열, "기독교 신앙인으로서 고당 조만식", 「고당 조만식 선생 사상의 재조명」, 고당 조만식 선생 서거 47주기 추모 세미나, 숭실대 1997.10.18.

이상규, "윌리엄 베어드의 부산에서의 활동", 「윌리엄 베어드의 선교일기」, (숭실대학교 박물관, 2013).

이상규, 「다시 쓰는 한국교회사」(개혁주의출판사, 2016).

임종국, "일제하 친일군상의 실태"「해방전후사의 인식」(한길사, 1980).

옥성득, 「다시 쓰는 초대 한국교회사」(새물결플러스, 2016).

윤철홍, "신앙의 눈으로 본 법학과 교육" 「신앙의 눈으로 본 학문 교육 봉사」(숭실대학교 출판부, 1999).

장규식, 「민중과 함께한 조선의 간디」(역사공간, 2007).

전택부, 「한국기독교청년회운동사」(정음사, 1978).

조선일보, "조만식선생의 청년 학도 시대", 조선일보 1938.1.6.일자.

채필근, "숭실대학의 회고와 전망", 숭실대학보 창간호 1955.

한근조, 「위대한 한국인 (12): 고당 조만식」(태극출판사, 1977).

H. Coing, Grundzüge der Rechtsphilosophie, 2. Aufl., 1969.

P. Tillich, My Search for Absolutes, Simon and Schuster, 1969.

G. del Vecchio, Die Gerechtigkeit, 2.Aufl., 1950.

제3장 참고문헌

고당기념사업회편, 「고당 조만식 회상록」(조광출판인쇄주식회사, 1995).
고당기념사업회편, 「민족의 영원한 스승 고당 조만식 전기」(기파랑, 2010).
기독교신보, 1931년 8월 26일자 사설 "교회와 절제운동".
노영택, "민립대학 설립운동 연구", 「국사관논총(11)」, 국사편찬위원회, 1990.
이명화, "민립대학 설립운동 배경과 성격", 「한국독립운동사연구 (5)」, 1991.
이시용, "고당 조만식의 교육사상", 「교육학논총」 제1호, 1978.
장규식, "조선의 '간디' 고당 조만식", 홍만춘엮음, 「고당 조만식자료집」(한국기독교역사연구소, 2008).
한근조, 「위대한 한국인(12): 고당 조만식」(태극출판사, 1977).
홍만춘엮음, 「고당 조만식 자료집」(한국기독교역사연구소, 2008).
홍성준, 「고당 조만식」(평남민보사, 1966).

제4장 참고문헌

고당기념사업회편, 「고당 조만식 회상록」(조광출판인쇄주식회사, 1995).
고당기념사업회편, 「민족의 영원한 스승 고당 조만식 전기」(기파랑, 2010).
기독교신보, 1931년 8월 26일자 사설 "교회와 절제운동".
박재창, "민중의 목자 고당 조만식", 「고당 정신과 나라의 앞날」(기파랑, 2010).
방기중, 「베민수의 농촌운동과 기독교 사상」(연세대 출판부, 1999).
방기중, "일제하 배민수의 기독교 농촌운동론", 「동방학지」 99권 , 1998.
배민수, 「배민수 자서전 : 누가 그의 왕국에 들어갈 수 있는가」(연세대학교 출판부,1999).
손정목, "회사령에 관한 연구", 「한국사연구」 제45호, 1984.6.
송자, "통일한국의 미래상", 「고당의 정신과 나라의 앞날」,(기파랑, 2010).
이만열, "기독교 수용과 사회개혁", 「한국기독교 수용사 연구」(두레시대, 1998).
유재기, “예수촌 건설의 3대이론”, 「농민생활」 3-9호(1931.9).
윤은순, “조만식의 생활개선운동”, 「한국기독교와 역사」, 제41호, 2014년 9월.
윤철홍, 「채권각론」(법원사, 2015).
장규식, “일제하 기독교 민족운동의 정치경제사상”, 연세대 박사학위청구논문, 2000.
장규식, 「민중과 함께한 조선의 간디」(역사공간, 2007).
장규식, “조선의 ‘간디’ 고당 조만식”, 홍만춘엮음, 「고당 조만식자료집」(한국기독교역사연구소, 2008).
전상숙, “물산장려논쟁을 텅해서 본 민족주의세력의 이념적 편차”, 「역사와 현실」 47, 2003.
정현숙, “하기와 절제”, 「기독신보」, 1934년 7월 25일.
조기준, “조선물산장려운동의 전개과정과 그 역사적 성격”, 「한국근대사론」,III(지식산업사, 1977).
한근조, 「위대한 한국인(12): 고당 조만식」(태극출판사, 1977).
홍만춘, 「고당 조만식 사상 연구노트」(혜림출판사, 2004).
홍만춘엮음, 「고당 조만식 자료집」(한국기독교역사연구소, 2008).
홍성준, 「고당 조만식」 (평남민보사, 1966).

제5장 참고문헌

강경근, 「일반헌법학」(법문사, 2014).
고당기념사업회편, 「고당 조만식 회상록」(조광출판인쇄주식회사, 1995).
고당기념사업회편, 「민족의 영원한 스승 고당 조만식 전기」(기파랑, 2010).
기독교신보, 1931년 8월 26일자 사설 “교회와 절제운동”.

김병연, 「고당 조만식」(평남민보, 1966).
김요나, 「고향을 묻지 맙시다」(엠마오, 1987).
김창록, "일본의 근현대 천황제에 관한 법사학적 고찰", 「법사학연구」, 제22호(2000년).
김창록, "일본제국주의의 헌법사상과 식민지 조선", 「법사학연구」 제14호(1993).
로널드 드워킨, 「정의론」(민음사, 2015).
라드브르흐(G. Radbruch)/ 최종고역, 「법철학」(삼영사, 1979).
文政創, 「朝鮮農村團體史」, 日本評論社, 1942.
박명수, 「조만식과 해방 후 한국 정치」(북코리아, 2015).
성낙인, 「헌법학」(법문사, 2008).
마이클 센델/김명철역, 「정의란 무엇인가」(와이즈베리, 2018).
어인의, "利子規制의 變遷과 利子制限法", 「민법학의 회고와 전망; 민법전시행 삼십주년기념 논문집」(한국사법행정학회, 1993).
윤철홍, "숭실과 조만식의 법사상", 「법학논총」 제37호, 숭실대학교 법학연구소 2017.1,
윤철홍, "조만식의 법사상", 「법학연구」, 28-1호, 충남대 법학연구소 2017.11.
장규식, 「민중과 함께 한 조선의 간디」(역사공간, 2007).
장규식, "조선의 '간디' 고당 조만식", 홍만춘엮음, 「고당 조만식자료집」(한국기독교역사연구소, 2008).
정용욱·이길상편, 「해방전후 미국의 대한정책사 자료집(9)」(다락방, 1995).
정지영, "1920-30년대 신여성과 첩/제2부인", 「한국여성학」, 22-4호, 2006.
淺見登郎, 「日本植民地統治論」, (東京:巖松堂書店, 1928).
平野武, "日本統治下の朝鮮の法的地位", 「阪大法學」 83號, 1972.12.
한근조, 「위대한 한국인(12): 고당 조만식」(태극출판사, 1977).
한희원, 「정의로의 산책」(삼영사, 2011).

홍만춘, 「고당 조만식 사상의 연구노트」(혜림출판사, 2004),
홍만춘엮음, 「고당 조만식 자료집」(한국기독교역사연구소, 2008).
홍성준, 「고당 조만식」(평남민보사, 1966).

제6장 참고문헌

고당기념사업회편, 「고당 조만식 회상록」(조광출판인쇄주식회사, 1995).
고당기념사업회편, 「민족의 영원한 스승 고당 조만식 전기」(기파랑, 2010).
기독교신보, 1931년 8월 26일자 사설 "교회와 절제운동".
김국후, 「비록 평양의 소련군정」(한울, 2008).
김권정, "신간회와 조만식", 「애산학보」 33집. 2007.
김병연, 「고당 조만식」(평남민보, 1966).
김요나, 「고향을 묻지 맙시다」(엠마오, 1987).
민두기, "만보산사건(1931년)과 한국언론의 대응", 「동양사학연구」, 제65집.
박명수, 「조만식과 해방 후 한국 정치」(북코리아, 2015).
박영석, 「만보산사건연구: 일제 대륙침략정책의 일환으로서의」(아세아 문화사, 1978).
백학순, 「북한권력의 역사」(한울, 2010).
북한연구소, 「북한민주통일운동사- 평안남도편-」 1990.
손승희, "지역너머의 만보산사건(1931)", 인문연구 53호, 2007.
송남헌, 「한국현대정치사 1」(성문각, 1986).
신복룡, 「한국분단사연구」(한울아카데미,2006).
신용하, 「신간회의 민족운동」(지식산업사, 2017).
신정현, 「정치학」(법문사, 2005).
스칼피노·이정식공저/한홍구옮김, 「한국 공산주의 운동사 2」(돌베개, 1986).
안종철, "해방전후 아더 번스(Arthur C. Bunce)의 활동과 미국의 대한 정책", 「미국사연구」 31호, 2010.

이균영, "신간회연구", 한양대 박사학위청구논문, 1990.
이균영, 「신간회연구」(역사비평사, 1995).
오영진, 「소군정하의 북한」,(국민사상지도원, 1952).
윤철홍, "숭실과 조만식의 법사상", 「법학논총」 제37호, 숭실대학교 법학연구소 2017.1,
정연선, "정치인으로서의 조만식", 「고당 조만식선생 사상의 재조명」, 숭실대학교 통일정책대학원, 1997.10.18., 고당 조만식 서거 47주기 기념 세미나(미간행),
장규식, 「민중과 함께 한 조선의 간디」(역사공간, 2007).
장규식, "조선의 '간디' 고당 조만식", 홍만춘엮음, 「고당 조만식자료집」(한국기독교역사연구소, 2008).
정용욱, 「존 하지와 미군 점령 통치 3년」, (중심, 2003).
정용욱·이길상편, 「해방전후 미국의 대한정책사 자료집(9)」(다락방, 1995).
정지영, "1920-30년대 신여성과 첩/제2부인", 「한국여성학」, 22-4호, 2006.
조기제, "해방정국의 전개와 모스크바 3상결정", 「진주교육대논문집」 제33집, 1989.
조영암, 「고당 조만식」(정치문화사, 1953).
중앙선거관리위원회, 「대한민국정당사」 제1집(1945-1972), (보진제, 1973).
한근조, 「위대한 한국인(12) : 고당 조만식」(태극출판사, 1977).
한희원, 「정의로의 산책」(삼영사, 2011).
홍만춘, 「고당 조만식 사상의 연구노트」(혜림출판사, 2004),
홍만춘엮음, 「고당 조만식 자료집」(한국기독교역사연구소, 2008).
홍성준, 「고당 조만식」(평남민보사, 1966).
황윤회, "번스의 내한 활동과 한국 문제인식", 「숭실사학」 23호, 2009.

5. 인명색인

6. 사항색인

ㅊ

ㅌ

고당 조만식의 사상

초판발행일 2020년 6월 30일
지 은 이 윤철홍
발 행 인 황준성
펴 낸 곳 숭실대학교 지식정보처 중앙도서관
서울 동작구 상도로 369
등 록 제14-2호(1982.1.25)
TEL : 02-820-0739
FAX : 02-817-5297
http://press.ssu.ac.kr
인 쇄 처 열린문화(02-2278-1791)
값 16,000원
ISBN 978-89-7450-396-3